NONGCUN SANBIAN GAIGE

JIQI DUI NONGHU SHOURU DE YINGXIANG YANJIU

—— JIYU LIUPANSHUISHI DE GUANCHA YU ZHENGJU

农村"三变"改革

及其对农户收入的影响研究

—— 基于六盘水市的观察与证据

杨慧莲◎著

中国财经出版传媒集团

经济科学出版社

Economic Science Press

·北京·

图书在版编目（CIP）数据

农村"三变"改革及其对农户收入的影响研究：基于六盘水市的观察与证据/杨慧莲著. －－北京：经济科学出版社，2024.1

ISBN 978 - 7 - 5218 - 5507 - 4

Ⅰ.①农…　Ⅱ.①杨…　Ⅲ.①农村经济 - 经济体制改革 - 影响 - 农民收入 - 研究 - 六盘水　Ⅳ.①F327.733 ②F323.8

中国国家版本馆 CIP 数据核字（2024）第 005283 号

责任编辑：汪武静
责任校对：王肖楠
责任印制：邱　天

农村"三变"改革及其对农户收入的影响研究
——基于六盘水市的观察与证据
杨慧莲　著
经济科学出版社出版、发行　新华书店经销
社址：北京市海淀区阜成路甲 28 号　邮编：100142
总编部电话：010 - 88191217　发行部电话：010 - 88191522
网址：www.esp.com.cn
电子邮箱：esp@esp.com.cn
天猫网店：经济科学出版社旗舰店
网址：http://jjkxcbs.tmall.com
固安华明印业有限公司印装
710×1000　16 开　15.75 印张　250000 字
2024 年 1 月第 1 版　2024 年 1 月第 1 次印刷
ISBN 978 - 7 - 5218 - 5507 - 4　定价：73.00 元
（图书出现印装问题，本社负责调换。电话：010 - 88191545）
（版权所有　侵权必究　打击盗版　举报热线：010 - 88191661
QQ：2242791300　营销中心电话：010 - 88191537
电子邮箱：dbts@esp.com.cn）

　　本书研究得到国家社科基金重大项目"健全城乡融合发展的体制机制研究"（21ZDA059）、国家农业农村部政策与改革司项目"农村集体产权制度改革监测评估"、暨南大学乡村振兴研究院2021—2022年度"乡村振兴优博计划"及首都经济贸易大学新入职青年教师科研启动基金项目（XRZ2023059）的资助与支持。

自改革开放以来，中国在许多方面取得了巨大成就，但也出现了贫富差距拉大和精神贫困问题。为解决这些问题，新时代对实现共同富裕目标提出了新要求。习近平总书记《扎实推动共同富裕》一文中，在促进农民农村共同富裕部分明确提出，"促进共同富裕，最艰巨最繁重的任务仍然在农村。农村共同富裕工作要抓紧，但不宜像脱贫攻坚那样提出统一的量化指标。要巩固拓展脱贫攻坚成果，对易返贫致贫人口要加强监测、及早干预，对脱贫县要扶上马送一程，确保不发生规模性返贫和新的致贫。要全面推进乡村振兴，加快农业产业化，盘活农村资产，增加农户财产性收入，使更多农村居民勤劳致富"。根据统计数据测算，2020 年中国城镇居民人均可支配收入 43833.76 元，农村居民人均可支配收入 17131.47 元，收入差距为 2.55 倍，无论从相对数还是绝对数来看城乡收入差距均较为显著。进一步，从农村居民人均可支配收入结构来看，家庭经营性收入占比显著，财产性收入占比相对较小，2000 年财产性收入占人均可支配收入比重仅为 1.43%，2012 年提升为 2.27%。从当前发展实际来看，农村地区实现共同富裕目标的挑战在于如何缩小城乡收入差距，真正建立起促进农户长效增收的体制机制。

2017 年 12 月 28 日习近平总书记在《走中国特色社会主义乡村振兴道路》相关论述中指出，"壮大农村集体经济，是引领农民实现共同富裕的重要途径。要在搞好统一经营服务上、在盘活用好集体资源资产上、在发展多种形式的股份合作上多想办法。过去，一些农村集体资产产权虚置、经营收益不清、分配不公开，农民群众意见很大，也滋生了一些'微腐败'。要稳步推进农村集体产权制度改革，全面开展清产核资，进行身份确认、股份量化，推动资源变资产、资金变股金、农民变股东，建立符合市场经济要求的集体经济运行新机制，确保集体资产保值增值，确保农民受益，增强集体经济发展活力，增强农村基层党组织的凝聚力和战斗力"。① 近年来农村"三变"改革多次被国家领导人提及并数次出现在国家级重磅文件中，学术界针对改革本身及其在促进农户收入增加方面的作用研究逐渐丰富。同时，全国涌现出一批地市、区县将农村"三变"改革作为农村集体产权制度改革范本而学习其改革经验。特别地，2022 年 1 月 26日国务院发布《国务院关于支持贵州在新时代西部大开发上闯新路的意见》在"加快要素市场化配置改革"部分提出"深化农村资源变资产、资金变股金、农民变股东'三变'改革"。那么，农村"三变"改革是什么、改革何以产生、在实践中如何运作？农户参与改革的行为及增收效应如何？通过何种方式、何种路径增收？相同改革组织模式一定能产生相同增收效果吗？综述已有研究发现，当前学术界并未就上述问题展开深入系统分析并给出明确答案。鉴于此，本书聚焦农村"三变"改革，选择"三变"改革发源地六盘水市为核心研究区域，基于对六盘水市长达六个多月的实地调查访谈资料系统回答上述问题。

全书理论分析与研究假说部分从经济学理论出发，首先从清晰界定产权边界与经济绩效、要素参与及资源价值实现条件两个方面分析了乡村资源价值实现的基础与条件，其次剖析农村"三变"改革蕴含的"确权、赋权、易权、活权"要求在产权界定与产权实施方面的规定及对壮大集体积累、增加农户收入的影响。理论分析表明：农村"三变"改革通过明确资产确属，增强"排他能力"并减少资源要素租值耗散；通过明确股份权能助力要素最低期望收益值实现，削弱"行为障碍"并调动要素所有者参与积极性；通过嵌入经营服务主体，增强资源要素"营运能力"促进要素价值实现，继而增加农户收入。进一步，在理论分析的基础上提出全书有待

---

① 资料来源：走中国特色社会主义乡村振兴道路．习近平著作选读（第二卷）［M］．北京：人民出版社，2023．

验证的三个核心研究假说：（1）农村"三变"改革对增加农户收入具有促进作用；（2）土地、劳动力等要素重新配置在农村"三变"改革促进农户增收中具有中介作用，其中土地要素重新配置有助于增加农户的财产性收入，劳动力要素重新配置有助于增加农户的工资性收入；（3）集体行动达成、是否建立监督、冲突解决机制等因素在农村"三变"改革促进农户增收中具有调节作用。

围绕全书提出的研究问题与假说，首先采用归纳总结和对比分析法对农村"三变"改革产生、扩散及动因进行分析；其次运用实地调查与质性研究法分析了全国农村改革试验区六盘水市农村"三变"改革现状及效果；再次基于对改革试验区猕猴桃产业相关主体的半结构式访谈资料和511份农户问卷调查数据，从微观层面验证农村"三变"改革农户参与行为及增收效果；再其次借助贵州省县域统计年鉴数据构造的改革面板数据，运用合成控制法和中介效应模型方法从宏观层面分析农村"三变"改革对农户增收的影响效应及机制路径；最后基于笔者长期追踪调查的两个典型村庄案例，分析农村"三变"改革具体实践过程及"确权、赋权、易权、活权"异同，探究农村"三变"改革相同组织模式农户增收效果异质性及原因。

全书研究主要得出以下五点结论。

第一，当前农村"三变"改革正从基层实践探索向全国范围迅速扩散。农村"三变"改革源于要素相对价格变动产生的"超额利润"，体现了制度创新需求与新制度供给的动态均衡过程。而农村"三变"改革扩散是相关主体"成本—收益"权衡的结果。

第二，农村"三变"改革发源地六盘水市已形成了较完整的改革实践体制机制并取得了显著的改革成效，实践的关键环节包括资源资产确权登记、资源资产折股量化和经营服务主体嵌入。

第三，当前农户参与农村"三变"改革的形式多样，其中主要表现为以自有承包地入股区域特色产业，同时也包括部分农户以自有资金入股以及部分村集体以共有资金和土地入股区域特色产业。以猕猴桃产业为例，参与改革的农户家庭总纯收入和家庭人均纯收入分别为49361.57元和10405.51元，相较未参与改革农户分别增加了12554.41元和2239.98元。

第四，农村"三变"改革对农户增收具有显著正向影响，其中土地和劳动力要素重新配置发挥中介效应。

第五，虽然农村"三变"改革对增加农户收入具有正向影响，但是农户增收并非农村"三变"改革的必然结果，集体行动达成、是否建立监督机制、冲突解决机制等因素在农村"三变"改革促进农户增收中具有调节作用。

最后，基于上述研究结论，全书重点从三个方面提出针对性政策建议。第一，明确农村"三变"改革对于农户增收的促进作用，细化并优化改革实践关键环节，为改革实践落地提供有力支持。第二，优化农村"三变"改革制度环境，创建有利于农村"三变"改革落地实施的配套保障机制，优化现有制度环境。第三，认识农村"三变"改革绩效实现条件，重视改革过程管理。进一步深化对农村"三变"改革实践研究，积极总结当前问题与风险，明确政府、市场、农户主体责任分工。

杨慧莲

2023 年 12 月于北京花乡

Contents 目录

第1章

绪 论

1.1 研究背景

1.1.1 农村经济发展可依托资源丰富，但资源"沉睡、碎片化"问题突出

发展可依托资源是乡村振兴与农户增收的根基。当前我国乡村发展可依托资源主要包括村庄内部和村庄外部资源两部分，其中村庄内部资源指在特定的农村区域范围内可以利用开发的资源，既包括自然资源又包括社会资源，是自然资源和社会资源的统合，包括了林业、矿产、土地、劳动力及公共信息资源（Iacob，2015；符刚等，2016）。已有研究将能够在乡村发展方面发挥作用，给村集体和农户家庭经济带来实际收益的资源归纳为自然型资源、资产型资源、权利型资源和历史型资源四类（邓大才，2004）。2017 年国家农业相关部门组织开展了针对全国农村集体产权制度改革的清产核资工作。统计结果显示，截至 2019 年底，全国 5695 个乡镇、60.2 万个村、238.5 万个组，合计 299.2 万个单位拥有农村集体资产。进一步，集体资产的数量非常庞大，包括集体土地总面积 65.5 亿亩，已形成的账面资产 6.5 万亿元，其中经营性资产积累 3.1 万亿元，非经营性资产

积累 3.4 万亿元，集体所属的全资企业超过 1.1 万家，资产总额累计 1.1 万亿元。农业农村部有关负责人表示，当前全国农村集体资产高度集中在村级，村级资产 4.9 万亿元，占总资产的 75.7%，村均 816.4 万元。[①] 乡村发展可依托外部资源指在农村区域范围之外可借助的资源，其内涵比较丰富，包括但不仅限于政府、市场、社会等多主体、多层次、多类型的资源。大量研究表明，虽然当前我国乡村发展可依托的资源存量巨大，但"沉睡"与"碎片化"问题突出。已有研究者通过历年统计年鉴数据分析我国农村资源的现状及特点后指出，中国农村自然资源比较丰富但人均占有量较少；农村资产型资源总量巨大，但市场化程度偏低；农村"权利型资源"市场化程度不高、市场化差异大（符刚等，2016）。进一步，由于长期缺乏将资源和资产转化为资本的机制，导致资产的财产性功能发挥不足，相当长时间段内财产收入占农户总收入的比重不足 4%（陈雪原，2015）。

1.1.2 农村集体产权制度改革是新时期活化农村资源的重要改革措施

随着中国特色社会主义进入新的时代，我国经济发展逐步进入新常态，农村制度改革也逐步进入深水区，各界迫切希望通过制度改革与创新激发农村地区的发展活力与动力，实现从"乡土中国"向"城乡中国"的跨越与转型。换言之，乡村社会大规模的资产如果不能整合盘活，就难以发挥应有作用。这种情况下，党中央做出深入推进农村集体产权制度改革的重大决策，[②] 从中央定位来看，深化农村集体产权制度改革是一场深刻的革命，其与切实保障农户财产权益、发展壮大集体经济、重构乡村社会秩序、扭转城乡关系、维护社会和谐稳定等重大问题息息相关，是一项只能做好、必须做好的改革。2014 年国家相关部门审议通过农村集体产权制度改革试点方案；2015 年明确在全国 29 个县（市、区）率先开展试点；2016 年发

---

① 农业农村部网站. 农业农村部就全国农村集体资产清产核资工作答问［EB/OL］. http：// www. scio. gov. cn/xwfb/bwxwfb/gbwfbh/nyncb/202207/t20220715_225303. html.

② 新华社. 中共中央 国务院关于稳步推进农村集体产权制度改革的意见［EB/OL］. https：// www. gov. cn/xinwen/2016－12/29/content_5154592. htm.

布《中共中央　国务院关于稳步推进农村集体产权制度改革的意见》，其中对改革的顶层设计与具体方案进行了总体部署；2017 年进一步增加 100 个县、市、区展开农村集体产权制度改革试点。2018 年经农业农村部研究，同意吉林、江苏、山东 3 个省，河北省石家庄市等 50 个地市，天津市武清区等 150 个县（市、区）为 2018 年度农村集体产权制度改革试点单位，整省试点到 2020 年 10 月底结束，整市和整县试点到 2019 年 10 月底结束；进一步，2019 年经中央农办、农业农村部研究决定追加包括天津在内的 12 个省份，包括运城市在内的 39 个地市，包括托克托县在内的 163 个县（市、区）为 2019 年度农村集体产权制度改革试点单位（第四批），全部试点任务到 2020 年 10 月底前基本完成。综上所述，5 年来全国共计开展了 4 批试点，80% 的县级单位涉及改革。当前全国超过 36 万个村庄完成了农村集体产权制度改革，6 亿多人被确定为集体经济组织成员。进一步，农村集体产权制度改革被誉为活化农村"沉睡"资源的重要制度创新和改革举措。

1.1.3　通过构建小农户与现代农业衔接机制促进农户增收势在必行

改革开放四十多年，中国在许多方面取得了巨大成就，但也出现了贫富差距拉大和精神贫困问题。为解决这些问题，新时代对实现共同富裕目标提出了新要求（杨静和陆树程，2018）。习近平总书记在《扎实推动共同富裕》一文中，在促进农业农村实现共同富裕相关部分明确提出："促进共同富裕，最艰巨最繁重的任务仍然在农村。农村共同富裕工作要抓紧，但不宜像脱贫攻坚那样提出统一的量化指标。要巩固拓展脱贫攻坚成果，对易返贫致贫人口要加强监测、及早干预，对脱贫县要扶上马送一程，确保不发生规模性返贫和新的致贫。要全面推进乡村振兴，加快农业产业化，盘活农村资产，增加农户财产性收入，使更多农村居民勤劳致富。要加强农村基础设施和公共服务体系建设，改善农村人居环境。[①]"统计数据测算结果显示，中国城镇居民人均可支配收入在 1978 年改革开放时

---

① 习近平：扎实推动共同富裕［N］. 新华社，2021 - 10 - 15.

为 343.40 元, 农村居民人均可支配收入为 133.57 元, 收入差距为 2.57 倍; 城镇居民人均可支配收入在 2020 年时为 43833.76 元, 农村居民人均可支配收入为 17131.47 元, 收入差距为 2.55 倍, 无论从相对数还是绝对数来看, 城乡收入差距均较为显著。与此同时, 从农村居民人均可支配收入结构来看, 家庭经营性收入占比显著, 财产性收入数量占比相对较小, 2000 年财产性收入占人均可支配收入的比重仅为 1.43%, 2012 年提升为 2.27%。① 从当前发展实际来看, 农村地区实现共同富裕目标的挑战在于如何缩小城乡收入差距, 真正建立起促进农户长效增收的体制机制。除此之外, 当前大国小农是我国的基本国情农情, 要加快构建以农户家庭经营为基础、合作与联合为纽带、社会化服务为支撑的立体式复合型现代农业经营体系。2019 年中共中央办公厅、国务院办公厅印发《关于促进小农户和现代农业发展有机衔接的意见》, 明确提出促进小农户和现代农业发展有机衔接是巩固完善农村基本经营制度的重大举措, 是推进中国特色农业现代化的必然选择, 是实施乡村振兴战略的客观要求, 是巩固党的执政基础的现实需要。要充分发挥小农户在乡村振兴中的作用, 按照服务小农户、提高小农户、富裕小农户的要求, 加快构建扶持小农户发展的政策体系, 加强农业社会化服务, 提高小农户生产经营能力, 提升小农户组织化程度, 改善小农户生产设施条件, 拓宽小农户增收空间, 维护小农户合法权益, 促进传统小农户向现代小农户转变, 让小农户共享改革发展成果, 实现小农户与现代农业发展有机衔接, 加快推进农业农村现代化。

1.2 问题提出

当前已在全国多个省 (区、市) 展开试点的农村集体产权制度改革是唤醒乡村"沉睡"资源的重要改革举措。从现有政策部署和试点实践来看——农村集体产权制度改革的主体是集体成员, 改革的客体主要是集体经营性

---

① 笔者根据《中国统计年鉴》对应年份统计数据测算。

资产,对象是由集体成员组成的集体经济组织(包括组级、村级和乡镇级),制度创新安排是股份合作制,目标是逐步构建"归属清晰、权能完整、流转顺畅、保护严格"的中国特色社会主义农村集体产权制度,成效在于实现集体成员权。但是需要关注的问题是,逐步建立"归属清晰、权能完整、流转顺畅、保护严格"的集体产权制度,仅是壮大集体经济、增加集体成员收益的前提,即做好这一步并不意味着农村资源价值实现与变现成功。① 在全国第四批试点完成之际,需要执政者和实践者深入思考,逐步构建"归属清晰、权能完整、流转顺畅、保护严格"的农村集体产权制度以后,下一步要如何盘活已明晰产权的集体资源、资产,充分调动乡村发展可依托资源,切实发展壮大新型农村集体经济、增加农户收入(程郁和万麒雄,2020)。与此同时,探索小农户与现代农业有效衔接的创新体制机制以增加乡村资源要素收益分配,促进农户财产性收入增加相关问题也亟待解决。

已有研究者通过分析世界农村发展概况就"为什么当前一些地区的村庄发展壮大而一些却衰落"这一问题展开研究后提出:在未来研究的可能主题中,尤其应重视并强调对农村地区中偏远地区实现改造和复兴的场所进行研究。即通过深入探究,厘清经济发展过程如何启动?使用了哪些策略和资源?与外部资源(投入)和市场(产出)之间建立了哪些联系?哪些主体参与、参与了哪些组织、使用了哪些联结社会资本的组合?公共政策在不同层面上的作用如何(Li et al.,2019)?大量的历史经验和事实也表明,解决问题可以从逻辑推演和现实发展经验中寻找答案。中国地域广阔,又具有源远流长的历史文化底蕴,历史实践表明,实现乡村经济发展,不必消极等待国家层面的宏观制度供给与指导,而应积极总结并学习地方创新实践。事实证明,微观的地区实践案例首先为制度创新地区提供实践指导,其次可能上升为全国经验,为其他地区相似的实践提供基础和经验借鉴,进一步为制定宏观政策提供思路(唐伟成等,2014)。

---

① 课题组在与贵州省分管农村集体产权制度改革的主要领导座谈时听到一个贴切的词——"干股"。即虽然有些地方花了大力气建立了"归属清晰、权能完整、流转顺畅、保护严格"的集体产权制度,但是因尚没有能力经营已确权的资源、资产,所以明晰产权之后对村集体和农户而言,并没有什么不同。

　　通过大量田野调查发现，发轫于贵州省六盘水市的"资源变资产、资金变股金、农民变股东"农村"三变"改革正是这样一个区域典型实践，因其在促进农村集体经济增长、增加农户收入等方面的显著成效而连续三次被写入中央一号文件，并多次出现在其他国家级重磅文件中。值得注意，中央一号文件对农村"三变"改革意义的表述，也有变化。2017年表述是"增强集体经济发展活力和实力"①；2018年表述是"探索农村集体经济新的实现形式和运行机制"②；2019年表述则是"总结推广资源变资产、资金变股金、农民变股东经验"③。显然，2019年的表述直接上升到了总结推广改革经验高度，更具普遍性和长期性，同时也显示了中央相关部门对改革及实践的认可与肯定。2017年9月，六盘水市被农业部批复为"全国农村改革试验区"，明确其在承担农村"三变"改革实验任务方面的要求。与此同时，全国涌现出一批地市、区县将农村"三变"改革作为农村集体产权制度改革的范本而学习其实践经验。特别地，2022年1月26日国务院发布《国务院关于支持贵州在新时代西部大开发上闯新路的意见》在"加快要素市场化配置改革"部分提出"深化农村资源变资产、资金变股金、农民变股东'三变'改革"④。

　　但是，农村"三变"改革是什么、改革何以产生、在实践中如何运作？农户参与改革的行为及增收效应如何？通过何种方式、何种路径增收？相同改革组织模式一定能产生相同增收效应吗？综述已有研究发现，当前虽然农村"三变"改革得到中央层面重视和肯定，并在全国不同地市迅速扩散。但是目前学术界已有农村"三变"改革相关研究基本是以定性研究或加入少量案例的实证研究方式展开。综合来讲，无论从实际研究状况还是客观研究需求来看，当前农村"三变"改革实践探索都在一定程度

---

① 新华社. 中共中央 国务院关于深入推进农业供给侧结构性改革 加快培育农业农村发展新动能的若干意见［EB/OL］. https：//www.gov.cn/zhengce/2017－02/05/content_5165626.htm.
② 新华社. 中共中央 国务院关于实施乡村振兴战略的意见［EB/OL］. https：//www.gov.cn/zhengce/2018－02/04/content_5263807.htm.
③ 新华社. 中共中央 国务院关于坚持农业农村优先发展做好"三农"工作的若干意见［EB/OL］. https：//www.gov.cn/zhengce/2019－02/19/content_5366917.htm.
④ 中华人民共和国中央人民政府网. 国务院关于支持贵州在新时代西部大开发上闯新路的意见［EB/OL］. http：//www.gov.cn/zhengce/zhengceku/202201/26/content_5670527.htm.

上快于理论研究支撑，且一些富有价值的探索和实践尚未被总结提升为理论创新成果。在乡村振兴战略实施背景下，系统全面考察并阐释农村"三变"改革实践、客观评价改革绩效及机制、厘清改革绩效实现条件，对于总结改革经验、推广改革实践、完善相关体制机制均具有重大现实意义。

鉴于此，本书将重点关注下述几个方面问题：（1）农村"三变"改革产生、全国扩散特征及动因是什么？（2）农村"三变"改革发源地六盘水市改革体制机制建设现状及效果如何？（3）农村"三变"改革相关主体对改革的认知及评价如何、农户参与改革行为及增收效应如何？（4）农村"三变"改革对农户收入影响机制路径是什么？（5）相同农村"三变"改革组织模式能否取得同样的农户增收效果、内在原因是什么？

1.3　选题意义

本书选题正是基于当前中国经济社会发展的宏观环境和现实要求而设定的，具有重要的理论和现实意义。

1.3.1　理论意义

保障乡村振兴战略实施，需要立足城乡融合发展的时代背景，进一步推进和深化农村集体产权制度改革。这种情景下，在农村资源要素开放流动的产权格局下探索集体经济的有效实现形式和可行路径，如何通过积极改革实践发展壮大农村集体经济组织收入，增加农民可支配收入是亟待深入研究的重大理论问题。本书具有以下两个方面的理论意义。

第一，全书研究过程中借鉴并运用了产权、制度变迁、公共政策扩散、公共事务治理等经典理论，研究资料有助于丰富既有理论成果。具体来看，全书在理论分析部分以产权理论为基础展开；在解析农村"三变"改革产生、扩散及内在动因部分运用了公共政策扩散理论和制度变迁理论；在阐释相同农村"三变"改革模式效果异质性问题时借鉴了公共事务治理理论相关研究成果。综上所述，本书研究有助于丰富既有理论成果，提供理论启发。

第二，本书从清晰界定资源产权边界与经济绩效出发，运用严密的数理模型推导资源要素价值实现条件及路径，从理论层面分析了农村"三变"改革在产权界定与产权实施方面的蕴含的创新内涵，有助于从理论层面透视改革内涵与逻辑。张晓山和苑鹏等（2019）指出，当前部分地区农村基层的农村产权制度改革实践措施及思路往往走在理论和法律前面。这种时候就非常迫切需要以农村基层的实践创新为源泉，从理论上说清楚农村改革的绩效源泉与实现路径。明确这些深层次又基础性的问题，将有助于改革主体迅速对标，查漏补缺创造更优的发展条件和环境。①

1.3.2　现实意义

在乡村振兴战略实施的宏观背景下，农村集体产权制度改革旨在激活农村庞大的沉睡资源、活跃农村要素市场，通过城乡资源互通互联而实现城乡融合发展。这种背景下，农村集体产权制度改革能够进一步深化和顺利推进，其核心和关键还是要以农村基层实践创新为源泉和依托，总结农村基层在集体所有制有效实现形式方面的实践探索，并在此基础上完善相关体制机制，落实并推动和深化改革。本书研究在提供改革实践经验、优化现有体制方面具有两个重要意义。

第一，本书有助于厘清改革，为试点地区改革实践提供经验借鉴。目前中央层面及相关研究者将农村"三变"改革看成重要的基层探索，对其持肯定和支持态度（张海鹏等，2018；李周等，2021）②。与此同时，各地区纷纷学习效仿农村"三变"改革成功经验。但是梳理已有研究发现，学术界尚未针对农村"三变"改革相关问题展开深入研究。本书正是捕捉到已有研究不足，针对农村"三变"改革实践展开的系统研究，以期为全国其他区域改革实践提供经验借鉴。

第二，本书有助于弥补已有研究在农村"三变"改革对农户收入影响

---

① 张晓山，苑鹏等. 农村集体产权制度改革论纲［M］. 北京. 中国社会科学出版社，2019.
② 多次出现于国家重要文件中，可以体现中央肯定与支持，详见后续第4章内容。

方面研究局限。具体来看，已有研究者更多基于区域个案的方式评价农村"三变"改革这一基层探索对农户增收的影响，鲜有研究者测算改革的影响效果并分析影响机制和作用条件。本书首先基于农户问卷调查数据分析了农户参与改革项目的影响因素及增收效应；其次借助面板数据运用前沿的政策评估方法具体测算了改革的农户增收效应和产生机制；最后运用案例研究方法阐释了改革增收效应的异质性并探究改革绩效实现的作用条件。

综合来讲，本书是对现实问题的深切关照与回应；从笔者开展研究的过程来看，通过长期蹲点深度调查获取研究所需资料的研究方法和研究取向，契合习近平总书记"把论文写在祖国大地上"的倡议和要求[①]，是以鲜活的"中国故事、中国经验"为研究出发点，具有重要现实意义。

1.4　概念界定

1.4.1　农村"三变"改革

农村"三变"改革是肇始于贵州省六盘水市的"资源变资产、资金变股金、农民变股东"改革简称。根据当前各界达成基本共识的"三变"改革概念，"资源变资产"指村集体、农户将确定权属的耕地等个体所属或村集体经济组织所属的自然资源或集体建设用地（物）等经营性资源依法折价入股，通过签订正式合同的形式入股给新型农业经营主体，形成代表其股份权利的资产。"资金变股金"指将各级政府财政投入到村庄集体的各类发展类项目资金，在不改变其使用性质和用途的前提下，量化设置为由农村集体经济组织和农户家庭持有的现金或资产，并通过正式合同协议

---

① 2020 年 8 月 24 日，习近平总书记在主持召开经济社会领域专家座谈会时指出，"时代课题是理论创新的驱动力，新时代改革开放和社会主义现代化建设的丰富实践是理论和政策研究的'富矿'"，希望广大理论工作者"从国情出发，从中国实践中来、到中国实践中去，把论文写在祖国大地上，使理论和政策创新符合中国实际、具有中国特色"。具体参见：求是网．把论文写在祖国大地上［EB/OL］．https://theory.gmw.cn/2020 – 08/30/content_34133728.htm.

的方式，将其入股投资到各类新型农业经营主体发展区域优势产业，村集体和农民按照股份份额分享发展收益；将经营过程中通过招商引资或融资方式获得的社会资金和金融部门资金以入股方式投资到区域优势产业，按照股份份额分享发展收益；村集体或农户将自有资金，以股份合作的方式入股投资到企业、合作社及其他新型经营主体发展区域优势产业并依据股份份额共享产业发展获得的收益。"农民变股东"指农民以确权的自有资源入股到新型农业经营主体，形成其股份权能并分享发展收益。[①] 本书中农村"三变"改革概念界定是为区别城市"三变"改革及相关实践（白明，2019）。

1.4.2 农户收入

当前对农民的定义，存在三种不同的提法；一是按照工作类型划分，农民是以从事农业劳动为主的人；二是按照居住地划分，将农民定义为长期居住在农村的人；三是按照人口户籍划分，将具有农村户口的人定义为农民（向家宇，2014）。本书研究中将农民的概念界定为具有农村户口的人口。一般来讲，农户收入指具有农村户口的从业者每年通过从事各种合法劳动获得的总收入。查阅相关资料了解到在不同时期，对农户收入的统计方法略有不同，2012 年及以前国家统计局主要使用农村居民家庭纯收入来统计农户收入。这种统计规定下农户收入指具有农村户籍的家庭当年从各种合法来源获得的总收入扣除包括家庭生产、生活费用及各种其他税费后剩余收入的总和。2013 年及以后，国家统计局调整了城乡住户调查方案，使用"农民人均可支配收入"指标表示农户收入情况。农村居民可支配收入指农户收入扣除消费支出，主要包括经营性收入、工资性收入、财产性收入和转移支付收入四项（刘俊杰等，2015；高静等，2020）。借鉴

---

① 当前"农民变股东"主要包括三种方式，"个人自助变"是指对有资源、有资金、有技术的农户，通过宣传培训、加强引导，使其自助入股经营主体成为股东；"社会帮助变"是指通过组织社会力量，搭建农村"三变"平台，帮助农户整合资源入股经营主体成为股东；"组织协助变"是指政府部门采取异地置业、财政资金支持、平台公司带动金融政策撬动等措施，通过主导农民入股、推动农民入股，支持农民回乡入股等方式，让农民变为股东。

已有研究，本书在关注农户收入问题时侧重分析农民人均纯收入总量变化及收入结构调整的情况。

1.5 研究目标与区域

1.5.1 研究目标

本书以厘清农村"三变"改革及其对农户收入的影响为目标，探究乡村振兴的创新机制与可行路径。龚春明和汪泽民（2016）指出：当今中国的村庄似乎处于一种"半死不活"、高度纠葛的状态。即"往前"沿着城镇化的方向前进在短时间内几乎很难做到，且即使实现了"物"的城镇化也很难同步实现"人"的城镇化；伴随着全球化、现代化、市场化等外因对村庄的渗透和冲击，此时再思考"后退"，让村庄回归到原始形态也变得既不现实又不可能。理想的路径是立足其自身资源禀赋，通过发挥有别于城市系统的功能而获得应有的收益和尊重（赵晨，2013；郑风田和杨慧莲，2019；张兆曙，2019）。但是，怎样的制度设计能够活化乡村沉睡资源、实现资源价值、促进发展振兴？通过长期的田野调查和观察发现，发轫于贵州省六盘水市的农村"三变"改革正在提供一种类型化、区域化、地方性的解决方案，且这种方案逐步得到中央政府肯定与支持，并连续出现在国家重要文件中，以中央顶层设计的形式指导全国改革实践。鉴于此，本书研究旨在明晰农村"三变"改革具体内涵、实践及产生的内在机理，评估并分析农村"三变"改革农户增收效果、影响机制与作用条件，以期为优化相关体制、机制提供针对性政策建议。

1.5.2 研究区域

根据全书研究设计，本书选择贵州省六盘水市作为重点研究区域，即以市域为研究单位。需要特别说明，全书选择以六盘水市为研究区域主要基于以下几个方面的考虑：一是本书并非从社会学视角考察农村"三变"

改革实践经验,而是将农村"三变"改革设定为关键的"自变量"分析测算其对农户收入的影响及机制。六盘水市作为农村"三变"改革发源地,改革实践起步早、发展快、进程深,改革实践经验相对更丰富,选择其作为全书的研究区域,能够有效保障"自变量"对本研究的有效性与一致性(胡伟斌,2020)。二是虽然农村"三变"改革自提出以后,在全国扩散较快且在包括甘肃、安徽、陕西在内的省份实施全省试点,但是不同试点区域的试点时间和区域选择具有非一致性,且实施试点不同区域在社会、经济、政治环境方面具有较大差异。在这种情况下,一方面较难选定合适的计量模型对全国不同区域、不同时间阶段农村"三变"改革实践及效果进行分析和测算;另一方面很难通过设定控制变量来消除因外部环境不同而对结果变量产生的影响。三是作为农村"三变"改革发源地,六盘水市开展农村"三变"改革实践时间跨度相对较大,能够筛选出体现改革"起承转合"的典型村庄案例,为探究农村"三变"改革实践异质性结果、识别影响农村"三变"改革绩效的调节变量提供现实基础。鉴于此,在第4章对农村"三变"改革产生、全国扩散情况及动因分析基础上,全书剩余章节均聚焦分析农村"三变"改革发源地六盘水市改革实践情况及效应。

1.6 研究方法与技术路线

1.6.1 研究方法

任何一项研究落地实践均离不开对合适研究方法的选用。根据研究选题和研究对象特征,本书研究过程中主要用到的研究方法包括归纳总结法、对比分析法、实地调查法、质性研究法,合成控制法(SCM)、中介效应模型、倾向得分匹配法(PSM)等计量分析方法和案例研究、政策文本分析法等经济管理专业常用分析方法。

(1)归纳总结和对比分析法。归纳总结法是指在搜集研究相关资料和内容的基础上,根据具体研究需要对相关资料进行汇总、整理,以匹配客观研究需要的研究方法;对比分析法是指对搜集、整理、归纳、总结形成的资料进行对比，以抽离出更一般性结论的方法。从本书研究来看，归纳总结和对比分析法基本是贯穿本书的、最常用的基本分析方法。

（2）实地调查与质性研究法。实地调查法指研究者深入对象所在的区域和背景中，以参与观察的方式收集资料，并通过对调查客体的观察和对调查资料的分析来理解和解释研究问题的研究方法。虽然质性研究法和实地调查法具有相似之处，但相比而言，质性研究方法要求研究者深入研究现场，通过与研究对象互动以深入理解其行为并进行必要的意义构建。从本书章节来看，实地调查法和质性研究法主要体现在第 5 章六盘水市农村"三变"改革体制机制建设现状及效果；第 6 章农户参与农村"三变"改革的行为及增收微观视角分析和第 8 章相同农村"三变"改革组织模式的农户增收效果异质性分析部分。

（3）合成控制法（SCM）、中介效应模型、倾向得分匹配（PSM）等计量模型分析方法。应用计量经济学方法在社会科学相关问题的研究中广泛应用，其核心思想是借助数理推导和微观调查数据准确识别因果关系，并通过合适的策略检验因果关系识别的稳健性。根据本书研究问题及拟定的分析框架，第 6 章为农村"三变"改革农户参与行为及增收微观视角分析部分，将基于微观农户问卷调查数据运用倾向得分匹配（PSM）方法，分析农户以农村"三变"方式参与区域特色产业的行为及增收效应；第 7 章为农村"三变"改革农户增收效果及机制宏观视角分析部分，将主要运用前沿的政策评估方法——合成控制法（SCM）对改革实践的农户增收效应进行分析，同时运用中介效应模型识别具体影响机制和路径。

（4）案例研究方法。案例研究法是实证研究的一种，比较适合分析在现象与实际环境边界不清而且不容易区分，或者面对研究中无法准确设计的、直接又具系统性控制的变量情况。通过对案例主体的访谈，能够帮助回答"How"类型研究问题[1]。由于农村"三变"改革及其持续时间较短，改革实践又具有综合性和复杂性，改革成效与现实情景密切相关，所以在

---

[1] 董时进指出，"我素来认为要知道乡村的秘密和农户的隐情，唯有到乡下去居住，而且最好是到自己的本乡本土去居住。依着表格到乡下去从事调查，只能得到正式的答案。正式的答案，多半不是真确（真实、确切）的答案"。具体参见：熊培云. 一个村庄里的中国 [M]. 北京：新星出版社，2012.

分析改革增收效果时运用案例研究方法全面考察农村"三变"改革具体实践具有重要现实意义。根据本书研究设计，第8章在解答"农村'三变'改革相同组织模式农户增收效果异质性"问题时，将主要运用案例研究方法。

（5）政策文本分析法。政策文本分析法是指按照研究选题需要，将一系列与选题相关的政策文本通过分析、比较、综合等形式，理出其能够揭示研究问题相关的隐性内容，继而提炼出综合性的评述性说明（徐毅成，2014）。根据研究需要，政策文本分析法主要体现在第5章对六盘水市农村"三变"改革体制机制建设现状及效果分析部分。

1.6.2　技术路线图

本书的技术路线如图1-1所示。

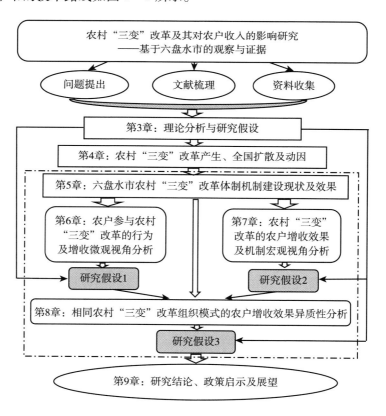

图1-1　本书技术路线

1.7 数据等资料来源

为充分论证本书提出的研究问题，具体研究过程中用到的数据等资料来源主要包括如下三个方面。

第一，收集、归纳、整理二手数据资料。具体包括：（1）各级政府出台的、与本研究相关的政策文件；（2）历年《中国统计年鉴》《贵州统计年鉴》《贵州省县域统计年鉴》《六盘水市统计年鉴》等年鉴数据；（3）已公开发表或出版的期刊、报纸、书籍等相关数据与文本资料。

第二，长期蹲点调查及半结构式访谈。在整个研究过程中，笔者多次赴贵州省六盘水市开展调查工作，具体来看，2017 ~ 2022 年笔者累计在六盘水市开展田野调研 200 多天，贯穿全书的半结构式访谈调查是重要的数据资料来源。通过长期追踪调查和对典型案例的深度蹲点调查获取了大量一手资料，并撰写了多篇内容翔实的学术论文和调查报告。① 特别需要说明的是，因笔者多次赴六盘水市调研，在六盘水市建立起了良好的社会关系和社会网络。经由相关人员介绍和引进"入场"、极大地消减了社会科学研究者所担忧的"入场障碍"；同时获得的研究资料和信息也更具可信度，在一定程度上减小了各种可能的"测量误差"。

第三，农户问卷调查数据。本书使用的微观数据来自系统的农户问卷调查。根据研究需要，笔者设计了"农村'三变'改革农户参与情况调查问卷"（见附录1），针对农户是否以农村"三变"方式参与产业及增收效果情况设置了包括改革认知及参与、受访者基本情况、家庭生产经营及家庭收入支出情况等在内的针对性问题。实际农户问卷调查过程中，运用分层随机抽样的调查抽样方法，首先从六盘水市下辖的四个区县中抽取水城区作为农户问卷调查区域；其次从水城区 21 个区县中按照经济状况和特色产业发展双重指标（猕猴桃产业布局面积）高、中、低排序；再次基于排

---

① 相关学术论文多次发表于重要学术期刊；调查报告提交农业农村部政策与改革司，并在相关会议时获得好评；同时，以调查资料为研究素材申请的教学案例，获得中国人民大学教学案例立项。

序结果从 21 个乡镇中抽取 9 个作为农户问卷调查区域（其中高、中、低层次各抽取 3 个乡镇）；最后在每个乡镇随机选取 3 个样本村作为农户问卷调查区域。按照调查方案设计，笔者分别在 9 个乡镇随机抽取 60 户农户开展"一对一"问卷调查，具体在每个村庄调查 20 户农户问卷（抽样方案及实地调查现场见附录 2）。统计结果显示，此次实地调查共计收回有效农户问卷 511 份，其中包括入股农户问卷 330 份，非入股农户问卷 181 份。

根据研究设计，上述三类数据资料被运用于全书不同章节，具体如表 1–1 所示。

表 1–1　　　　　　　　　数据等资料来源与相应章节

数据等资料类型	数据等资料来源	对标章节
第一类	收集、归纳、整理二手数据资料	第 5 章、第 7 章
第二类	长期蹲点调查及半结构式访谈调查	第 4 章、第 5 章、第 7 章、第 8 章
第三类	农户问卷调查数据	第 6 章

资料来源：笔者整理编制。

1.8　研究可能的创新点

第一，理论构建具有创新性。虽然农村"三变"改革是农村集体产权制度改革实践的深化与拓展，相关表述多次出现在国家重磅文件中，改革实践在全国范围内扩散速度较快（张瑞涛，2021）。但是当前学术界针对农村"三变"改革的系统性研究仍相对较少，且鲜有研究者分析其背后的经济学逻辑。本书理论分析与研究假说部分首先从经济学理论出发，从清晰界定产权边界与经济绩效、要素参与及资源价值实现条件两个方面分析了乡村资源价值实现的基础与条件，其次剖析农村"三变"改革制度创新蕴含的"确权、赋权、易权、活权"要求在产权界定与产权实施方面的规定及对壮大集体积累、增加农户收入的影响。理论分析得出，农村"三变"改革通过明确资产权属，增强"排他能力"并减少资源要素租值耗散；通过明确股份权能助力要素最低期望收益值实现，削弱"行为障碍"

并调动要素所有者参与积极性;通过嵌入经营服务主体,增强资源要素"营运能力"促进要素价值实现,继而助力农村集体经济壮大、农户收入增加。该部分分析从理论上解释了农村"三变"改革内涵的逻辑和促进农户增收的内在机制。

第二,研究发现具有创新性。对农村"三变"改革的产生、扩散及动因解析有助于政策决策层系统了解农村"三变"改革在全国实践情况;对农村改革试验区六盘水市农村"三变"改革实践现状及效应分析有助于明确改革内涵及实践,能够为全国其他试点地区提供翔实具体的经验借鉴。特别地,对农村"三变"改革中农户的认知、参与及增收效应进行理论和实证分析,有助于加深对改革效应和机制的理解。除此之外,对农村"三变"改革相同组织模式增收效果异质性问题的分析,有助于识别影响改革绩效的调节变量。简言之,本书研究结果有助于明晰改革绩效、内在机制与作用条件,为后续其他地区提供经验借鉴及完善相关体制机制提供科学证据。

综上所述,本书借助经济学理论工具,解析农村"三变"改革"确权、赋权、易权、活权"内涵及理论价值,进而提出三个核心研究假说。本书运用大量微观调查数据资料对农村"三变"改革产生、在全国扩散及运行机制进行归纳总结与系统分析;基于参与主体微观调查数据、宏观统计面板数据、长期蹲点调查案例资料等,分别对农村"三变"改革农户参与行为及增收效应、农村"三变"改革农户增收效果及机制、农村"三变"改革相同组织模式农户增收效果异质性问题进行了比较全面的分析,验证了本书的核心研究假说并提出针对性的政策建议。本书既有对农村"三变"改革宏观层面的总结,又有微观层面的分析,研究发现具有一定创新性,能够为其他地区提供一定经验借鉴。

第 2 章
文献综述

2.1　产权制度研究

2.1.1　产权制度概念相关研究

经济活动是由追求自身利益的人们或经济组织所进行的，而一个经济组织的所有权或产权界定了从事这些经济活动的人们或组织的利益所在，从而影响了当事人可能选择的经济活动。产权是以财产的所有权为核心的财产权利的总称（唐丰义，1991）；制度是社会或组织的规则，制度规依靠帮助行为主体形成合理的预期来协调人际关系，反映在不同社会中相对于个体自身行为的他人行为个体和集体行为主体而演化的相关行为规则（布罗姆利·丹尼尔，2012）。产权制度则指有关财产权利的规则，其规定了经济活动中行为主体使用资源的权利，产权制度对人们或组织的经济行为有着举足轻重的作用。林岗和张宇（2000）指出，虽然学术界对产权概念和分析规范存在争议，但是总体包括两种基本的理论范式。其中一种是马克思主义经济学的所有制理论；另一种是西方经济学的产权理论。从中国学术界对产权问题的研究来看，在 20 世纪 90 年代以前主要按照所有制理论范式展开，而从 90 年代开始则更多地按照西方产权经济学的范式进行

（吴易风，1995；洪名勇，1998；林岗和张宇，2000；吴易风，2007）。阿尔钦（Alchian）指出，"产权"与"行为约束""资源稀缺""竞争"以及"歧视"这些词是相互联系的，如果承认资源是稀缺的就必须承认人与人之间的竞争关系以及在此过程中胜利者对失败者的"歧视"。有竞争意味着需要按照某种规则约束个体的行为，所以必须承认"产权"与产权制度（汪丁丁，1996）。

自 20 世纪 80 年代以来，在信息经济学和交易成本学派研究工作的推动下，产权经济学理论从新古典经济学框架和奥地利学派早期研究中脱颖而出，成为西方主流经济学中一个活跃的研究领域。经济学产权理论是在市场经济前提下，聚焦于不完备市场（信息不对称、交易成本不为零）条件下，私有企业之间的产权分配问题（Oliver Hart，1995）。在关于产权的经济学和法学研究领域中，一种最具影响的理论思路是将产权看成一束权利（a bundle of rights）。按照哈丁（Hardin）的分析，在经济学理论中，产权指人们对于资产所拥有的剩余控制权，也就是在合约确定的他人使用权或法律明确限定的权利之外，所有者对其资产的使用和转手的全部权利。德姆塞茨（Harold Demsetz，1988）提出产权具有"排他性"和"可转移性"的特性，产权由包括资产使用的剩余决定权、资产所得收入支配权、资产转移权三个方面的权利组成。从这个角度来看，经济学的这一基本思路可以被概括为"权利产权"与相应的激励机制。从权利产权的理论思路可以追溯到著名的科斯定理，即所有权的明确界定可以促使人们通过市场机制有效率地分配风险和激励。科斯（Coase，1960）通过"环境污染"外部效应的案例检验证明，产权明晰化可以导致外部效应内在化，减少交易成本，有利于克服组织内部投机行为。随后，虽然产权制度在经济学中占有举足轻重的地位，但是由于在市场经济社会中，私有产权制度一直占据主导作用，随之发展的一整套经济制度只是将产权概念当成是经济理论的一个前提假设（周雪光，2005）。

与此同时，合约双方的私有制企业之间、私有制企业和公共社区组织之间，在资源交换或共同生产情形下如何分配所有权问题成为近年来西方产权经济学关注的热门研究选题（Barzel，1989；Anderson，2003；周雪光，2005）。科尔奈在研究"短缺"现象时，关注产权问题并指出企业公有制造成预算约束困境，对国有企业产生扭曲的资源配置激励，导致低效率的分配和经济行为，而私有制是抵制政治权力干涉的有力措施（王庆明，2023）。有学者提出不同的观点，华尔德（Walder，1995）认为中国的改革使得基层政府财政激励尤为强烈。换言之，地方政府由于掌握了大量资源，可以对这些企业提供其他所有者无法提供的优势条件，在较大程度上促进了当地企业的发展。在对共有产权资源治理实践效率最大化的私有、公有之争的过程中，"公地悲剧"理论与经典产权理论对公共资源私有化产生了深远的影响，该理论主张通过建立排他性的私有产权实现资源利用过程中外部性的内部化。在这些理论影响下，由政府主导的"产权私有化"成为全球产权改革的主要形式（Demsetz，1967；Hardin，1968；Fernández-Giménez，2002；Damonte，Njagi，Kirimi，Glave and Rodríguez，2019）。在这种情况下，奥斯德姆（Ostrom，1990）提出了另一种解决"公地悲剧"问题的途径，即公共池塘资源理论。该理论认为在公共池塘资源治理过程中在市场与政府主导争论基础上，存在一种多中心治理方式，可以同时借助市场和政府力量在小范围，通过自我组织、自我管理模式实现共有产权资源的可持续利用。

在研究产权界定产生的"公共池塘"资源价值实现问题的基础上，美国产权法研究领域顶尖专家迈克尔·赫勒（Michael Heller）于《哈佛法学评论》上发表的《反公地悲剧：从计划经济到市场化转型中的产权》一文标志着反公地悲剧理论正式诞生（Heller，1998；Brown and Cardiff-Hicks，2018）。反"公地悲剧"理论是对现代产权经济学的重要补充和发展，该理论指出资源或产权过度分割以致破碎化，将导致资源排他性过强，进而造成资源使用不足悲剧（阳晓伟等，2016）。与此同时，国内学者也以产权制度为基础，从中国经济发展为出发点对"公地悲剧"和"反公地悲剧"问题展开了大量研究（朱富强，2011；肖建武和陈洪，2012；张旭晨，2012；邵挺，2015；闫飞飞和任晓春，2015；阳晓伟和杨春学，2019；张耀启等，2019；张琰飞等，2020）。

2.1.2　制度变迁动因及过程研究

在明晰产权制度概念及学界在产权制度领域的研究重点基础上，进一步探究制度变迁动因及过程。针对产权制度变迁本身的研究也是经典研究选题。舒尔茨在《制度与人的经济价值不断提高》一文中指出，人类经济价值的提高产生了对制度的新需求，一些政治和法律制度的提高就是用来满足这些需求的。特定的经济制度关系重大，它们是会变迁的，且他们事实上正在发生变迁。人们试图对可选择的制度变迁加以考虑来做出社会选择，以增进经济效率和经济福利的实绩（科斯等，1991）。戴维斯等在《制度变迁与美国经济增长》一书在介绍制度环境、一项制度安排、初级行为团体、次级行为团体、制度装置概念的基础上，从规模经济、外部成本与收益的变化、克服对风险的厌恶、市场失败和不完善市场的发展四个方面阐述了外部收益的来源。进一步，他们又对制度创新进行了描述、类推与说明，指出如果收入的增加无法在现存的制度安排结构内得以实现，现有的理论就很少有用了。正是获利能力无法在现存的安排结构内实现，才导致了一种新的制度安排（或变更旧的制度安排）形成。换言之，正因获利能力无法在现存的制度安排结构内实现，而成本与收益变动使制度产生不均衡，诱致了制度安排的再变迁或创新（Douglass C. North，1990）。从推动制度变迁的主体来看，组织和企业家是制度变迁的主角，他们对根植于制度框架内的激励作出反应，形塑了制度变迁的方向。特别地，提到制度变迁相关研究，需要特别重视拉坦针对诱致性制度变迁理论展开的分析及林毅夫对诱致性变迁与强制性变迁经济学理论的分析（Hudik，2021）。

　　除了经典作家对制度变迁相关问题开展的研究外，20 世纪末 21 世纪初国内一批专家学者从制度变迁视角解析了中国经济发展。例如杨瑞龙（1994）认为制度变迁方式（改革方式）是指制度创新主体为实现一定的目标所采取的制度变迁形式、速度、突破口、时间路径等的总和，而制度选择目标（改革目标）是指制度创新主体在既定效用函数和约束条件下所期望实现的未来制度安排。进一步其通过考察具有独立利益目标与拥有资源配置权的地方政府在我国向市场经济体制过渡中的特殊作用，在分析"自上而下"供给型主导的制度变迁方式与"自下而上"的诱致性制度变迁方式之后，提出"中间扩散型制度变迁方式"的理论假说（杨瑞龙，1998）。金祥荣以"温州模式"变迁与浙江改革经验为例，分析了以准需求诱致型向需求诱致型制度变迁的方式转换。其研究指出，不同领域和不同阶段，应该根据改革不同约束条件，选择多种制度变迁方式并存和渐进转换的改革道路，有助于化解"诺思悖论"（金祥荣，2000）。黄少安（2000）在分析中国和其他一些转型国家市场化改革经验的基础上提出了制度变迁的三个新理论假说：（1）同一轨迹上制度变迁的边际收益先递增后递减，其变化轨迹呈倒"U"型曲线；（2）政府行政力量推动市场化改革在一定时期内是可行、有效的；（3）制度变迁中不同主体的角色定位和转换主要取决于制度变迁对各自利益的影响，也受制于其他因素。除此之外，其他一些经典作家基于不同问题，从不同视角对制度变迁问题展开分析（陈剑波，2000；周业安，2000；周雪光和艾云，2010；卢现祥，2016）。

在西方现代产权理论中，舒尔茨、科斯、拉坦、威廉姆森、阿尔钦、德姆塞茨等，均对制度变迁理论有所研究和贡献。其中，诺斯的制度变迁理论最系统、最完备，最能代表整个新制度经济学在制度变迁方面成就（黄莹和林金忠，2009）。对于产权制度变迁的动因，马克思产权理论认为，产权制度的运动是一个自然的、历史的过程，经济基础决定包含产权制度的内在上层建筑，生产力与生产关系的发展变化，必然或快或慢地引起产权制度的变化，而产权制度的变化是不以任何人的主观意志为转移的客观规律。相比而言，诺斯等西方现代产权学派关于产权制度变迁的动因则主要归纳为能够为缔约行为者带来收益，即"相对价格或偏好的变化"引起了产权制度的变迁。总而言之，产权制度变化及改革本质上是一个利益调整的过程，旨在废除旧的不合理制度，破除阻碍发展的利益格局，重建具有动力和约束效应的利益格局（汪丁丁，1992；孔泾源，1994；傅大友、芮国强，2003；刘和旺，2006；李正图，2007；韦森，2009；李秀峰，2014；程安林，2015；王庆明，2018）。与此同时，国内有一批学者聚焦于中国农地制度变迁动因和过程展开了系列研究并取得丰富的研究成果（孔泾源，1993；黄少安，1999；张曙光和程炼，2012；冯宗宪和王珏等，2014；田世野和李萍，2021；谭荣，2021；田鹏，2021；曲纵翔和董柯欣，2021；朱晓哲等，2021）。

2.1.3　产权制度对行为与绩效影响研究

在产权制度对行为及绩效影响相关研究中，农地产权制度变迁对区域经济发展的影响相关研究是较为聚焦的一类问题。当前国际上关于产权稳定性对土地所有者投资行为积极性、土地租赁市场活跃程度等方面的影响相关研究成果比较丰富（Fafchamps and Minten，2001；Conning and Robinson，2007；Macours，de Janvry and Sadoulet，2010；Bellemare，2012；Gebru，Holden and Tilahun，2019）。例如贝斯利（Besley，1995）探讨了产权与投资激励之间的联系，其通过设定产权和投资之间的概念框架，并运用加纳地区的数据来验证概念框架。其研究认为加强对低收入环境中土地权利和投资的研究具有非常重要的必要性，而考虑到投资对长期扶贫的重要性，非常重要的问题还在于了解政府行为的取向。发展土地权是一种可行的干预策略，但是在确定权利演变的过程尚未得到正确理解之前，不能将其直接视为解决低增长和投资问题的灵丹妙药。卡特和佩德罗（Carter and Pedro，2003）在其研究中指出，产权改革通常被假设通过投资需求和信贷供应效应来刺激投资。但是当信贷供应效应减弱时，预计产权改革将促使要素流动性受限的农场减少对移动资本的投资，即便他们增加了对附属资本的投资。巴拉圭实践的面板数据证明了，当所有农户都经历正向的投资需求效应时，流动性受限的生产者对流动资本的需求也相应减少。因此，鉴于一种对财富偏好的流动性约束模式，产权改革将使机构只适合较富裕的生产者。与此同时，也有一批研究者关注土地产权制度改革对农业生产率的影响。例如蒙特罗在综述了关于产权分配如何影响专业化、效率和公平的文献后指出已有研究并没有提供相关因果关系的分析证据。进一步其分析研究了 1980 年萨尔瓦多的土地改革，在这项改革中军政府将累计拥有土地超过 500 公顷的个人拥有的不动产重组为合作社，而低于该阈值的产权属性仍然具有外部性。其研究利用合作形成的不连续概率，提供了合作产权相对于外部所有权对专业化、生产率和工人公平的影响证据（Montero，2022）。阿达莫普洛斯和雷斯图西亚（Adamopoulos and Restuccia，2020）利用定量模型和微观水平的数据评估了菲律宾 1988 年的土地制度改革对农场规模和农业生产力的影响。其首先介绍了改革制度设计是规定了土地持有上限，将高于上限的土地重新分配给无地家庭和小农家庭，并严重限制了重新分配的农田的可转让性。研究者在一个农业产业模型背景下研究了这一改革，他们在模型中设计了具有农场规模的非退化分布，具有农场经营者的职业决策和技术选择。进一步推导得出在这种模式下，土地改革不仅会导致农民资源分配不当，还会扭曲农民的职业和技术决策，从而降低农业生产率。进一步根据针对菲律宾农场层面改革前的数据校准了模型。模型分析结果表明：这一项土地制度改革使得平均农场规模减小了34%，农业生产率降低了17%。而政府的土地分配和禁止土地转让是其效果的关键，因为市场分配上限以上的土地会产生约1/3的规模和生产力效应。这些结果验证了土地市场效率对农业经济主体土地分配不当和生产力的潜在作用。

综述已有研究对中国农地产权制度与区域经济发展关系研究成果发现，刘守英（1993）率先关注到中国农地制度的合约结构与产权残缺问题，其在研究中将制度经济方法运用到中国现行农地制度分析方面（刘守英，1993）。进一步在著作《土地制度与中国发展》中，系统介绍了产权与土地制度研究方法、农村土地制度经验研究、农村土地转用的制度安排及告别"以地谋发展"模式等方面内容（刘守英，2018）。周其仁（1995）在其研究中指出，中国的农村改革正是广泛地改变资源利用产权形式和效率，这场改革的背景是原有社会主义国家对社会经济活动控制模式的失效和日益松弛。姚洋（2000）提出中国农地制度的一个分析框架，指出诱导性制度变迁理论可能适用于解释中国农地制度表现出的区域差异，进一步从地权稳定性效应、资源配置效应、社会保障和失业保险效应三个层面探讨了农地制度与经济绩效的关系。林毅夫在《中国的农村改革与农业增长》一文中分析了家庭联产承包责任制改革及其制度绩效（林毅夫，2005；丰雷等，2019），其对农地制度改革及内在机制进行了系统的数理分析，通过宏观统计数据设计计量模型检验了理论分析结果。进一步，张红宇等（2002）关注到中国农村土地使用制度变迁的阶段性与多样性，其研究指出中国农地制度改革是从1979年开始的。自1978年12月党的十一届三中全会召开以后，以联产计酬劳等多种责任形态形成了土地制度变迁的历史起点。通过渐进、局部等多样化的制度变迁方式，最终逐步形成并确定了家庭联产承包责任制的农地制度。从农地制度变迁对经济绩效的影响来看，中国的农地制度变迁获得了不同经济当事人的"一致同意"，其具体变迁是对中国农村微观经济组织的改造，使得劳动力要素加速流动，继而带动了农业与国民经济的共同发展。中国的农地制度变迁历程丰富了制度经济学相关理论（张红宇，2002）。除此之外，有研究者对1978～2004年中国农业增长展开了理论和经验两个层面的分析。研究认为，在农业生产中实施的不同土地制度对从事农业生产的人们形成了不同激励，从而改变了人们从事农业生产的积极性，而制度变迁是中国改革开放之后农业生产效率增长的决定性因素（乔榛等，2006）。除了对家庭联产承包责任制相关制度及经济绩效的分析之外，已有研究还关注股份合作制改革、"还权赋能"改革、地票交易及对经济绩效的影响（北京大学国家发展研究院综合课题组、周其仁，2010；黄砺和谭荣，2015；刘燕，2020）。

除聚焦农地产权及绩效的影响研究外，集体林权制度改革在我国的研究时间较早。自1981年以来集体林权制度改革相关研究就在不同层面和不同程度进行。开展以稳定山权林权、划定自留山和落实林业生产责任制等工作；开展以开发者取得稳定使用权的"四荒拍卖"相关工作；开展以"明晰所有权、放活经营权、落实处置权、确保收益权"为内容的林权制度改革是不同阶段的工作重点（雷加富，2006）。进一步，2003年出台发布的《中共中央 国务院关于加快发展林业的决定》（简称《决定》）明确指出，"要进一步完善林业产权制度。这是调动社会各方面造林积极性，促进林业更好更快发展的重要基础。"显然，《决定》对农村集体林权制度改革工作做出了具体的改革部署。随后的中央一号文件和国家"十一五"规划等相关文件中，均提出将农村集体林权制度改革作为深化农村改革的重要内容和重大举措。当前学术界对集体林权制度改革相关研究主要包括两个方面：一是对集体林权制度改革实践的考察与思考（张红霄和张敏新，2005；贺东航和朱冬亮，2006；朱冬亮，2013）；二是对集体林权制度改革绩效及影响分析。从集体林权制度改革绩效及影响相关研究来看，已有研究既有对改革绩效本身的分析（李娅等，2007），也有将集体林权制度改革作为核心解释变量，分析评估其某方面具体影响效应。例如贺东航和朱冬亮（2008）分析了实行集体林权制度改革试点对村级民主及村民自治的影响；张蕾和文彩云（2008）分析了集体林权制度改革对农户生计的影响；魏建等（2018）基于连续跟踪调查获取的 9 省、18 县（市、区）的 1497 个农户样本 8 年的平衡面板数据，分析了集体林权制度改革与相关配套改革对农户收入的影响；李卓等（2019）则运用2005～2012 年的中国省级面板数据，使用双重差分模型检验了 2006 年新一轮集体林权制度改革的绩效，检验并分析了制度绩效的南北区域差异及原因。

2.2　农村集体产权制度改革研究

自 1958 年至今，中国农村土地集体所有制蕴含的产权安排随着生产决策与分配单位的变更而经历过几次变化（郑风田，1995）。沿袭了几年来以来由社区成员共同使用的习惯，村集体经济组织对包括"四荒地"在内的共有权属资源边界缺乏严格界定。从产权角度来看，村集体内部"共享资源"的使用成本和经济效益存在的外部性，必然导致共有产权资源的过度使用和资源破坏（贾生华，1996）。特别地，农村集体资源资产保值增值目标难以实现。一方面，由于资源产权不明晰影响了市场交易，资产增值更多体现在实物方面，增值水平相对较低；另一方面，由于资源权属不明确，不少地区村委不顾甚至公然违背村民意愿将村集体所属的资源资产低价转让，造成集体资产大量流失的同时，引发村庄内部在资源权属及利用方面的争议与矛盾（刘炜，2006；李建建，2007）。在这种情况下，20世纪 80 年代以来，广东、北京、上海、浙江等省市率先进行农村集体产权制度改革探索（宋洪远和高强，2015）。例如，1993 年北京市开始探索农村集体产权制度改革实践，并提出将可量化的集体资产在集体经济组织成员中量化、将资产量化与投资入股相结合的综合型股份合作社、将集体经济部分存量资产在集体经济成员中量化和按照现代企业制度经营管理集体资产四种典型模式（李光熙，2008）。2010 年中央一号文件《中共中央　国务院关于加大统筹城乡发展力度　进一步夯实农业农村发展基础的若干意见》明确提出，鼓励有条件的地方开展农村集体产权制度改革试点（高鸣和芦千文，2019）。曲福田和田光明（2011）从城乡统筹视角解析了农村集体产权制度改革的必要性。其分析指出城乡统筹要求改变城乡二元基础制度，从制度上建立新型的城乡关系，让城乡要素以价格信号进行流动，同时农民权益能够得到保护并分享工业化、城市化要素价值增值收益。但是由于长期以来，农村集体土地产权不清和产权制度激励约束等功能缺失，农村土地资源配置低效、农户权益受损问题较为严重。这种情况下构建土地产权体系，完善产权制度功能，实现土地配置效率和公平的统一具有迫切性和必要性。

伴随中国特色社会主义进入新的时代，我国经济发展逐步进入新常态，农村制度改革也逐步进入深水区，各界迫切希望通过制度改革与创新激发农村地区的发展活力与动力，以实现从"乡土中国"向"城乡中国"的跨越式转型，即在快速推进城镇化进程的同时找到乡村发展支点，最终协调平衡城乡发展。在这种现实背景下，深入推进农村集体产权制度改革是中国政府作出的重大决策。2016 年发布《中共中央　国务院关于稳步推进农村集体产权制度改革的意见》（以下简称《意见》），对这项改革进行顶层设计、总体部署①。农业农村部狠抓中央政策贯彻落实，5 年来已开展四批试点，共计 15 个省份、89 个地市、442 个县建制试点，涉及 80% 左右的县级单位。2021 年，全国超过 36 万个村级经济组织已经完成了改革，共计确认了农村集体经济组织成员 6 亿多人。② 通过梳理已有文献资料发现，农村集体产权制度作为中国特有的一种产权制度安排，其形成演进有特定的历史轨迹和规律（郭强，2014）。目前学术界对农村集体产权制度改革相关研究主要包括三个方面：一是对农村集体产权制度改革实践措施及评价研究；二是对农村集体产权制度改革绩效及影响研究；三是对农村集体产权制度改革现存问题的研究。

---

①　中国政府网. 中共中央　国务院关于稳步推进农村集体产权制度改革的意见 ［EB/OL］. https：//www. gov. cn/gongbao/content/2017/content_5163444. htm.

②　国务院：今年农村集体产权制度改革试点力争覆盖所有涉农县 ［EB/OL］. http：//back-end. chinanews. com/gn/2020/04 - 27/9169713. shtml.

2.2.1　农村集体产权制度改革相关实践

随着农村集体产权制度改革试点工作的全面、深入推进，学术界对此问题的研究也逐步深入。梳理已有研究发现，当前对农村集体产权制度改革措施及评价的文献资料相对比较丰富，已有研究围绕"清产核资、成员身份认定、折股量化、成立股份经济合作社"关键实践步骤展开了系列研究（黄延信，2015；中国社会科学院农村发展研究所农村集体产权制度改革研究课题组、张晓山，2015；张红宇，2015；苑鹏和刘同山，2016；夏英和钟桂荔等，2018）。清产核资是农村集体产权制度改革的关键环节，其在于明确改革客体，实现"三清"。具体包括通过集体资产评估，实现"问题清"；通过实施信息化管理，实现"账目清"；重新界定集体资产权属，实现"产权清"（夏英等，2018）。成员身份认定是农村集体产权制度改革的关键环节，要求按照规则，民主确定集体成员身份，旨在明确改革主体。核心问题包括集体产权制度改革在组织主体的哪个层级或范围内展开，成员资格如何确定。当前各地根据自身情况在实践中探索适宜的成员身份认定方式。闵师等（2019）总结提出包括昆山模式在内的 7 种农村集体产权制度改革模式后指出，除昆山模式外，成员身份界定均依据当地户口而定。但是，也有一些地区在界定成员身份时将长期生活在当地的外地人和长期居住在外地的当地人做出合理安排，例如温州地区"户产分离"和北京昌平地区在户口基础上将长期在村内工作和居住的人员纳入其中，强调成员身份认定既要尊重历史又要承认现实（宋洪远和高强，2015；钟桂荔和夏英，2017；贺福中，2017）。当前在成员身份认定过程中，在"外嫁女、入赘男、农转非"情况身份认定时存在争议，不同地区实践各不相同（陈标金，2011；柏兰芝，2013；惠建利，2018）。折股量化作为农村集体经济改革的关键环节，当前学术界对此问题的讨论比较丰富，主要聚焦对折股量化范围、股权设置、股权管理与股权经营等问题分析（宋洪远和高强，2015；张占耕，2016；孔祥智，2017；管洪彦，2019；房绍坤和任怡多，2021）。有研究指出，股权设置和股权管理其中的制度创新空间和创新密码在于明确了占有权和收益权、继承权和有偿退出权、抵押权和担保权（夏英和张瑞涛，2020）。农村集体产权制度改革的关键环节还包括成立股份经济合作社，成立股份经济合作社是为了实现农村集体产权资源资产保值增值。成立股份经济合作社之后，不同地区也在积极探索创新的经营治理模式（高强和孔祥智，2020）。

除了对改革关键环节的分析，已有研究也基于实地调研获取的数据资料对不同地区农村集体产权制度改革实践展开系统分析。例如张红宇等（2020）基于 4 省份 24 个村（社区）的调查，分析了不同区域实施农村集体产权制度改革的实践及过程；钟桂荔和夏英（2017）以云南大理市 8 个试点村为例对农村集体资产产权制度改革如何进行及改革后如何实现集体经济的可持续发展两个方面的问题进行了系统调查与分析；贺福中（2017）以山西省沁源县沁河镇城北村为例系统分析农村集体产权制度改革的关键环节及存在的问题；张应良等（2019）则以腾冲、湄潭、崇州的实践经验为例，剖析了产业带动型、集体带头型、政府主导型的集体经济实现形式，从产权实施能力提升、产权实施环境改善和主体权益实现视角，提炼农村产权制度深化改革的内在逻辑。已有研究指出，综合来讲农村集体产权制度改革以"还权于民"的改革思路，旨在实现发展壮大农村集体经济、增加农民收入、实现共同富裕的终极目标，其试点方法包含自上而下、试验试点、由点及面、扩面提速等多个方面特征，制度供给是中央与地方之间实现制度供给弹性互补的过程。从国家维度分析，农村集体产权制度是农民利益保护的主要制度基础；从市场维度分析，合理有效的产权配置是解决农民利益发展市场化的关键；从农民维度分析，产权要素与市场要素集聚混合所带来的发展新动能与风险并存（马池春和马华，2018）。总而言之，农村集体产权制度改革是激活农村资源要素、实现乡村振兴必然要求、促进农民增收、实现共同富裕的制度安排；是维护农村社会政治稳定、强化乡村治理的重要举措（赵阳，2020）。

2.2.2　农村集体产权制度改革影响研究

除对农村集体产权制度改革实践本身研究外，当前已有一批研究者开始关注改革对社区发展和增进农户福利等方面的影响及效应。例如王宾和刘祥琪（2014）利用 2012 年北京市昌平农村集体产权制度股份化改革实地调查数据，对该地区农村集体产权股份化改革实施之后的政策效应进行了评估分析。结果发现，昌平集体产权改革后 81.90% 的农民认为改革后生活水平有所提高，74.30% 的农民对改革成果表示满意。产权改革后昌平农村集体分红有较大幅度增加，但产权改革对就业影响还不显著，改革后村民反映最集中的问题是希望政府能够帮助解决就业。特别地，集体经济组织成员资格界定、集体经济组织股份化改革后如何规范股权管理以及改制后的集体经济组织如何发展仍是农村集体产权制度改革面临的重点和难点。方桂堂（2017）基于北京市昌平的实证调查，探究农村集体产权制度改革的多重影响，研究得出农村集体产权制度改革将从根本上改变农村集体资产的管理的支配方式，有效化解农村集体的矛盾纠纷。实施农村集体产权制度改革能够有效提升村级村务治理水平的结论在相关研究中被不断证实与强化。与此同时，大量研究者关注农村集体产权制度改革对促进农户增收，实现共同富裕目标的影响（张军，2014；张红宇等，2020；夏英和张瑞涛，2020；郭晓鸣和王蔷，2020）。王岚和李聪（2020）利用 DEA 模型分析方法，结合地理经济学产业聚集动因理论视角划分了三个研究区域，分别通过纵向对比、横向对比、动态对比三种物理联系方式对我国首批农村集体资产产权制度改革试点省份改革绩效进行分析。基于间断平衡理论对效率均值进行定量测算，采用 K-S 检验规模分布结合 T 检验、秩和检验进行比较，为准确预测最优合作路径提供参考。该分析有助于探索农村集体经济组织在跨越产业集群化发展方面发挥的战略导向作用。进一步，张浩等（2021）研究提出农村集体产权制度改革面临农民财产权益难保障和集体经济难壮大的双重困境，而已有研究对这一问题缺乏系统的理论探究和完整的案例研究。鉴于此，其在合作制理论与不完全契约理论的基础上，构建起农村集体资产剩余索取权界定与保障农民财产权益、剩余索取权和剩余控制权相匹配与壮大农村集体经济的分析框架，推演解决"两难"、实现"双赢"的理论假说，并以苏州吴中区农村社区股份合作社纵向改革为例验证了理论假说，最终提出农村集体产权制度改革从"两难"到"双赢"的实现路径。孔浩（2020）以渝、鄂、粤三地试验区为研究对象，剖析农村集体产权制度改革中的治理逻辑。通过对重庆市梁平区、湖北省京山市和广东省顺德市南海区等三个全国首批农村集体资产股份权能改革试验区的实践调查案例进行多个案例比较分析得出"利益—协商"的产权治理分析框架，认为该框架可以解释现阶段我国农村集体产权制度改革治理逻辑。

2.2.3　农村集体产权制度改革现存问题

除聚焦对农村集体产权制度改革措施评价及影响研究外，当前还有一批研究者重点关注农村集体产权制度改革现存问题。综述已有研究发现，主要包括对两类问题的研究。首先针对改革本身和改革关键环节现存问题的研究指出农村集体产权制度改革过程中在集体经济组织成员资格界定、集体经济组织股份化改革后如何规范股权管理以及改制后的集体经济组织如何发展成为农村集体产权制度改革主体仍面临困难（王宾和刘祥琪，2014；苑鹏和陆雷，2018）。高强和鞠可心（2021）基于江苏溧阳的实地调研在分析典型案例村庄农村集体产权制度改革在清产核资、成员界定、股权设置与管理、集体经济组织构建等关键环节之后提出农村集体产权制度改革的"内改制"、静态化与封闭性等特点，与开放的村庄演化、人员流动形成鲜明对比，在一定程度上影响了改革顺利推进。温铁军等（2018）则指出农村集体产权制度改革是在沿海地区先行试点的基础上于2016年开始在全国各省全国推开试点的，截至当前以"生不增、死不减"为内涵的股份合作制改革已经实施了十多年。其针对 G 省 S 市频繁发生的农村集体经济股权纠纷现象展开研究，得出股权纠纷现象本质源于现行的股权固化与村社原有集体经济制度内涵之间的内生性矛盾。后续为了稳妥推进农村集体产权制度改革，需要特别重视各地区已经发生的股权纠纷事件处理，同时对实施股权固化保持高度谨慎。房绍坤和林广会（2019）则研究提出，农村集体产权制度改革面临主体虚化、权能羸弱、流转封闭等法制困境，提出建立"名实相符"的集体所有权主体制度，扩权赋能以适应市场经济要求，逐步建立顺畅的股权流转体制机制突破改革所面临的法治之困。田友和赵翠萍（2021）研究指出，现阶段由于改革政策不配套，在农村集体产权制度改革过程中关于成员管理、集体经济组织定位、股份经济合作社级别、成员身份认定及股权设置等方面存在诸多问题。特别是改革后期新型集体经济组织运营面临的集体经济组织法人地位得不到认可、集体经济组织与村委会账目分设、新型农村集体经济组织管理部门缺失、农村集体经济组织合法利益难以保障等方面问题突出。

对改革本身与改革关键环节现存问题的研究之外，当前越来越多研究者开始关注如何真正发展壮大集体经济，增加集体经济积累问题。黄季焜等（2019）指出，近年来我国全面推进农村集体经营性资产改革，以实现持续增加农民财产性收入和发展壮大集体经济的双重目标。现有研究虽对改革中的关键问题进行了诸多讨论，但对农村集体经营性资产的存续现状和改革进程缺乏全面实地的考察，而关于集体资产改革的影响研究则多基于个案剖析，"只见树木而难见森林"。郭晓鸣和王蔷（2020）指出，进一步深化农村集体产权制度改革，仍面临集体资产股份权能有待实质性拓展、新型集体经济组织与村两委关系有待协调、政策支持不足、改革协同性不强等方面的问题，下一步需要全面提速纵深改革、强化协同性改革、创新政策支持体系。另外有研究者从产业发展视角提出深化农村集体产权制度改革的政策建议，例如钟桂荔和夏英（2017）研究指出，实施农村集体产权制度改革以来，各地新型集体经济组织根据不同的资产类型采用不同的经营方式发展壮大集体经济，但是在此过程中如果没有发展产业，集体经济增长的空间不大，未来仍需探索集体经济可持续发展的可行路径。进一步，高鸣和芦千文（2019）在分析中国农村集体经济70年发展历程与启示的基础上提出新中国成立以来，农村集体经济几经变迁，呈现出"不适应—调整—改革—适应—不适应"循环往复调整的轨迹。需要特别重视的问题是，在农村集体产权制度改革过程中存在"改革—挂牌"的形式逻辑与实践。换言之，有相当一批地区村级集体经济组织按照企业化、公司式的方式迅速建立起法人治理结构。但是在此过程中，只是将原本的村两委班子成员换一个头衔、在村委办公场所挂起农村集体经济组织招牌，并未能从本质上改变集体经济的管理和运行方式。集体经济组织管理不规范、经营不专业问题并未得到实质性改善，这种"改革即挂牌"的形式主义改革将严重影响改革绩效实现。未来应跳出"改革—挂牌"形式，注重在改革实质内容方面的创新。

2.3 农村"三变"改革相关研究

2.3.1 合作与股份合作思想及实践

从基本概念和实践来看，农村"三变"改革本质是各类资源要素之间有效组织与合作。合作经济思想在人类历史上产生的时间较早，可追溯到 19 世纪前期的空想社会主义。经过法国大革命和英国工业革命，资本主义国家内部阶级对立矛盾激发，一些空想社会主义者认为，资本主义制度必须要被改造，而改造的办法就是经济合作（涂琼理，2013；张洁，2013；田艳丽，2014；张世敬，2014；吴永贵，2017；吴理财，2019）。马克思、恩格斯虽没有专门撰写过针对合作经济的论述，但是在空想社会主义合作经济思想影响下，他们都非常重视合作经济这一生产组织形式[①]。相比而言，列宁的合作经济思想则与农业社会主义改造关系密切。十月革命后，列宁同志积极主张组织农业公社，建议通过集体农庄的形式，实现向社会主义过渡。[②] 除此之外，毛泽东同志也支持农村开展合作，其在 1927 年发布的《湖南农民运动考察报告》中将发展合作社列为十四件大事之一。合作经济思想的实践则主要表现为成立各类合作社，特别地，罗虚代尔公平先锋社的成立（1844）对合作经济思想在全球范围的传播与发展起到了较大的推动作用；在全球合作经济思想的影响下，1918 年北大胡钧教授及其学生创办了中国第一家合作社——"北大消费公社"[③]，自此开启了合作经济思想在中国的实践（涂琼理，2013）。

---

① 马克思认为合作工厂是"伟大的社会实践；工人自己的合作工厂是在旧形式内对旧形式打开的第一个缺口；其意义不论给予多高的估价都是不算过分的。"恩格斯指出，至于在向完全的共产主义经济过渡时，我们必须大规模地采用合作生产作为中间环节，这一点马克思和我从来没有怀疑过。具体参见：马克思恩格斯选集. 第 2 卷［M］. 北京：人民出版社，1972：133；马克思恩格斯选集. 第 4 卷［M］. 北京：人民出版社，1972：311.

② 列宁全集. 第 35 卷［M］. 北京：人民出版社，1985：174.

③ 中国供销合作网. 北京大学消费公社：中国第一个合作社［EB/OL］. http：//www. chinacoop. gov. cn/HTML/2008/08/27/14608. html.

作为合作经济思想的集中体现，全世界各式各样的合作社在加强生产经营者之间的互惠互助、减少中间商剥削、降低经营成本等方面发挥着重要作用，但是伴随市场经济的快速发展，传统合作社逐渐暴露出类似社员"搭便车"、资金短缺、管理方式滞后、经营效率难以提高等问题，合作社与现代市场经济之间的矛盾日益扩大。这种情况下，一些发达国家开始探寻合作社发展的新路径，有合作社则直接将股份制企业的做法引入到合作社中，打破了传统合作社基本原则。第二次世界大战以后，西方多国的传统合作社逐渐顺应趋势转向兼具合作社制与股份制特点的"股份合作社（Stock Co-Operative）①"。中华人民共和国成立以来，中国的农业发展历程更像是一部农业合作化运动史，相关的研究资料也较为丰富。股份合作制作为一种企业制度创新，最早发端于 20 世纪 80 年代的中国农村地区，1987 年国务院批准了一批股份合作试验区。综述已有研究发现，温州是中国股份合作制企业的发祥地之一，诸城模式被誉为城市中小型企业股份合作制改革的代表；苏南模式则被誉为我国乡镇企业股份合作制改造的代表。进一步，1990 年初，土地股份合作制率先在南海等地出现，有研究者基于微观和宏观两个方面分析了土地股份合作制产生的背景，指出地区经济发展为农村土地股份合作制发展提供了动力（姜爱林和陈海秋，2007；肖端，2013；解安和朱慧勇，2016；黄祖辉，2018）。

对农村土地股份合作制展开研究的同时，农村社区型股份合作制相关研究也受到一批学者关注。例如，对社区型股份合作制的产权制度的研究（傅晨，2001）、对社区型股份合作制的演进与现实问题的研究（罗必良和潘光辉等，2004；傅晨，2006；徐秀英和赵兴泉等，2015）、对社区型股份合作制制度绩效的研究（赵家如，2014）。对照农村"三变"改革内涵来看，可以肯定农村"三变"改革是在继承合作经济思想和股份合作思想及实践基础上的一种制度创新。但是农村"三变"改革并不简单等同农地股份合作制思想及实践。已有研究者将农村"三变"改革与经典农地股份合作制进行了对比，得出农村"三变"改革与经典农地股份合作制存在诸

---

① 成立于 1956 年的西班牙"蒙德拉贡合作社（Grupo Cooperative Mondragon）"是全球范围内引进股份制做法的合作经济组织典型代表。

多差异（杜良杰和周怡，2018；于福波，2019）。

2.3.2　农村"三变"内涵做法与成效总结

目前学术界对农村"三变"改革概念基本达成了统一认识，即"资源变资产、资金变股金、农民变股东"（魏人山，2016；张绪清，2017；刘守英，2017；杨慧莲和刘培生，2021）已有研究者从不同视角分析了农村"三变"改革的缘起和背景。陈全（2017）认为以家庭联产承包责任制为基础的农村经营体制遭遇发展瓶颈是农村"三变"改革的逻辑起点；张绪清（2017）从农业经营体制遭遇新挑战、农村发展机制遭遇新挑战、脱贫攻坚遭遇新挑战、乡村建设与反贫困主体严重缺位四个方面分析了农村"三变"改革的缘起和背景；王永平和周丕东（2018）则从农村生产要素分散、农业规模化发展受限、现有可利用资源低效利用、农民增收渠道狭窄几个方面分析得出，农村"三变"改革的制度设计有助于唤醒沉睡资源、积聚分散资金、拓宽农户增收渠道，是一条既有别于东部又不同于西部的农村集体产权制度改革新路；姜长云和芦千文（2018）在其研究中阐述了六盘水市面临的发展难题，提出农村"三变"改革是化解现实难题的应然产物；杨小成（2019）从社会需求变化引致农村供给侧结构适应性调整、工业化和城市化带来的乡村社会发展的困境、迫切的农村脱贫攻坚和农民增收压力三个方面分析了农村"三变"改革的现实依据。进一步，谢忠山和刘娇娇（2019）在梳理我国已有改革探索及经验教训的基础上提出，未来如何发挥统分结合的双层经营体制优越性，通过改革手段激活、释放农村潜在的巨大生产力将逐步成为实践探索和科学研究的重点和难点，后续改革应集中围绕"人、地、钱、经营主体、集体经济"深化探索，而农村"三变"改革正是对深化农村改革总要求的积极回应与实践探索。

在分析农村"三变"改革内涵的基础上，有相当一批研究者以实地调查方式归纳总结了农村"三变"改革在实践中的具体做法（李裴等，2016）。例如，黄延信等（2015）基于实地调查，将农村"三变"改革实践总结为发展多种形式的土地股份合作、有效盘活农村集体闲置资产、探索财政资金转变为农户股份三个方面；罗凌和崔云霞（2016）将农村"三变"改革实践总结为，从要素集聚发力，再造双层经营体制中"统"的功能；通过再造农户与经营主体之间利益联结关系，重构并优化乡村治理体系；通过拓展空间深化促进现代山地特色农业快速发展。与此同时，中央党校农村改革调查课题组通过实地调研将农村"三变"改革的主要做法总结为聚焦贫困群众、找准农村"三变"改革主体目标；聚焦优势产业、积极搭建农村"三变"改革平台；聚焦相关资金整合、有力保障改革投入；聚焦经营主体，大力培养改革承接主体；聚焦改革风险防控、坚守农村"三变"改革底线五个方面（中央党校农村改革调查课题组，2016）。除了对农村"三变"改革做法的宏观分析，有一批研究者聚焦于对改革的某一个或多个方面展开分析，例如刘琴和周真刚（2018）将研究聚焦于农村"三变"改革股权架构的具体做法方面，分别从出资方式、股份确认，决策管理和监督机制，收益分配和风险承担、股份流转及退股机制几个方面阐述了农村"三变"改革发源地的股权架构主要做法及存在的问题；肖兴燕等（2019）则将研究重点聚焦于集体产权量化的具体做法，认为当前六盘水市农村"三变"改革实践过程中的集体产权量化形成了较为规范的量化操作规程、达成了农村集体资产量化范围及方法的共识、探索了政府和民间资金共谋发展的支持方式、增加财政对农村经济组织的支持力度、且正在努力探寻资源股权定价新模式。

在分析农村"三变"改革实践做法的基础上，已有研究者肯定了农村"三变"改革取得的成效。例如，黄延信等（2015）认为农村"三变"改革创新了农业规模经营体制机制、增加了农村集体经济收入、提升了财政资金使用效益、培养了职业农民、促进了农民增收；中央党校农村改革调查课题组通过实地调查指出，农村"三变"改革对于促进贫困地区精准脱贫、带动贫困农户增收，优化地区产业结构、促进农业经济转型升级，有效组织农民群众、发展壮大农村集体经济，加强基层党组织建设、优化乡村治理机制具有重要的价值和意义（中央党校农村改革调查课题组，2016）；王永平和周丕东（2018）研究认为农村"三变"改革的效应主要体现在盘活农村资源、发展特色产业、壮大集体经济、增加农民收入、形成改革示范五个方面。相较于对农村"三变"改革成效的整体性分析，也有研究者基于农村"三变"改革典型村庄的调查指出，通过农村"三变"改革方式整合各类资源要素，使得改革以来村庄在劳动力回流/积聚、贫困户脱贫、普通农户增收、生态环境改善等方面成效显著（杨慧莲等，2018）。

2.3.3　农村"三变"价值评价与理论解析

在明确农村"三变"改革背景、内涵、做法与成效基础上，有研究者阐述了农村"三变"改革的价值意蕴并对其创新价值进行了评价。例如罗凌和崔云霞（2016）认为农村"三变"是对"双层经营"体制的一次成功尝试，是邓小平同志农村改革"第二次飞跃"的一个实践方向。2016 年中央党校农村改革调查课题组调查认为，农村"三变"改革对推动精准脱贫、全面建成小康社会具有重要借鉴意义；对依法依规治理乡村、推进乡村治理体系和治理能力现代化具有重要带动意义；对加强农村基层组织建设、巩固党的执政基础有重要支撑意义。王东京和王佳（2017）认为，认识农村"三变"改革的价值，眼光应放得长远些。不能仅从农村扶贫角度看。农村"三变"改革将是中国整体形成橄榄型分配格局的不二之选，其妙处在于——它立足扩大资产增量，而无须"抽肥补瘦"。陈全（2017）认为，农村"三变"改革是继家庭联产承包制之后我国农村改革的再出发。张绪清（2017）指出，乌蒙山区腹地六盘水市的农村"三变"改革为壮大农村集体经济、深化农村综合改革与破解"三农"问题提供了一个窗口，为乡村实现绿色发展提供了鲜活的实践经验。陈林（2018）研究指出，贵州等地发端的农村"三变"，亦即"资源变资产、资金变股金、农民变股东"改革，充分激活城乡发展要素，有力印证了农村市场化，特别是要素市场化理论。除此之外，有研究认为农村"三变"改革实际上是一种机制创新，其核心要义在于明确资源资产权属的前提下，整合农村地区零散的资源并改变其资源配置使用方式，让要素主体快速顺利联结，促进小农户与现代农业衔接，创造出新的经济增长点或价值增值空间（柯炳生，2018；姜长云和芦千文，2018）。

综述已有研究发现，当前研究者给予农村"三变"改革高度评价，基本肯定农村"三变"改革和其他制度创新一样，均是利益相关者结合内外部环境而进行互动博弈的结果，继而改革实践有其内在的形成逻辑、改革绩效有其特定的生成路径和机制。鉴于此,借鉴经典理论对农村"三变"改革进行解析极为重要和必要。梳理已有研究发现,目前已有几篇文献从不同视角解析农村"三变"改革理论内涵。例如,桑瑜(2017)在肯定农村"三变"改革价值和意义后指出,当前农村"三变"改革相关研究大多还是经验归纳和总结,缺少学理层面的深入探讨。进一步从要素分配的一般规律出发,结合实地调查案例剖析改革的经济学逻辑,总结得出,农村"三变"改革的核心要义是增加农民资产性收入,着力点是"平台 + 产业"推动资产增值,利益机制是驱动与制衡。于福波和张应良(2019)通过构造"制度—机制—行动"的新制度经济学分析框架,结合实地调查资料,分别对农村"三变"改革的制度渊源、动因和实施机制进行分析。进一步指出,农村"三变"改革从一种模式上升为制度变革,主要是由于大量的资本下乡对原有的乡村治理结构及家庭联产承包责任制为主的经营体制产生了冲击和重塑,农村"三变"改革是一种"自上而下"和"自下而上"相结合的制度变迁过程。刘培生和杨正巧(2019)结合熊彼特的创新理论,新制度经济学理论和马克思主义政治经济学的社会发展变革理论深入解析了农村"三变"改革隐含的制度变迁价值。张敏娜等(2019)研究认为,农村"三变"改革从探索新型农业合作化路径出发,在坚持发展社会主义市场经济原则等四个方面体现并丰富了中国特色社会主义政治经济学重大原则。

2.3.4　农村"三变"风险及对策相关研究

综述已有研究发现,目前有一批研究者将研究重点聚焦于农村"三变"改革可能存在的风险与对策建议方面。例如李裴等(2016)从亏损把控、权益保障、资源破坏、法律规避、资金安全几个方面分析了农村"三变"改革发源地在推进农村"三变"改革实践过程中可能存在的风险,进一步从选择好改革试点、把握好关键环节、建设好交易平台、掌控好融资风险、发挥好政府作用方面提出改进建议;刘远坤(2016)认为农村"三变"改革是一项向农民"还权赋能"的改革,但存在亏损把控、权益保障、资源破坏等风险;韩保江(2017)研究指出,农村"三变"改革在具体推进过程中尚需注意涉农资金转化为企业发展股金过程中可能的国家资产流失风险，土地入股确权量化不明晰、不稳定暗藏的风险，入股土地用途质量改变引致的风险，社会资金和金融资金监管不到位形成的风险等多种可能风险。进一步为了有效防控风险，一方面需要完善并提供改革配套保障机制；另一方面需要法律支持，具体来看，农村"三变"改革对农村经济制度、土地制度等带来的冲击，涉及《宪法》《担保法》《土地管理法》等多部法律法规，后续仍需明确相关法律支持。

除了对农村"三变"改革可能存在风险进行宏观视角的分析，也有研究者基于对改革发源地的深度调查而分析当前存在的风险并提出针对性政策建议。例如周真刚（2018）认为，在肯定农村"三变"改革实践成效的基础上，要注意加强防范农村"三变"改革风险。农村"三变"改革的成效很大程度上取决于产业发展的情况，而各类新主体的经营状况将直接影响改革成效。因此，农村"三变"改革推行过程中还应当做好相关风险预案，重视发挥政府引导作用的同时提升各类新型经营主体的市场适应能力，让"看得见的手"和"看不见的手"协同发挥作用，实现长效发展目标。王永平和黄海燕（2019）则基于对农村"三变"改革发源地改革进展及推广情况详细调查的基础上分析指出，随着农村"三变"改革深入推进，可能面临包括自然风险在内的七个方面的风险及挑战，进一步剖析了不同风险的形成机理及可能后果。最后，从加大政策支持力度，增强自然风险抵御能力；加强经营主体能力建设，降低经营风险发生概率；增强技术支撑能力，降低技术风险发生概率；完善相关配套政策，消除政策风险滋生土壤；完善相关法律法规，减少法律风险的发生；加强社会诚信体系建设，构筑道德风险防范屏障；建立风险防范预警机制，防止社会风险发生方面提出针对性政策建议。窦祥铭（2017）对安徽省率先实施农村"三变"改革的13个地区调查得出，安徽省实施农村"三变"改革试点的绩效主要表现为激活农村发展要素、提高财政资金利用效率、促进区域优势产业发展、壮大了村庄集体经济实力、拓宽了农民增收渠道。进一步从农村集体部分资源资产确权登记颁证工作不到位、农村产权流转交易市场建设滞后、对农村"三变"承接主体（经营主体）扶持力度不够、风险防范机制有待加强、股份合作机制不够规范五个方面分析了安徽省农村"三变"改革试点突出问题。

2.3.5　农村"三变"作用及影响相关研究

除上述对农村"三变"改革本身的研究外，目前有一批研究者逐渐将视野拓展到分析农村"三变"改革的作用及影响方面，其中包括对实现精准脱贫目标、增加农民收入、发展壮大农村集体经济等不同方面的作用及效应。当前，农村"三变"改革对实现精准脱贫目标的作用及影响是学术界重点关注的内容。具体来看，陈全（2017）分析了农村"三变"改革助推精准扶贫的理论逻辑与制度创新。农村"三变"改革的制度设计则旨在通过实现资源资产化、资金股份化而增加农民资产性收益。从制度创新来讲，农村"三变"改革助推精准扶贫的制度创新主要表现在对农村产权制度、对收益分配制度、对扶贫资金和项目运作制度的创新三个方面。谭学文（2017）研究认为，农村"三变"改革在扶贫方面的应用极大地丰富了资产收益扶贫的内涵，依据农村"三变"改革的制度设计，农村集体资源资产、农户家庭所有的各类资源资产、金融资源及其他各类社会资源都成为潜在的扶贫资产来源，扶贫资产的类型更加多样。进一步来看，农村"三变"改革的核心要义在于增加农民资产性收入，与资产收益扶贫的理念高度契合。产权安排和收益分配是影响资产收益扶贫的关键，目前来看推动资产收益扶贫与农村"三变"改革已形成互为因果和相互促进的关系，可将农村"三变"改革作为资产收益扶贫的发动机。有学者基于对农村"三变"改革发源地的深度调查指出，农村"三变"改革助推精准扶贫的主要模式包括通过发展特色农业产业帮助贫困人口摆脱贫困；依托农村"三变"改革探索资产收益扶贫新路径；发展信用合作、实施金融扶贫；依托景区景点，以旅游带动减贫（张绪清，2017；李如海，2017）。谢治菊（2018）则将农村"三变"改革助推精准扶贫的机理总结为：聚焦贫困群众，重构乡村治理体系；聚合资源要素，为精准扶贫提供资源保障；搭建产业平台，为精准扶贫找到科学路径三个方面。进一步将具体实践模式总结为"三变"+特色产业+贫困户模式、"三变"+乡村旅游+贫困户模式、"三变"+村集体+贫困户模式、"三变"+经营主体+贫困户模式。

　　除研究农村"三变"改革在精准扶贫方面发挥的作用外，已有研究者重点关注农村"三变"对增加农民收入和壮大集体经济方面的影响研究。从增加农民收入方面来讲，一些学者指出农村"三变"改革的核心要义是增加农民资产性收入（王东京和王佳宁，2017；桑瑜，2017；檀学文，2017）。且大量的实践调研经验证据也表明，农村"三变"改革具有显著的农户增收效应（王永平和周丕东，2018）。有别于对农村"三变"改革促进农户增收的宏观分析，孔祥智和穆娜娜（2016）在对农村"三变"改革发源地典型案例村庄的调研基础上，将农村"三变"改革增加农民收入的来源及类型做了细分。其研究认为农村"三变"改革发源地正在推行的改革从本质上是通过增加农民的租金、股份分红、转移就业、自营工商业、种植业等方面的收入而提高农户的财产性、工资性及家庭经营性收入的。从壮大农村集体经济来讲，罗凌率和崔云霞（2016）先发起对农村"三变"改革在发展壮大农村集体经济方面作用的探讨，其研究指出，农村"三变"改革是以产业为平台、股权为纽带而实现土地、资金、劳动力等要素流转的一种生产发展新力量，对于农村集体经济组织再造、重构乡村治理模式、促进城乡生产要素双向流动等多个方面具有重要意义。刘远坤（2016）认为农村"三变"改革有助于增强农村集体经济实力、促进农业适度规模经营、对于农业产业增收和农村社会繁荣具有重要价值。杜良杰和周怡（2018）研究指出，农村"三变"改革衍生出很多"变"的模式，但是无论是何种模式的"变"都有一个共同的内核，即推动农村集体经济"脱壳"并实现发展。换言之，农村集体经济的发展壮大需要农村"三变"改革这一制度创新来实现，农村集体经济发展的载体是农村"三变"改革。税林敏（2019）指出，以农村"三变"改革为核心内容的农村产权制度改革强化了农村集体财产权利，走出了一条贫困地区提高村集体收入的独特道路。温铁军（2019）则认为，生产力决定生产关系，经济基础决定上层建筑，理解农村"三变"改革的核心要义要上升到理解一个新型集体经济如何重构这个层次。特别地，张应良和徐亚东（2019）研究指出，已有研究从学理层面深度剖析农村"三变"改革在推进农村集体经济增长方面的理论逻辑，因此农村"三变"改革对实践的制度价值非常有限。在全面实施乡村振兴战略的关键时期，无论从提高理论对改革实践的指导价值，还是后续深入推进和推广农村"三变"改革均需要从理论出发探究并解析改革与农村集体经济增长之间的关系（张应良和徐亚东，2019）。

2.4 现有研究述评

综上所述，本章依次综述了产权制度研究、农村集体产权制度改革研究和农村"三变"改革相关研究。全章文献综述阐明了本书的科学问题范畴，明确本选题的研究领域和历史继承。具体来看，对产权制度概念及相关研究的分析明确了国际国内当前针对产权制度研究的核心问题及学术界对如何分配所有权以矫正资源扭曲以实现资源价值最大化问题，以及"公地悲剧""反公地悲剧"相关问题的探索与研究；制度变迁动因及过程研究则在综述制度变迁动因及过程的基础上阐释了产权制度变迁问题及中国农地制度变迁的动因及过程；产权制度对行为与绩效的影响研究则重点分析了不同的产权制度安排带来的产权稳定性、安全性等方面的不同，继而对理性经济人产生差异化的行为激励及绩效。农村集体产权制度改革相关研究成果为本书研究奠定了坚实基础，笔者通过梳理相关文献分别从农村集体产权制度改革相关实践、农村集体产权制度改革影响研究、农村集体产权制度改革现存问题几个方面对现有文献进行了系统梳理与分析。农村"三变"改革相关研究综述部分则分别从合作与股份合作思想及实践、农村"三变"内涵做法与成效总结、农村"三变"价值评价与理论解析、农村"三变"风险及对策相关研究、农村"三变"作用及影响相关研究五个方面梳理了当前学术界针对农村"三变"改革的相关研究。对相关文献的综述既有利于明确本书的研究选题范畴及研究基础，更有助于明确本书研究可能做的创新性贡献及边界。

通过综述已有文献，首先明确了产权制度及对经济绩效的影响是学术界重点关注并持续研究的科学问题，其次明确当前学界已针对农村集体产权制度改革开展了系列研究并取得了丰富研究成果，但是已有研究者指出农村集体产权制度改革尚存两个方面问题亟待解决，一是针对改革过程中关键环节的清晰化、规范化、合理化问题；二是改革后期如何真正发展壮大集体经济，增加农户收入问题。与此同时，已有研究明确指出农村"三变"改革是农村集体产权制度改革的深化和拓展（高鸣和芦千文，2019；张瑞涛，2021）。但是综述农村"三变"改革相关研究发现，当前针对农村"三变"改革的研究成果并未针对如何发展壮大集体经济，增加集体经济积累问题展开系统分析，且现有研究尚存三方面不足：一是研究内容基本聚焦于对农村"三变"改革发源地改革实践的分析，鲜有研究者解析改革背后的经济学逻辑以及改革在全国的扩散情况；二是研究方法基本以定性研究加入少量案例调查的方式展开，鲜有研究者基于较长时期的面板数据或微观的农户大样本调查数据资料分析改革的影响，更鲜有研究者基于长期追踪调查的，能够体现改革效果"起承转合"的案例资料，以专门的案例研究方法分析其具体实践效应及可能的外部条件保障因素；三是研究结论具有相似性，多出现类似"农村'三变'改革有助于促进贫困地区农民增收""改革有助于壮大集体经济收入"等表述，但鲜有研究者分析背后的路径与机制，也鲜有研究者基于丰富的数据资料和科学的计量统计方法检验分析结论的科学性。综上所述，已有研究成果为本书研究奠定了坚实基础，但是已有研究并没有清晰明确回答本书提出的研究问题，已有研究在农村"三变"改革研究方面的不足，为本书研究提供了契机和空间。

第 **3** 章
理论分析与研究假设

　　当前正在全国推进的农村集体产权制度改革取得了一定改革成效，但也面临问题与挑战。一方面在农村集体产权制度改革过程中存在"改革—挂牌"的形式逻辑与实践。即部分地区村级集体经济组织按照企业化、公司式的方式迅速建立起法人治理结构。但是在此过程中，只是将原本的村两委班子成员换一个头衔、在村委办公场所挂起农村集体经济组织招牌，并未能从本质上改变集体经济的管理和运行方式。另一方面虽然当前各地新型集体经济组织根据不同资产类型采用不同的经营方式发展壮大集体经济，但是在此过程中如果没有发展产业，集体经济增长的空间不大，未来仍需探索集体经济可持续发展的可行路径。与此同时，已有研究明确提出农村"三变"改革是农村集体产权制度改革的深化与拓展，被看成是比农村集体产权制度改革更进一步的改革创新和基层实践探索，那么从理论视角如何解析农村"三变"改革，其以何种方式解决了现实中的哪些问题，对农户收入产生何种影响，具体影响机制与路径是什么？带着这些问题，本部分将在理论分析的基础上，提出全书有待验证的研究假说。

3.1　理论分析

3.1.1　清晰界定资源产权边界与经济绩效

思拉恩·埃格特森（1990）在其经典著作 *Economic Behavior and Institutions* 中阐述了产权制度安排与经济结果的关系，研究指出产权是指个人可以使用资源的权利，能够对资源进行分配规则调控的正是产权系统，产权和产权系统的存在决定了个体和集体在经济活动中何以获得资源的合法权利。思拉恩·埃格特森（1990）的研究启示我们：产权方法似乎无形中引导人们注意一个事实——有关产权规定方面的微小变化，就可以导致经济系统的变化，进一步引致经济系统的进步或停滞。换言之，权利部分对产权结构的各种可能重新界定都会产生福利影响的变化，这种影响也许和获利者有关，也可能涉及损失者。①

1. 产权模糊、租值耗散与农户增收困境

产权及相关制度的建立与维持将产生大量交易成本。科斯（Coase，1960）最早讨论了产权初始界定与交易成本之间的关系。科斯第一定律认为如果交易成本为零，那么产权的初始界定就不再重要，权利的任意配置均可以无成本地得到直接相关产权主体的纠正；科斯第二定理则指出如果交易成本为正，那么产权的界定将变得至关重要，因为可交易权利的初始配置将影响权利的最终配置，也可能影响社会总体福利。显然，现实生活并非发生在真空世界，故而必然存在交易成本，这种情况下产权边界清晰界定与否将对经济绩效产生直接影响。李宁等（2014）指出，既然产权界定的是关于有用资产价值的权利，而资产往往又具有多种属性，获取各种有用性和潜在有用性的信息又是有成本的，那么未知属性价值和其他无法

---

① 具体参见：Thrainn Eggertsson. Economic Behavior and Institutions ［M］. Cambridge University Press，1990：40.

测定的属性价值也就无法进行主体之间产权的有效界定，从而造成产权的模糊化。农村集体产权制度改革试点之前，农村地区共有资源产权模糊化普遍、广泛存在，而产权模糊也引致了广泛的资源租值耗散。租值耗散中的租值是指无主的、没有界定清楚为谁属的收入，在竞争下会耗散，在边际上会下降为零。换言之，本身具备价值的财产或资源，只有清晰界定产权的才会存在租值，而没有界定产权主体的财产或资源价值则会被耗散（Gordon，1954；Cheung，1974；Barzel，1974）。这部分借助一个简单的图示模型，分析村社内部使用公共产权投入品的经济结果（Eggertsson，1990）。为尽可能清晰呈现研究问题，我们假设村社内部只有两种生产要素，即同质的个体劳动力（个体农户）和固定数量的公共资源（耕地、山地、林地、水域等资源）。假定将劳动力要素和固定数量的公共资源要素结合使用的劳动力要素机会成本是由可供选择的来自外部市场的工资率 W^0 决定的。进一步，将社区内部固定数量的公共资源简化为一块共有产权的山地，其数量用 R^0 来表示。接下来，将衍生出三种可能情景。

情景1："反公地悲剧"。

这种情景下，对村社共有财产资源没有特别的约定，按照一直延续的分配方式，村社共有产权资源常常被分割后按份分配给具备成员身份、基本同质的集体成员。阿尔奇安曾经在其研究中描述了土地产权被分割的情况：在相同时间内，如果假定由不同的几个人同时拥有一块土地的权利，其中 A 能够在这块土地上种植玉米，而 B 能够在这块土地上穿行，C 的权利是可以在这块土地上倒垃圾，D 的权利是这块玉米地上空的自由穿行权等，换言之，其中每一种权利都是可以转让的，而只是按照各种用途分开的土地私有权属归于不同的主体所有（Eggertsson，1990）。在这样的制度安排下，一方面基本同质化的成员鲜有能力实现产权价值；另一方面即使有外部主体愿意投资，也会被需要付出的巨额交易成本吓退，最终各方主动或被动选择无所作为，任由社区共有产权资源闲置、沉睡资源租值耗散[1]，

---

[1]　如前面所述，当特定资源的产权由多重所有者掌握，而每个产权所有者都具有排他性时，会导致资源的闲置或者无法充分利用。如同一扇大门上安装了需要十几把钥匙同时使用才能开启的锁，这十几把钥匙又归不同人保管，而十几个人又往往无法在同一时间到齐，那么这扇门后的东西就只能看看而无法取得。

无法提高要素所有者财产性收入水平。"反公地悲剧"问题存在，从本质上是由于资源或产权被过度分割产生的碎片化，导致资源排他性过强，继而造成资源使用不足的悲剧。其中的"悲"通常并不表现为对产权标的物（资源）的破坏或毁灭上，而是因为过多的排他性所有者对潜在帕累托改进的人为阻碍，导致资源使用的最大化价值无法实现，甚至稀缺资源无法得到充分利用的情况（阳晓伟和杨春学，2019；张琰飞等，2020）。

情景 2："公地悲剧"。

相比资源要素所有主体无所作为，在"公地悲剧"情形下，每个共有产权主体都想从共有产权中获得尽可能多的好处。

根据图 3-1，分析每多一个劳工单位投入 R^0 的情况，显然新劳工单位对总产出的贡献是双重的。我们将 Q 界定为公共产权资源的总产出，每一个同质的劳工单位 L_i 对总产出的贡献可以表示为 Q/L_N，其中 L_N 为同质劳工单位的总数。从图 3-1 可以看出，新加入的 L_i 具有降低原有劳工单位平均产品的效应，如 VAP 线斜率的表示，边际产品价值线 VMP 恰好体现了上述两种效果，即给出边际劳工单位 L_i 用到固定资源 R^0 上时，对总

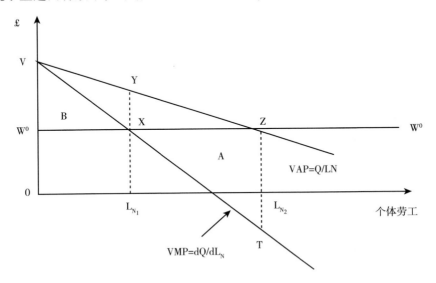

图 3-1　社区共有产权资源使用过程中租金耗散情况图解

资料来源：笔者根据已有研究资料整理并根据实际需求修正后获得。具体参见 Thrainn Eggertsson. Economic Behavior and Institutions ［M］. Cambridge University Press，1990：78.

产出的净贡献。如果上述表达不易理解，那么可以将这种情景理解为一种典型的"公地悲剧"，即每个个体都想从集体资源中分一杯羹，个体理性的后果是共有产权资源价值被无限制涌入的产权主体耗散殆尽，对提高个体财产性收入水平无益。综上所述，在村社共有产权资源利用与开发中广泛存在的"公地悲剧"和"反公地悲剧"均表现为发展可利用资源租值耗散，对于促进农户增收并非产生积极作用。

2. 清晰界定村社共有产权与经济结果

当前人们逐渐认识到"反公地悲剧"和"公地悲剧"情景下严重的资源租值耗散带来的巨大社会损失时，即尝试通过各种可能的制度创新改善社区共有产权资源租值耗散情况（孔祥智，2020）。但是进一步分析可知，清晰界定社区共有产权主体与经济结果之间的关系还因经营主体数量有所不同，具体情况要根据资源利用与开发情景做针对性分析。当仅有单个私人经营者时，假如明晰了社区共有产权资源 R^0 产权。按照一般经济学逻辑，该私人企业会按照固定的工资率 W^0 雇佣劳工，且企业雇佣劳工的数量一定为 L_{N_1}，因为在这个经营水平上，单个私人企业从 R^0 中获取的租金收入最多，具体由图 3 - 1 中三角形 B 表示。这表明，即使 R^0 是社区公共财产，只要使用它的决策单位只有一个，且不会有其他单位威胁，租金最大化的结果也可以出现。当同时出现多个私人经营者时，均衡结果与仅有单个私人经营者时情况有所不同。在这种情况下，每个决策单位 L_1 只考虑自己的产出 Q/L_N，而不顾对其他经营单位施加的成本。假定图 3 - 1 中 L_{N_1} 处，劳工投入量有一点增加，该劳工增量的产出是 $L_{N_1}Y$（平均产出），但原有单位的生产率下降却等于 XY，因此产出的净增加为 $L_{N_1}X = L_{N_1}(Y - XY)$。进一步，可以想象如果每个决策单位均忽略了其对其他单位施加的成本，那么新的雇佣劳工会不断涌入，直至 VAP = W^0 即劳工总数达到 L_{N_2} 的水平。这一点，每个决策单位（VAP 线）报酬等于它的边际机会成本 W^0，劳工不断涌入使公共资源 R^0 产出租金降至零，且由于决策单位相互竞争作用，使来自公共资源的净收入全部耗散。反映到图 3 - 1，均衡点租值耗散水平由三角形 A（XZT）衡量，其等于公共资源 R^0 能产出的最大租金额，即三角形 B（XVW^0）的面积（布罗姆利·

丹尼尔，2012）[①]。

综上所述，社区共有产权资源使用过程中租金耗散情景向人们提供了一个有无产权界定怎样影响经济结果的醒目提示器。即当 R^0 是公共财产时，所产生的租金会被全部耗散。如果改变共有产权性质、明晰产权决策单位，结果将发生质的变化。[②]

3. 产权改变必然增加社会福利吗

借鉴思拉恩·埃格特森（1990）的研究，如图 3 - 2 所示，我们假定被清晰界定产权、明确经营主体的资源是社区内部的一块共有土地。土地相关的生产可能性曲线是 PP_1，国民经济的均衡点停留在 A 点。完成上述设定之后，可以根据给体福利的现行分配推导出一组首尾相连的社区无差异曲线，简称社Ⅰ组。在社Ⅰ组内，当 A 点从一条低的无差异曲线移动到高的无差异曲线时，意味着社区福利存在帕累托改善。如果假定将共有土

---

① 张五常（1970）进一步设计了考察多个私人经营者进入的动态过程。首先第一个经营者进入后，通过自有或雇佣劳动力从 R^0 处获得最大的租金，直到劳工的边际产品价值 VMP1 和外在市场工资 W^0 相等为止。然后第二个经营者进入，也努力使其劳动单位的边际产品价值 VMP2 等于 W^0 的做法，最大限度地获取它在其余租金中的份额。不过，当第二个企业进入时，VMP1 线向左移动，第一个企业要重新调整其经营水平和减少劳工投入。这样的后果是，两个企业平均分享租金，此时租金之和小于只有第一家企业使用 R^0 时所创租金数额。这样的竞争过程不会中断，直至像上图那样均衡结果停留在 VAP＝W^0 的使用水平。除非进入的私人经营者投入品是不同质的，即他们在使用公共资源 R^0 时的比较优势各异或者进入时存在着进入壁垒或规模经济，将限制进入者数量。具体参见：Thrainn Eggertsson. Economic Behavior and Institutions ［M］. Cambridge University Press，1990：80.

② 丹尼尔·W. 布罗姆利在其研究中提到有一些学者运用诺斯模型解释美国西部矿产资源方面的制度创新，研究关注的焦点是有关矿产资源的所有权和控制权的新的法律安排带给矿主的净收益。其中包括下面一段表述：从收益方面讲，法律的更加精准增加了矿主控制他的要求权的可能性。也就是说，对他私有权的更加明确的界定和实施降低了所有权的不确定性。首先，由于个人权利和财产边界得到更明晰的界定，所以更容易发现和证实侵权和偷窃行为；其次，由于办事程序明确，可以更容易地获得国家对私人权利的保护；最后，由于对执法官员的职责进行了明文规定，私人要求权的侵犯者更容易受到法律的制裁。从上述分析中可以推演出清晰界定社区共有产权、明确共有产权资源决策主体能够在相当大程度上节约交易成本（谈判、纠纷处理、协调关系等），减少不必要的损耗。随后，丹尼尔·W. 布罗姆利对上述研究给出了自己的评价：在没有明确法律安排矿资源的所有权和控制权之前，那里存在着制度真空。谁拥有什么以及如何确立所有权，这存在着极大的不确定性。显然，为了提高经济效率就必须提高制度安排的精确性，因为普遍存在的混乱状态对企业家来说将导致极大的不确定性、多余的行为以及在采矿中的投资低于最优水平。

地给予排他性权利的行为是将 PP 线位置外移,新的均衡点出现在了 B 点。与这点相联结的是,个体福利被重新分配,并且形成了一组新的无差异曲线,简称为Ⅱ组。那么此时,我们再来讨论 B 点所代表的社会福利水平是否比 A 点所代表的福利水平更高的问题。通过分析发现,其实很难得出确定性答案。其中一种可能结果是,如果我们使用私有化之前的那种福利分配做价值判断标准,那么图 3 - 2 中 A 点向 B 点的移动意味着社会福利降低了。这就是说,私有化提高了国民经济的生产能力,不过却降低了 B 点所代表的福利水平。进一步分析认为,在图 3 - 2 中 PP 线上还存在着位于无差异曲线Ⅲ₁上的 C 点。其他代表了比 A 点和 B 点都高的社区福利水平(因为从帕累托准则看,C 点的位置优于 A 和 B)。

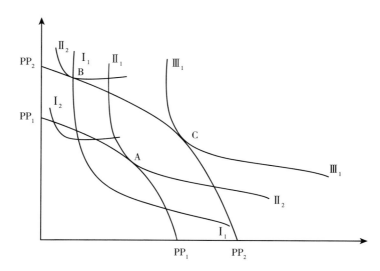

图 3 - 2　社区共有产权资源私有化的收益与社会福利
资料来源:借鉴经典文献资料,修正后获得①。

那么如何达到 C 点状态? 思拉恩·埃格特森(1990)研究给出两点建议:一是假如社区的成员不仅都同意(达成集体行动)将公产变为私产,并且能够保障获益者做出对受损者恰当补偿。如果存在这种保障性制度安排,那么从技术上看,整个经济就可以超越 B 点,从 A 点移动向 C 点。但

①　参见 Thrainn Eggertsson. Economic Behavior and Institutions[M]. Cambridge University Press, 1990: 87.

需要特别注意的是，现实中高昂的交易成本可能会阻碍获益者做出使得受损者满意的收益补偿，广泛的契约活动并不容易达成。二是如果外部政府主体采用征税或者奖补的方式，利用"看得见"的手干预经济，使得向 C 点移动。但是这种方法同样需要达成某种政治上的一致同意，也需要克服巨额的交易成本。特别需要注意的是，如果政府的手过度广泛干预，还可能挫伤经营主体的积极性，导致 PP_2 线向内移动。综上所述，从实证经济学的观点看，不可能就产权改变对社会福利的影响做出好还是坏的评估。换言之，社区福利水平能否真正提高，还要看清晰界定产权边界之后，社区如何克服高昂的交易成本，订立涉及广泛的、人人愿意遵守的契约，同时令获益者对受损者补偿做出恰当且令人满意的制度安排。

3.1.2　要素参与模型及资源价值实现条件

已有大量的经验事实和科学研究表明，无论是发展中国家还是发达国家，城市与乡村均需立足自身优势实现可持续发展，进而形成城乡双向流通、相互支持的系统。但事实上，城乡分离发展、乡村日趋衰落问题在全球广泛存在（Markey, Halseth and Manson, 2008; Li et al., 2019）。越来越多的学者强调在研究乡村振兴的实现形式与运行机制时必须要坚持系统化思维，即一方面将乡村看成一个整体的资源系统而思考其可持续发展的有效实现路径（Lakshmanan, 1982; Kadekodi and Gopal, 1992; Wen et al., 2018）；另一方面从建立城乡双系统相互流动、互相支撑目标视角看待乡村可持续发展。[①] 有研究指出，在减少贫困和促进农村发展方面，

---

① 刘守英教授在接受《原子智库》乡村振兴相关话题方面的采访时说到，"实际上乡村振兴是整个城乡系统的重构。整个城乡系统是什么意思？不能只以乡村的思路来搞乡村振兴；也不能以为城市化率再提高——继续提高到 80%、90%——乡村问题不就解决了吗？不是这样的，城乡是相关联的一个系统，千万不能割裂起来讨论乡村和城市。城和乡之间一定要融合，要素之间要互动，农业才能发生要素重组。城乡一定要按照一个系统来重构——城市怎么发展、乡村怎么发展、城乡延伸带怎么发展，整个中国的乡村才有希望。千万不能割裂来讨论，以为只要把城市发展了，乡村就（好了）；或者只要把乡村振兴了——大量投入，农户都留在乡村，不要出去，整个乡村就能（发展）。这样，问题解决不了的！一定是把整个城乡当成一体的系统，来思考城市和乡村的发展，尤其是乡村的振兴。"具体参见：原子智库. 对话刘守英：乡村振兴不是要乡村去创造 GDP［EB/OL］. https://m.thepaper.cn/baijiahao_12159832.

虽然有许多替代性方案。但是在一定程度上，农村地区家庭或个人创收从根本上取决于对私人（PPR）和公共财产资源（CPR）的系统性开发。进一步，其系统分析了一个名叫波德加亚（Bhusadia）的印度小村庄，阐释清晰界定资源权属的村庄如何调动资源要素，启动发展的条件及可行路径。笔者在借鉴并修正模型的基础上，对村社资源价值实现条件进行系统分析（Kadekodi and Gopal，1992）。

1. 要素参与乡村可持续发展模型基本设定

首先假定当前村社计划整合清晰界定权属的资源启动发展，那么 $Y(t)$ 为第 t 年村社在要素参与发展过程中获得的总收入，初始为 $Y(0)$；$L(t)$ 为第 t 年村社发展项目能够组织整合的土地及其他资源数量，初始为 $L(0)$；$N(t)$ 为第 t 年村社发展项目中参与的劳动力数量，初始为 $N(0)$；$K(t)$ 为第 t 年村社发展项目中可用资本数量总额，初始为 $K(0)$。在假定村社内部仅有劳动力、土地、资本要素的基础上，进一步假定，w 为固定工资率，固定工资总额为：$w \cdot N(t)$；$\bar{w}$ 为替代项目最低工资率，威胁要素参与发展项目的工资总额为：$\bar{w} \cdot N(t)$；γ 表示愿意将土地整合起来的要素所有者期待从参与项目中获得的单位最小收益单元；α 为折旧率，也即正常折现率。βr、βw、βv 分别表示土地、劳动力、资金三项要素各自分配到的发展收益份额，满足 $\beta r + \beta w + \beta v = 1$ 的基本条件。设定生产函数为：

$$Y(t) = f[K(t), L(t), N(t)] \qquad (3-1)$$

换言之，第 t 年参与式乡村发展模型的总收入 $Y(t)$ 取决于，整合的土地和其他资源的数量 $L(t)$；共同努力或参与的人数 $N(t)$；可用资本量 $K(t)$。其中式（3-1）满足一般的一阶和二阶条件。进一步从总收入中将 $w \cdot N(t)$ 作为工资支付给参与的劳动者，工资率为 w，支付工资后的参与式项目盈余为 $[Y(t) - w \cdot N(t)]$，该盈余可被分为三个部分：βr 属于土地要素所有；βw 属于劳动要素所有；βv 属于资本要素所有。

综上来看，实际上劳动要素获得的总的份额为：$w \cdot N(t) + \beta w[Y(t) - w \cdot N(t)]$。与此同时，如果其余可替代项目的最低工资率 $\bar{w}$ 是确定的，且假设参与项目的个体或家庭能够对比在不同参与模型中获得的收益来决定其选择（在其他可选择的发展项目中，劳动的收入为 $\bar{w} \cdot N(t)$），即假定实际上参与家庭的数量可以根据参与模型的回报而改变，则第 t 年村庄发展过程中实际参与的劳动力数量可以表示为：

$$\dot{N}(t) = \Gamma w [\beta w (Y(t) - w \cdot N(t)) + w \cdot N(t) - \bar{w} \cdot N(t)] \qquad (3-2)$$

其中，Γw 是一个常数。

换言之，如果从参与项目中获得的平均参与收益高于任何替代性项目的回报，那么将会有越来越多的人参与村庄发展项目。相反，如果从参与项目中获取的平均参与收益低于替代性项目的工资收入，参与人员流出将增加。与此同时，汇集土地的所有者也希望对每单位土地支付最小的回报率 γ，则他们的土地集中行为可表示为：

$$\dot{L}(t) = \Gamma \gamma [\beta r (Y(t) - w \cdot N(t)) - r \cdot L(t)] \qquad (3-3)$$

其中，$\Gamma \gamma$ 是一个常数。

也就是说，只要参与村庄发展项目的土地租金平均土地收入高于其他替代机会租金 γ，那么越来越多的土地将被汇集起来，而只要收益低于 γ，人们将会收回土地。除此之外，对于村级发展资金而言，可分配的村级资金被用作再投资和村庄更新的收益为：$\beta v (Y(t) - w \cdot N(t))$，也就是说参与村庄发展的净投资为：

$$\dot{K}(t) = \beta v [(Y(t) - w \cdot N(t)) - \alpha \cdot K(t)] \qquad (3-4)$$

其中，α 为折旧率。需要特别注意，目前假定参与式村庄发展项目仅有一次性初始投资，后续投资均源于村级资金积累。

2. 要素参与发展过程启动的前提

从数理模型分析来看，要素参与发展项目启动的前提是保证受益人达到其最低期望值。例如，土地所有者愿意流转集中土地的条件是获得土地的最低替代收入；没有土地的劳动者参与的条件是保证获得最低劳动工资收入；资本所有者愿意投入资本要素的前提是有正的净收益。上述三个条件用公示表达为：

$$\beta_r [Y(0) - wN(0)] = rL(0) \qquad (3-5)$$

$$\beta_w [\, Y(0) - wN(0) \,] + wN(0) = \bar{w}\, N(0) \qquad (3-6)$$

$$\beta_v [\, Y(0) - wN(0) \,] - \alpha K(0) > 0 \qquad (3-7)$$

进一步由式（3-5）、式（3-6）、式（3-7）可以推导得出[①]：

$$N(0) = \frac{\beta_w \cdot Y(0)}{w \cdot \beta_w + \bar{w} - w}, L(0) = \frac{\beta_r (\bar{w} - w)}{r \cdot (w \cdot \beta_w + \bar{w} - w)} \cdot Y(0) \qquad (3-8)$$

$$\frac{N(0)}{K(0)} > \frac{\alpha \cdot \beta_w}{\beta_v (\bar{w} - w)} \qquad (3-9)$$

$$\frac{L(0)}{K(0)} > \frac{\alpha \cdot \beta_r}{r \beta_v} \qquad (3-10)$$

综上所述，劳动/资本比率和土地/资本比率分别由式（3-9）和式（3-10）给出。进一步，如果给定 β_w，β_r 和 β_v 的分配规则和初始资本投资 $K(0)$，那么最少的初始土地和劳动要素投入量均能被计算出来。

如图 3-3 所示，在要素参与发展项目及过程启动之处，土地要素的最低汇集是必不可少的。如果土地汇集量少于 $L(0)$，那么土地总收益 $\beta_r [\, Y(0) - wN(0) \,]$ 将低于触发收益 $rL(0)$。这种情况下，人们将不再有激励参与土地集中。因此，土地统筹的总水平变得相当不稳定，低于 $L(0)$ 的土地汇集量使得要素参与发展模型崩溃，$L(0)$ 也会因为土地要素的撤出

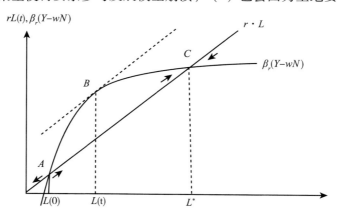

图 3-3　乡村要素参与发展不同阶段情况示意图
资料来源：借鉴已有研究基础上，笔者自绘。

---

① 考虑到篇幅问题，此处简化了部分推导过程，如果读者感兴趣可以向笔者索要具体模型推导过程扫描版手稿笔记。

而迅速降至 0；但是如果土地统筹的总水平超过 $L(0)$ 向着 $L(t)$ 的方向移动，则表明要素参与发展模型启动。

3. 要素参与发展过程持续的条件

从图 3 – 3 可以看出，A 点是一个边界点，土地要素所有者是否撤出取决于从额外的集中或退出中获得的收益，只要土地统筹的应收收入至少等于替代机会收入，就会有更多的土地要素被汇集起来。即作为初始阶段的激励，边际收益必须至少等于机会收益。换言之就是对式（3 – 2）、式（3 – 3）、式（3 – 4）分别求一阶导，并使一阶导大于 0。

$$\begin{cases} \dfrac{\partial\left[\beta_w(Y(t)-w\cdot N(t))+w\cdot N(t)\right]}{\partial N(t)}>\bar{w}\,, \text{then}\,\beta_w\cdot\left(\dfrac{\partial Y}{\partial N}-w\right)>\bar{w}-w \\[4mm] \dfrac{\partial\left[\beta_r(Y(t)-w\cdot N(t))\right]}{\partial L(t)}>\gamma\,, \text{then}\,\beta_r\cdot\dfrac{\partial Y}{\partial L}>r \\[4mm] \dfrac{\partial\left[\beta_v(Y(t)-w\cdot N(t))\right]}{\partial K(t)}>\alpha\,, \text{then}\,\beta_v\cdot\dfrac{\partial Y}{\partial K}>\alpha \end{cases}$$

$$(3-11)$$

如果式（3 – 11）均得到满足，则要素参与发展项目将持续下去。随后，要素参与发展流程将扩展到图 3 – 3 中 B 点，该点的边际收益与机会成本相等，但参与式模型的内在特征是将总收益内部化。这使该过程不断发展，但可能进展缓慢。那么这个过程可以持续多长时间。关注图中 C 点，处于该阶段时，将不再有激励增加或减少土地集中，故此时为要素参与发展过程的成熟阶段（达到稳态）。实际上，C 点对应了参与过程的最终平衡，要素参与发展过程可以被描述为土地要素从 $L(0)$ 点开始到 L^* 点，劳动力要素的参与从 $N(0)$ 到 N^* 点。从长远来看，发展可持续的条件是参与水平稳定在一个均衡水平，保证收入福利在足够高的水平上，使得参与要素主体没有退出的动机和激励。根据宏观经济学相关知识，这种稳态条件可以通过设定 $\dot{L}=\dot{K}=\dot{N}=0$ 得到。进一步，这些稳态条件可以通过式（3 – 2）、式（3 – 3）、式（3 – 4）分别等于零得到，它们反过来又暗含着村集体长期经营收入可被记为：

$$Y^*=rL^*+\bar{w}N^*+\alpha K^* \qquad (3-12)$$

将 Y^*，L^*，N^* 和 K^* 代入式（3-2）、式（3-3）、式（3-4）可以得出：

$$\dot{N} = \beta_w \cdot r \cdot L^* + (\overline{w} - w)(\beta_w - 1)N^* + \beta_w \cdot \alpha K^* = 0 \quad (3-13)$$

$$\dot{L} = (\beta_r - 1) \cdot r \cdot L^* + \beta_r(\overline{w} - w)N^* + \beta_r \cdot \alpha K^* = 0 \quad (3-14)$$

$$\dot{K} = \beta_v \cdot r \cdot L^* + \beta_v \cdot (\overline{w} - w)N^* + (\beta_v - 1) \cdot \alpha K^* = 0 \quad (3-15)$$

由式（3-14）可知，

$$N^* = \frac{(\beta_r - 1)rL^* + \beta_r \cdot \alpha K^*}{(\overline{w} - w)\beta_r} \quad (3-16)$$

将式（3-16）代入式（3-13）可得：

$$\begin{cases} \beta_w \cdot r \cdot L^* + (\overline{w} - w)(\beta_w - 1)\dfrac{\left[(\beta_r - 1)rL^* + \beta_r \cdot \alpha K^*\right]}{(\overline{w} - w)\beta_r} + \beta_w \cdot \alpha K^* = 0 \\ L^* = \dfrac{\alpha\beta_r K^*}{r(1 - \beta_r - \beta_w)} = \dfrac{\alpha}{r}\dfrac{\beta_r}{\beta_v}K^* \end{cases}$$

$$(3-17)$$

将式（3-17）代入式（3-14）可得：

$$\begin{cases} (\beta_r - 1) \cdot r \cdot \dfrac{\alpha}{r}\dfrac{\beta_r}{\beta_v}K^* + \beta_r(\overline{w} - w)N^* + \beta_r \cdot \alpha K^* = 0 \\ N^* = \left(\dfrac{\alpha}{\overline{w} - w}\right)\dfrac{\beta_w}{\beta_v}K^* \end{cases} \quad (3-18)$$

由式（3-17）和式（3-18）可知，长期可持续发展水平下土地要素和劳动力要素的投入量取决于长期资本投入水平。进一步，如果人们能够使得参与程度达到稳态条件，那么要素参与发展可持续将是可能的。最后，达成适当分配规则是不容易被解决的。鉴于此，在参与情况下维持发展的长期目标，发展过程中获得的收益应该被分享以激励各类要素主体参与积极性。因为由上述分析可知，从长期来看，资本、土地和劳动力要素的参与和参与获得的最终收益均是由利益共享机制决定的。这一问题往往需要通过谈判解决，故在要素参与发展过程中领导也极其重要。

3.1.3　农村"三变"改革：产权界定与产权实施

上述部分借助经典理论与数理模型工具，分别讨论了产权界定、产权实施与经济绩效的关系。本部分将重点分析农村"三变"改革制度设计在产权界定与产权实施方面的规定及对增加农户收入的影响机制与路径。由概念界定可知，农村"三变"改革是"资源变资产、资金变股金、农民变股东"的简称。根据当前各界达成的基本共识，"资源变资产"指村集体和农户将确定权属的耕地、林地、草地、山地、房屋及基础设施等集体或个人资源评估折价后，通过协议或者合同方式，入股投资到新型农业经营主体（农户专业合作社、家庭农场、专业大户、涉农企业等），形成代表股份权利的资产；"资金变股金"指将各级财政投入到村庄的发展类资金[①]、招商引资的社会资金、村集体积累资金、农户自有资金等，通过协议或合同方式入股投资到新型农业经营主体（农户专业合作社、家庭农场、专业大户、涉农企业等）发展区域优势产业，资金投资主体按照股份份额分享发展收益；"农民变股东"指农户以确权的承包土地经营权、宅基地、自有房屋、自有资金、技术和劳动力等资源要素，入股投资到新型农业经营主体，变成股权投资人并按照股份取得发展收益分红（张建和孙兆霞，2018）。在明确农村"三变"改革概念基础上，本部分将聚焦分析农村"三变"改革在产权界定与产权实施方面的规定及理论内涵。从表面来看农村"三变"改革仅由 15 字构成，但是通过实地调查了解到这 15 字蕴含了丰富的理论内涵。农村"三变"改革的核心是"变"，同时对"变什么""怎么变""为谁变"等问题做出了明确规定。

农村"三变"改革实践过程包含了"确权、赋权、易权、活权"四个层次丰富内容（冯道杰和程恩富，2018）。在清晰界定资源资产权属基础上，明确资源要素股份权能，通过嵌入经营与服务主体（行动者）对可

---

① 除补贴类、救济类、应急资金等，在不改变资金使用性质和用途的前提下，界定为村集体和农户持有资金或村集体积累资金。

利用资源资产进行组织整合，将可利用资源重新配置以发展区域优势产业，同时积极对接市场需求实现资源价值。最后，按照资源要素股份权能共享产业发展增值收益。图 3 - 4 通过绘制农村"三变"改革产权界定与产权实施运行机制图来解析具体改革实践过程。由图 3 - 4 可知，农村"三变"改革并非单一某一项制度措施，而内含"一揽子"改革措施。农村"三变"改革实践过程的基础是"确权"，其中包含清产核资、成员身份认定两部分内容，旨在明确村域范围及外部可利用资源权属，明确共有产权资源和个人权属资源产权边界，有助于增强可利用资源的排他能力。农村"三变"改革实践过程的关键是"赋权"，即通过明确股份权能赋予要素所有者剩余索取权，削弱要素所有主体"行为障碍"。以农户所有的土地资源要素举例说明，按照农村"三变"改革制度设计，要素所有者能够在获得固定股金基础上，按照要素折股股份份额分享产业发展收益。相较于以固定租金流转土地而言，"股金 + 股东"的制度设计更易满足土地要素参与发展的边界条件 $\beta_r[Y(0) - wN(0)] \geqslant rL(0)$，达到所有者最低要素期望收益值，继而激励资源要素所有者积极性。农村"三变"改革实践过程的核心是"易权和活权（将各项产权权能用于市场交易）"，即在"确权、赋权"基础上，激励各类新型农业经营主体和社会服务主体嵌入经营，增强产业营运能力。在具体实践过程中，作为产权实施交易装置的新型农业经营主体和社会服务主体发挥自身优势，组织整合并重构原本分散、碎片化的村社内外部可利用资源，将其投入区域优势产业经营，在创新经营模式、延长农业产业链条、促进产业升级改造、满足市场需求条件的同时，实现资源要素价值。农村"三变"改革实践，对于改善农业生产规模经济性和分工经济性具有显著作用。特别重要的是，农村"三变"改革制度设计不仅体现在清晰界定资源权属，嵌入行为与服务主体整合营运土地、资金、劳动力、信息、技术等生产要素方面，而且内嵌于其中的、股份合作的制度设计还明确规定按照资源要素股份权能共享发展成果的收益分配规则，有助于形成激励相容的收益分配机制。

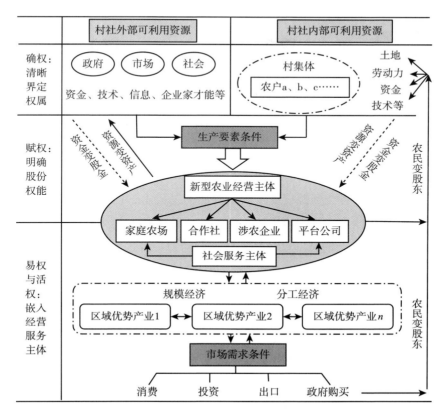

图 3 – 4 农村"三变"改革：产权界定与产权实施运行机制

资料来源：笔者自绘。

综上所述，农村"三变"改革制度设计包含了对产权界定和产权实施方面的相关规定，有利于激励可利用生产要素向区域优势产业集聚。通过清晰界定资源资产确属，增强"排他能力"减少要素租值耗散；通过明确股份权能助力要素最低期望收益值实现，削弱"行为障碍"调动要素所有者参与积极性；通过嵌入经营服务主体，增强资源要素"营运能力"，促进要素价值实现。进一步，内嵌于其中的"股东＋股金"制度设计明确规定按照要素股份权能共享发展成果。综上所述，农村"三变"改革制度设计有利于降低交易成本、抑制机会主义行为、实现规模经济，壮大村集体积累并增加农户收入。

3.2 研究假设

根据前述分析，本部分提出本书有待验证的三个核心研究假设。

假设1：农村"三变"改革对增加农户收入具有促进作用。

由理论分析部分相关阐述可知，农村"三变"改革相关制度设计在产权界定与产权实施方面均有规定。具体来看，农村"三变"改革实践步骤包括在清晰界定各类资源权属及股份权能的基础上，以新型农业经营主体和社会服务主体为产权实施主体，以区域优势产业发展为载体和平台，通过"资源变资产"的制度设计将土地、劳动力、技术、信息、企业家才能等村社内外部可利用资源组织整合后集中配置在区域优势产业经营方面；通过"资金变股金"的制度设计将"小、散、乱"的资金要素整合后投入区域优势产业；通过"农民变股东"的制度设计明确赋予农民要素所有者剩余索取权，同时明确其具备按照股份权能共享产业发展收益的资格。在清晰界定资源产权边界与经济绩效、要素参与模型及资源价值实现条件部分分析的基础上，可以得出农村"三变"改革的制度设计通过明晰资源要素权属减少租值耗散，通过明确股份权能帮助达到要素所有者最低期望收益值，通过嵌入经营服务主体提高区域优势产业营运能力撬动发展。在此过程中，普通农户作为资源要素所有者、生产经营参与者而分享产业发展增值收益，促进收入增加。

假设2：土地、劳动力等要素重新配置在农村"三变"改革促进农户增收中具有中介机制作用，其中土地要素重新配置有助于增加农户的财产性收入，劳动力要素重新配置有助于增加农户的工资性收入。

理论分析部分首先从产权界定与产权实施两个角度分析了要素价值实现的必要条件，其次分析了农村"三变"改革在产权界定与产权实施方面的制度设计。通过分析可知，农村"三变"改革增加农户收入的内在机制在于制度创新带来的资源要素重新配置与价值创造。具体来看，通过农村"三变"制度设计，土地要素所有者在获得固定租金的基础上可以以股份份额分享产业发展收益，有利于激励农户将土地要素入股新型农业经营主体，表现为土地要素集聚与重新配置，在此过程中农户的财产性收入增加。进一步，土地要素重新配置伴随劳动力要素在农业产业和非农业产业、在自营和雇工经营之间重新配置。当农户受到制度激励，有意愿将土地要素以入股方式流转时，劳动力要素随之从传统农业经营中解放出来，理性的农户会伺机寻找与劳动能力匹配的就业机会，以提高工资性收入。即土地和劳动力要素重新配置在农村"三变"改革促进农户增收中具有中介作用，主要通过增加财产性收入和工资性收入的形式促进农户收入增加。

假设 3：集体行动达成、是否建立监督、冲突解决机制等因素在农村"三变"改革促进农户增收中具有调节作用。

由上述分析可知，假设 1 阐述农村"三变"改革对增加农户收入具有正向影响；假设 2 在假设 1 基础上重点关注产生影响的内在机制。那么在假设 1 和假设 2 的基础上继续追问，农户增收是农村"三变"改革的必然结果吗？丹尼尔·W. 布罗姆利在研究作为科层结构的政策过程后指出，当社会主体在政策决策层上做出若干决定时，他们首先做出有关市场与非市场边界之间的决策，明确经济决策的控制中心；其次从各类经济活动中对获取的净收益总额进行相关的分配决策；最后是在政策层次上的决策，旨在明确对前面两类决策中发生变化的条件。

具体到本书研究中，制度创新在政策层次上被界定，其次在组织层次上得到发展，这些制度安排为经济主体在操作层次上界定了选择集，随之在操作层次的相互作用中产生结果（见图 3-5）。将上述表达简化可知，政策实施过程是科层结构的，虽然政策层次提出了明确的制度安排，组织层次也尽力推进制度安排，但是最终制度安排的结果（绩效）是由操作层次及实施主体内部的相互作用决定的（田国强和陈旭东，2018）。从理论分析结果来看，不可能就产权改变对社会福利的影响做出好还是坏的评估。换言之，社区福利水平能否真正提高，还要看清晰界定产权边界之后，社区如何克服高昂的交易成本，订立涉及广泛的、人人愿意遵守的契约，同时令获益者对受损者补偿做出恰当且令人满意的制度安排。鉴于此，实践中农村"三变"改革对农户增收的促进作用及程度，还受到"确权、赋权、易权、活权"过程中是否达成集体行动、建立监督、冲突解决机制等变量的调节。

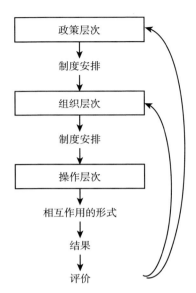

图 3 – 5　作为一个科层结构的政策过程

资料来源：笔者根据已有研究资料整理编制。

3.3　本章小结

　　本章从经济学理论出发，首先从清晰界定资源产权边界与经济绩效、要素参与模型及资源价值实现条件两方面分析了乡村资源价值实现的基础与条件，其次剖析农村"三变"改革制度创新蕴含的"确权、赋权、易权、活权"要求在产权界定与产权实施方面的规定及对壮大集体积累、增加农户收入的影响。理论分析表明：农村"三变"改革通过明确资产权属，增强"排他能力"并减少资源要素租值耗散；通过明确股份权能助力要素最低期望收益值实现，削弱"行为障碍"并调动要素所有者参与积极性；通过嵌入经营服务主体，增强资源要素"营运能力"促进要素价值实现，助力农村集体经济壮大与农户收入增加。最后根据全书研究问题及理论分析结果，提出有待验证的三个核心研究假说。

第 **4** 章
农村"三变"改革的产生、扩散及动因

聚焦农村"三变"改革相关问题研究，本章将尝试回答全书提出的第一个核心研究问题：农村"三变"改革产生、扩散特征及动因是什么？为系统回答此问题，本章主要运用归纳总结法、对比分析法、实地调查法等多种研究方法搜集研究资料，首先针对农村"三变"改革背景及提出相关情况做了系统的归纳总结和梳理；其次关注农村"三变"改革自提出以来在全国扩散的情况及特征，分别从时间演进特征、空间扩散趋势、内容扩散特点三个方面进行了具体阐述，并从总体性特征方面做出了评价。在对农村"三变"改革产生、全国扩散情况概览的基础上，本章将运用新制度经济学相关分析方法，从要素相对价格变动产生"超额利润"与改革相关主体"成本—收益"权衡两个方面分析改革产生及其在全国扩散的动因。

4.1 农村"三变"改革背景与提出

4.1.1 农村"三变"改革背景

根据全书概念界定可知，农村"三变"改革指发轫于贵州省六盘水市的"资源变资产、资金变股金、农民变股东"实践简称。通过梳理已有文

献资料和实地访谈调查可知,2010 年左右贵州省六盘水市经济发展中面临的"一个基础、三大挑战、两项机遇"是农村"三变"改革产生的现实背景。具体来看,"一个基础"指农业农村经济发展基础。2010 年前后六盘水市 97% 的土地为山地和丘陵,平均海拔介于 1400~1900 米。山高坡陡、耕地破碎,全市 457.05 万亩耕地中 25 度以上坡度地占比 47%,石漠化面积占比 32%。由于经营传统农作物产值较低,依靠传统农作物种植无法维持生计的情况下,大量劳动力外出打工,由留守老人粗放经营土地,耕地抛荒问题逐年严重,农业产业发展陷入"低水平循环陷阱"①。与此同时,六盘水市文化历史悠久、生物资源多样性突出、民族文化特色鲜明、气候资源优势独特。现实发展基础条件决定,六盘水市必须走具有山地特色的农业产业发展新路。

在明确山地特色农业产业发展道路的同时,六盘水市经济发展还面临三大挑战。首先是贫困的挑战。六盘水市地处滇桂黔连片、石漠化贫困地区腹地统计数据显示,2013 年,六盘水市共有三个国家级、1 个省定贫困县国家级、1 个省定贫困县。全市共计 60.33 万贫困人口,贫困发生率高达 23.30%,相较全国和全省(贵州)分别高出 12.55% 和 1.55%。② 其次是经济结构的挑战。从农业产业结构来看,六盘水市农户长期过度依赖玉米、土豆等传统农作物、特色农业经营收入少、财产性收入更少。从城乡经济结构来看,农村资源流出较多,城市资源很难流向农村。根据统计数据,2014 年六盘水市城乡收入比为 3.12:1,农村居民人均可支配收入为 6791 元。最后是资源分散经营面临的挑战。与全国基本情况类似,家庭联产承包责任制实施以来极大调动了农户生产积极性,但是随着市场经济不断发展,"分"彻底、"统"不足问题日渐突出。农村资源要素呈现出典型的"小、散、乱"特征,分散的土地、资金、劳动力等资源要素状态根本无法适应规模化、组织化、市场化的现代农业发展需求。

---

① 调研了解到,长期以来六盘水市农业产业沿袭传统经营模式、缺乏地区特色,以玉米、土豆、水稻、油菜等为主要经营作物,基本不具备市场竞争力。2013 年以前六盘水市有相当一批农户常年经营模式和逻辑为:种植玉米、土豆、水稻、油菜等作物,除了满足一家人的口粮需求之外,多余部分则用来养猪、喂鸡等,年底时通过售卖散养的几头猪换取很少收入作为过年开支,次年继续重复生产。

② 资料来源于针对六盘水市农村"三变"改革办公室的座谈和访谈。

"两项机遇"为六盘水市山地特色农业产业发展道路提供了有利条件。首先,国家支持贵州经济社会发展带来政策机遇。2012 年 1 月 12 日,为促进贵州经济社会发展,国务院发布《国务院关于进一步促进贵州经济社会又好又快发展的若干意见》。文件在肯定改革开放以来,贵州经济发展取得的成效,同时分别从包括加强交通基础设施建设、提供发展支撑能力等在内的 10 个方面,提出了具体的做法与要求①。其次,产业转型带来发展机遇。六盘水市是"三线"建设时期诞生的资源城市,老矿区、老厂区遍布。但 2012 年前后,全市煤炭、钢铁、电力等企业在经济下行压力下经营困难,大批相关企业经营不善、破产清算,同时转岗、待岗、下岗失业人员增多②,这批工业企业(特别是煤炭企业)亟待转型发展。

4.1.2 农村"三变"改革提出

在"一个基础、三大挑战、两项机遇"现实条件约束与激励下,该如何立足基础、直面挑战、抓住机遇促进当地经济又好又快发展?通过实地调研了解到,2010 年开始,六盘水市高度重视区域特色农业产业发展,出台了产业结构调整相关战略,并发布一系列激励政策措施,鼓励并引导各类社会资本投入区域特色农业产业,支持产业发展。这种政策背景下,农村地区资源分散、规模较小、农户主体经营分散等问题客观存在,"小、散、乱"的资源和经营状态使得外部资源要素很难与乡村内部资源要素对接。例如,农村土地流转困难,各类经营主体较难与普通农户建立利益联结机制等问题突出。除此之外,扶贫开发过程中财政支持渠道和项目资金分散问题也非常突出。如何有效整合各类可利用资源,集中力量发展区域优势产业成为发展过程中亟须解决的问题。为化解这些现实难题,一些地区的经营主体自发探索村集体、农户等主体以要素(土地、资金等)入股

---

① 中华人民共和国中央人民政府. 国务院关于进一步促进贵州经济社会又好又快发展的若干意见(国发〔2012〕2 号)[EB/OL]. http://www.gov.cn/zhengce/content/2012-01/16/content_4649.htm.

② 以煤矿企业为例:据不完全统计,2014 年六盘水市有 28 家规模以上煤矿企业,2020 年全市有 26 家规模以上煤矿企业,2014~2020 年六盘水市大约有 10 家煤矿企业转型。

参与产业并分享经营收益①。

进一步，在区域实践探索基础上，地方政府积极总结基层实践经验，将其提炼总结为"资源变资产、资金变股金、农民变股东"的农村"三变"改革。目前各界对发端于贵州省六盘水市的农村"三变"改革内涵基本达成了统一认识（魏人山，2016；张绪清，2017；刘守英，2017；姜长云和芦千文，2018）。进一步，魏人山（2016）在其研究中指出，"三变"一词是对"资源变资产""资金变股金"和"农民变股东"的高度概括，表明了农村"三变"改革这一思维对象的范围。但是农村"三变"改革本身内涵丰富，至少可以从变革了农村资源的产权、变革了农村家庭联产承包责任制、变革了中国农村的生产关系三个层次展开分析。梳理现有文献资料发现，农村"三变"改革在内涵形成与发展完善过程中曾得到了很大的支持与肯定，同时农村"三变"改革相关论述也多次出现在国家重要文件中。根据政策扩散理论相关研究和对改革实践的调查考察，重要领导支持与出现在重要文件中均强化了地区推动农村"三变"改革实践。

伴随农村"三变"改革获得各级重要领导支持及在实践中不断探索完善其内涵与机制，相关论述开始出现在国家重要政策文件中，逐步由地方实践探索上升为中央顶层设计并指导全国实践，如表 4 - 1 所示。

表 4 - 1　　　　重要文件对农村"三变"改革的相关论述

重要文件	时间	相关内容
《贵州省大扶贫条例》	2016 - 9 - 30	探索实行资源变资产、资金变股金、农民变股东的扶贫开发模式，增加贫困村、贫困户资产收益

---

① 2012 年开始陆续有亟待转型发展的煤炭企业老板下乡，企业家下乡之后面临的首要问题是如何整合"小、散、乱"特征明显的各类资源要素，此时一些地区的经营主体自发探索以股份合作的方式整合发展资源。调研时，有企业家这样描述其在发展初期面临的困难，"很想投资农业相关产业，但是也挺担忧的，一方面如果只是依靠自己的力量投资并发展相关产业，想一想都觉得难度挺大的。另一方面投资前期在资源整合方面协调的成本较高，如果没有村民的参与和支持，自己真没有财力和精力整合体量庞大的资源；另外假设能够克服各种困难整合资源并取得了一定经济效益，那么收益又应该如何分配？如果收益分配不合理，很可能引发巨大的村企矛盾，村民会变成受害者。因为在村民心里，企业是依靠村庄资源发的财；此时如果将获得的发展收益拿出来一部分分配给村民，那么本身对企业家做事缺乏激励，你说谁愿意拿着自己的钱白送给别人（编码：20180115TZX）。"

续表

重要文件	时间	相关内容
《中共中央　国务院关于深入推进农业供给侧结构性改革 加快培育农业农村发展新动能的若干意见》	2016-12-31	从实际出发探索发展集体经济有效途径，鼓励地方开展资源变资产、资金变股金、农民变股东等改革，增强集体经济发展活力和实力（新华社，2017）
《中共中央　国务院关于实施乡村振兴战略的意见》	2018-1-2	推动资源变资产、资金变股金、农民变股东，探索农村集体经济新的实现形式和运行机制（新华社，2018）
《中共中央　国务院关于打赢脱贫攻坚战三年行动的指导意见》	2018-8-19	积极推动贫困地区农村资源变资产、资金变股金、农民变股东改革，制定实施贫困地区集体经济薄弱村发展提升计划，通过盘活集体资源、入股或参股、量化资产收益等渠道增加集体经济收入（新华社，2018）
《乡村振兴战略规划（2018-2022年）》	2018-9-21	深入推进农村集体产权制度改革，推动资源变资产、资金变股金、农民变股东，发展多种形式的股份合作。完善农户对集体资产股份的占有、收益、有偿退出及抵押、担保、继承等权能和管理办法（新华社，2018）
《中共中央　国务院关于坚持农业农村优先发展做好"三农"工作的若干意见》	2019-1-3	总结推广资源变资产、资金变股金、农民变股东经验（新华社，2019）
《中共中央　国务院关于建立健全城乡融合发展体制机制和政策体系的意见》	2019-5-5	以市场化改革为导向，深化农村集体产权制度改革，推动资源变资产、资金变股金、农民变股东（新华社，2019）
《中华人民共和国国民经济和社会发展第十四个五年规划和2035年远景目标纲要》	2021-3-13	完善利益联结机制，通过"资源变资产、资金变股金、农民变股东"，让农户更多分享产业增值收益（新华社，2021）
《国务院关于支持贵州在新时代西部大开发上闯新路的意见》	2022-1-18	加快要素市场化配置改革。深化农村资源变资产、资金变股金、农民变股东"三变"改革（新华社，2022）

资料来源：笔者在整理相关公开资料的基础上编制。

综上所述，农村 "三变" 改革相关论述最早出现在《贵州省大扶贫条例》中，随后依次出现于 2017 年、2018 年、2019 年中央一号文件中。党的十九大报告《决胜全面建成小康社会夺取新时代中国特色社会主义伟大胜利》提出实施乡村振兴战略后，"资源变资产、资金变股金、农民变股东"的农村"三变"改革相关论述又依次出现在《中共中央　国务院关于打赢脱贫攻坚战三年行动的指导意见》《乡村振兴战略规划（2018—2022 年)》等重要文件中。2022 年 1 月 26 日国务院发布《国务院关于支持贵州在新时代西部大开发上闯新路的意见》，其中在"加快要素市场化配置改革"部分明确提出"加快要素市场化配置改革。深化农村资源变资产、资金变股金、农民变股东'三变'改革。"

4.2　农村"三变"改革在全国的扩散及特征

在系统分析农村"三变"改革背景与提出之后，本部分重点关注农村"三变"改革在全国的扩散及特征。扩散本质上是指新事物或者创新实践在特定的时间区间内，通过一定的传播渠道在某一社会系统中的个体及群体成员之间进行多次交流和互动的过程。进一步，公共政策扩散则是指一项具体的公共政策活动，从发源地开始向其他地区或部门扩散，继而被发源地之外的公共政策执行者采纳并推广的过程集合（埃弗雷特·M. 罗杰斯，2002）。发轫于贵州省六盘水市的农村"三变"改革基层实践探索，在获得各级政府重要领导支持与肯定后不断丰富其内涵并逐步向全国其他省市扩散。本部分将借鉴公共政策扩散理论，重点从时间演进、空间扩散、内容扩散三个维度阐释农村"三变"改革扩散的样态和规律。

20 世纪 60 年代末，美国学者瓦克尔（Walker）率先研究了各个州政府之间的政策扩散，开辟了政策扩散研究的先河。随后在罗格（Rogers）、格瑞（Gray）、贝瑞（Berry）等学者的共同努力下，政策扩散理论逐渐发展成为公共政策研究领域的重要内容之一（邹东升和陈思诗，2018）。杜宾（Dobbin）等在其研究中指出，对个人、组织和社会运动之间的扩散研究在社会学中有着悠久的传统，从 20 世纪 70 年代末开始，社会学家开始研究公共政策在社会建设中的扩散问题。综述已有研究发现，政策扩散在时间、空间和组织层面的发展典型特征构成了公共政策扩散研究的重要内容，作为学界重要的关注点而存在（Dobbin et al.，2007）。劳伦斯（Lawrence）等学者通过研究将公共政策创新活动的扩散典型特征总结归纳为三个方面，包括在时间维度上的"S"型曲线扩散特征，在空间维度上的"临近效应"特征以及区域内扩散逐渐出现的"领导者—追随者"层级效应特征（Lawrence et al.，1971）。

4.2.1　时间演进特征

根据公共政策扩散理论相关研究，中国公共政策扩散与发展过程从时间维度来看，呈现典型的"S"型曲线特征。这一特征表明，创新政策产生之后，伴随时间的推移，政策扩散活动会逐步经历缓慢扩散期、快速扩散期和扩散平稳期三个关键阶段（王浦劬和赖先进，2013）。笔者在搜集整理农村"三变"改革相关资料的基础上①，以试点年份为横轴，以改革在全国范围内市级单位试点扩散累计量为纵轴制作散点图，考察农村"三变"改革在全国市级政府层面的时间演进机理。由图 4 - 1 可见，农村"三变"改革自提出以来，在全国市级层面的扩散时间呈现典型的"S"型曲线分布，符合公共政策扩散的一般规律。进一步，根据扩散曲线结合农村"三变"改革扩散实际，可将农村"三变"改革扩散过程分为基层探索、局部试点、整市推进、全省推广、全国扩散五个阶段。

1. 基层探索阶段（2012 ~ 2014 年）

2012 年前后，在《国务院关于进一步促进贵州经济社会又好又快发展的若干意见》发布的同时，一批煤炭企业因转型压力而转向投资农业产业。针对发展面临的现实难题，六盘水市盘县普古乡娘娘山、水城区米箩镇、钟山区大河镇等地区开始探索资源入股合作模式，并取得一定成效。

----

①　笔者首先进入全国、各省、各市县区的农业相关部门的官方网站对农村"三变"改革相关信息筛查整理；其次，在"中国搜索""百度搜索"等权威网站逐省搜索农村"三变"改革实践相关信息和案例。最后将不同渠道搜索的信息整理在 Excel 表格中，并针对性分析和绘图。

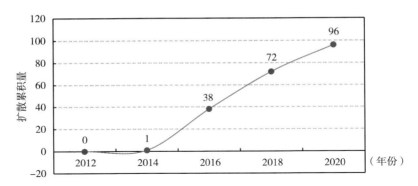

图4-1　农村"三变"改革在全国市级单位扩散累计情况
资料来源：笔者自绘。

2. 局部试点阶段（2014～2015年）

2014年贵州省委副书记提出"围绕人、地、钱、集体经济增收、培育农村经营主体"深化农村改革。进一步，六盘水市相关部门在系统调查和总结基层创新实践经验基础上，总结提出"资源转股权、资金转股金、农民转股民"的"三转"改革并在局部地区试点。[①]

3. 整市推进阶段（2015年3月～2015年11月）

2015年3月"三转"改革被修改完善为"资源变股权、资金变股金、农民变股民"的农村"三变"改革。全国"两会"召开时，时任副总理汪洋对六盘水市通过农村"三变"改革助推脱贫的实践情况给予了高度重视，并在同年做出批示"把盆景变风景"。随后两年内汪洋副总理先后又对六盘水市农村"三变"改革做了两次重要批示。2015年习近平在中央扶贫开发工作会议讲话时指出，"要通过改革创新，让贫困地区的土地、劳动力、资产、自然风光等要素活起来，让资源变资产、资金变股金、农民变股东，让绿水青山变金山银山，带动贫困人口增收"。[②] 随后六盘水市相

---

① 调研了解到，原本六盘水市将"资源转股权、资金转股金、农民转股民"称为"三转"改革，随后考虑到"三转"表述和中纪委提出的"三转"雷同，故把"三转"改为"三变"。
② 人民网．习近平谈扶贫［EB/OL］．http://politics.people.com.cn/n1/2018/0829/c1001-30257074.html.

关部门积极落实总书记重要指示，将农村"三变"改革内涵正式固化为"资源变资产、资金变股金、农民变股东"，并在全市范围推开试点。

4. 全省推广阶段（2015 年 12 月 ~ 2017 年 8 月）

国家重要领导批示指示之后，2016 年贵州省委、省政府召开农村"三变"改革试点推进会。进一步贵州省相关领导对农村"三变"改革实践开展了专题调研，针对农村"三变"改革"怎么看、怎么干、怎么推"等系列问题进行了明确，与此同时农村"三变"改革在全省 21 个区县率先展开试点。2017 ~ 2019 年农村"三变"改革相继写入中央一号文件，2017 年贵州省出台《关于在全省开展农村资源变资产资金变股金农民变股东改革试点工作方案》，农村"三变"改革从全省 21 个试点县向 88 个县全面推开。

5. 国家实验及全国扩散阶段（2017 年 9 月至今）

2017 年六盘水市被农业部批复为"全国农村改革试验区"，主要承担农村"三变"改革实验任务。与此同时，包含安徽、甘肃、陕西在内的省市纷纷学习效仿开展农村"三变"改革。农村"三变"改革先后出现在《中共中央　国务院关于建立健全城乡融合发展体制机制和政策体系的意见》《中华人民共和国国民经济和社会发展第十四个五年规划和 2035 年远景目标纲要》等重磅文件中，各级领导也在重要会议和场合强调并表达对农村"三变"改革的关切。综合来看，从农村"三变"改革时间演进机理来看，中央政府组织、全国性组织、政策推动者等政治力量共同推动了改革的扩散（Karch，2007）。

4.2.2　空间扩散趋势

根据公共政策扩散理论相关研究，中国公共政策扩散过程从空间维度来讲，呈现明显的四种扩散效应。具体包括近邻效应、等级效应、集聚效应和轴向效应（王浦劬和赖先进，2013）。其中近邻效应是指从空间上来讲，政策扩散更容易对政策实施地周围的区域产生作用和影响；等级效应则指政策扩散会按照区域质量的等级及大小，在空间上表现为"蛙跳式"的跳跃式扩散；集聚效应指政策扩散过程中会在空间上表现出集聚特征；轴向效应是政策扩散往往会沿着某些轴向而进行扩散，例如沿着交通线等轴向（王家庭，2007）。在搜集整理农村"三变"改革相关资料基础上，笔者运用地理信息系统（GIS）相关绘图工具、将 2014 年、2016 年、2018 年、2020 年开展农村"三变"改革的市级单位展示在中国地图上，以更加直观展示农村"三变"改革在全国的空间演进机理。对照中国公共政策扩散呈现的四种空间扩散效应来看，农村"三变"改革的空间扩散过程呈现出典型的近邻效应、等级效应、集聚效应特征。从近邻效应来看，农村"三变"改革于 2014 年率先在贵州六盘水市出现，2016 年开始则在贵州省其他地市及陕西、甘肃、安徽、湖南四省所属地市出现，进一步 2018 年又逐步在周围地市扩散，2020 年空间扩散范围更广。从等级效应来讲，仔细对照不同时段空间扩散地图发现，农村"三变"改革在全国范围的扩散并不完全按照由近及远的特点扩散，在一些地区的扩散呈现明显跳跃性。

进一步分析认为，相比距离远近，空间区域对制度创新的接受能力和适应程度差别是决定制度创新扩散方向和速度的重要因素，同时受到扩散区域发展质量的影响。例如，从空间扩散地图来看，农村"三变"改革在安徽省扩散呈现一种典型的"蛙跳式"扩散，这种空间扩散效应也被称为"等级效应"（王家庭，2007）。从积聚效应来看，集聚效应主要指相同制度创新采纳在空间上聚集。对照不同年份扩散的地图可知，农村"三变"改革在贵州、甘肃、陕西、安徽省的扩散表现出了明显的积聚效应。

4.2.3　内容扩散特点

根据公共政策扩散理论相关研究，从内容维度来看，中国公共政策扩散呈现简单跟风模仿、创造性转换与调试两种典型特征（邹东升和陈思诗，2018）。从中国公共政策扩散的主要机制来看，有研究者在其研究中将公共政策扩散的主要机制归纳为学习机制、竞争机制、模仿机制、行政指令机制和社会建构机制。特别地，其研究指出，模仿机制存在主要基于三点原因，一是政策的模仿避免了创新失败的风险，同时提高了政策对象对政策的认同及提高政策执行的合法性；二是模仿制定的公共政策更容易获得上级部门的认同，提高获得上级肯定和批准的可能性；三是政策模仿可以有效降低政策制定和执行成本，减少政策执行过程中可能的失败及执行失败的主体责任归因风险（邓大才，2004；Braun and Gilardi，2006；王浦劬和赖先进，2013；刘伟，2014）。

　　根据针对政策文本资料的梳理和分析来看，甘肃省推进农村"三变"改革的过程中表现出较强的简单跟风模仿特征。具体来看，2016 年甘肃省所有市级单位均有农村"三变"改革试点地区；随后 2017 年甘肃省主要领导组织召开《全省农村"三变"改革推进工作会》和《农村"三变"改革专题培训会》①，并就农村"三变"改革有关政策措施做了问答式解析。从甘肃省相关部门对农村"三变"改革有关政策措施问答来看，"三变"改革主要内容、精神实质、现实意义、推动改革的关键措施及改革实践工作中应注意的问题和推进农村"三变"改革的保障措施等内容均与发源地贵州六盘水市保持了基本一致。② 进一步，2018 年甘肃省《全省农村"三变"改革工作部署》的相关内容也体现了与农村"三变"改革发源地相关内容保持一致的特征。③ 这里需要特别注意，政策的简单跟风模仿同样需要满足基本前提。其中，必要的科学前提是两个地区或部门之间具有政策可模仿性。换言之，政策模仿的主体应该与被模仿主体在政治、经济、文化等方面具有较高相似度。对照贵州省和甘肃省情况来看，基本满足模仿机制产生的基础，两个省份均面临繁重的减贫压力，且资源要素分散特征均较明显。

　　相较于甘肃省在推进农村"三变"改革过程中，简单跟风模仿发源地改革实践的特征。安徽省在推进农村"三变"改革过程中则表现出创造性转换与调试的基本特征。具体来看，安徽省自 2016 年 8 月开始即在全省11 个县（区）选择 13 个村开展"资源变资产、资金变股金、农民变股

---

① 甘肃日报. 我省开展农村"三变"改革专题培训 [EB/OL]. http：//nync. gansu. gov. cn/nongyeyaowen/shengneidongtai/20171030/080834537349cdeb7b6. htm.

② 甘肃日报. 甘肃省农村"三变"改革有关政策措施问答 [EB/OL]. http：//nync. gansu. gov. cn/nongyeyaowen/shengneidongtai/20171019/0822014245661aa4959. htm.

③ 省委农村工作办公室. 2018 年全省农村"三变"改革工作部署 [EB/OL]. http：//nync. gansu. gov. cn/nongyeyaowen/shengneidongtai/20180314/0805233239b183400a9. htm.

东"的农村"三变"改革试点①，随后 2018 年发布《关于推进农村资源变资产资金变股金农民变股东改革工作的指导意见》（以下简称《意见》），《意见》对安徽省推进农村"三变"改革总体要求、改革内容、重点环节、配套措施、政策扶持、加强领导六个方面内容做了详细阐述②。特别地，笔者重点关注安徽省在政策扶持方面表现出来的创造性转换与适应性调试特征。安徽省在推进农村"三变"改革方面的扶持政策包括：加强财政税收支持③、加强用地用电支持④、加强金融支持⑤、推动农业保险转型升级⑥和加强人才支撑⑦五个方面，对照农村"三变"改革发源地在推进改革方面的措施发现，安徽省在某些扶持政策方面做了明显的创新与适应性

---

① 省农委办公室．我省扎实推进"三变"改革试点工作［EB/OL］．http：//nync．ah．gov．cn/public/7021/11295101．html．

② 省农委办公室．关于推进农村资源变资产资金变股金农民变股东改革工作的指导意见［EB/OL］．http：//nync．ah．gov．cn/public/7021/11243071．html．

③ 积极推行"大专项 + 任务清单"涉农资金管理模式改革，充分赋予市、县统筹使用涉农资金的权力。制定财政资金变股金的操作办法，通过"资金改股金、拨款改股权、无偿改有偿"等方式，推动财政支农资金变股金。落实支持农业生产、农户专业合作社和小微企业的税收优惠政策，符合条件的农村"三变"承接主体均可享受。农村"三变"承接主体取得的中央财政补贴、保险赔付，不征收增值税。

④ "三变"承接主体发展设施农业涉及的生产设施用地、附属设施用地以及从事规模化粮食生产所必需的配套设施用地，按农用地管理。实施"三变"改革的县（市、区）在年度建设用地指标中可单列一定比例，专门用于农村"三变"承接主体建设配套辅助设施，并按规定减免相关税费。允许城乡建设用地增减挂钩指标优先用于保障农村"三变"承接主体建设用地需求。符合有关政策规定的"三变"承接主体发展农产品初加工用电，执行农业生产电价。

⑤ 支持银行业金融机构单列农村"三变"改革专项信贷计划。建立农村"三变"承接主体信用评价体系，对经营管理比较规范、收益相对稳定的承接主体，开展信用评级授信。创新"三变"承接主体抵押方式，推进农村承包土地的经营权、农户住房财产权抵押贷款试点，推动大型农机具、厂房、渔船抵押贷款，开发林木所有权、茶园果园经营权、旅游设施经营权以及仓单、订单、保单、应收账款等抵押方式。支持省农业信贷担保公司等政策性融资担保机构为"三变"承接主体提供融资担保。鼓励农村"三变"承接主体在省区域性股权托管交易中心"农业板"挂牌，推动具备条件的在"新三板"挂牌，在创业板、中小板、主板上市，在各类场所发行债券。

⑥ 支持各地围绕农村"三变"改革，加大对农业保险的支持力度，增加保费补贴品种，扩大地方优势特色农产品保险覆盖面。开展"基本险 + 大灾险（补充险） + 商业险"三级农业保险试点，推进落实农业保险保额覆盖直接物化成本和新型农业经营主体经营成本。继续实施特色农业保险省级财政以奖代补政策。支持农村"三变"承接主体开展农产品收入保险、价格指数保险试点。

⑦ 结合新型职业农户培训，重点培育"三变"承接主体经营管理人员。鼓励科研人员到"三变"承接主体任职兼职，完善知识产权入股、参与分红等激励机制。支持科研院所和高等院校到农村"三变"承接主体建立实训、研发基地，派专家进行技术指导，为农村"三变"承接主体提供人才及技术支撑。

调试。最后，安徽省推动农村"三变"改革过程中表现出的创造性转换与调试特征也进一步证明了，各级政府除了通过学习或模仿的形式，还可以通过创新方式推行新政策以谋取自身发展并争取在公共政策创新与地方绩效治理中的竞争优势（Braun and Gilardi，2006；Karch，2007；王浦劬和赖先进，2013；邹东升和陈思诗，2018）。

4.2.4　总体性特征评价

事实上中国公共政策扩散活动的发生和发展，除在时间、空间、内容维度展现具体特征外，在推动政策扩散行动主体相关的社会和政治维度也有典型特征。已有研究将中国公共政策扩散总结为三种典型模式，首先是自上而下的层级扩散模式；其次是自下而上的吸纳辐射扩散模式；最后是同一层级的区域或部门间扩散模式和不同发展水平区域间政策跟进扩散模式（王浦劬和赖先进，2013）。对照相关分析审视农村"三变"改革的产生与扩散过程，发现农村"三变"改革的产生与扩散模式更接近自下而上的吸纳辐射扩散模式。自下而上的吸纳辐射扩散模式体现为"地方实践创新—上级采纳—推广扩散"路径。进一步，这种公共政策扩散模式，又可以被称为"吸纳—辐射"型的公共政策扩散模式（周望，2012）。

对照发轫于贵州省六盘水市的农村"三变"改革，最初是由农户和新主体为解决现实发展困难而探索提出的；随后地方政府敏锐地关注到基层实践探索，在响应改革诉求的基础上持续跟进并进行局部试点，同时对基层探索进行总结提炼并完善改革方案，之后抓住机会向中央政府汇报改革实践和成效，在获得中央政府层面批示和指示后，进一步强化完善其改革实践内涵与过程，如图 4-2 所示。

已有研究指出，各级地方政府在公共政策活动中并不缺乏自主能动性和创造性空间。相反，很难依靠中央政府提供全部的可行政策和制度供给调控。这种情况下，地方政府作为中国公共政策扩散的行为主体，实际上在公共政策创新实践和相关探索中具有较大能动性和政治空间（王沪宁，1991；王浦劬和赖先进，2013）。农村"三变"改革的产生与扩散，正是地方政府在公共政策创新和探索方面具有较大政治空间的一种体现。

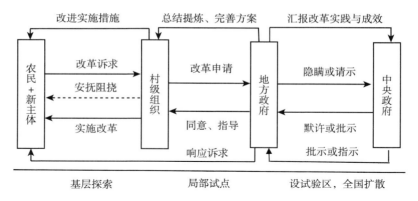

图 4-2 农村"三变"改革自下而上地吸纳辐射扩散模式
资料来源：笔者自绘。

4.3 农村"三变"改革产生与扩散动因

4.3.1 要素相对价格变动产生"超额利润"

在明确阐述农村"三变"改革产生背景与过程的基础上，从制度变迁理论视角解析农村"三变"改革产生的动因。在《西方世界的兴起》一书中，诺斯曾提出一种制度变迁理论，即制度朝着节约使用更稀缺要素的方向发展，也就是说制度演进的方向是提高经济运行效率。[①] 除此之外，在经典文献《制度创新的理论：描述、类推与说明》中，戴维斯和诺斯明确指出，正是由于行为主体的获利能力无法在现存的制度安排结构下实现，所以才导致了一种新的制度安排愿望形成，迫切希望能够变更旧的制度安排以适应新的经济社会发展形势。该研究成果在提出相对要素价格变动对制度变迁产生影响的基础上，进一步通过研究美国历史事件，从规模经济、外部性、交易费用三个方面分析了要素相对价格变动何以改变制度供给与制度需求之间的均衡状态，继而出现制度非均衡。这种制度非均衡表

---

① 姚洋编. 发展经济学（第二版）[M]. 北京：北京大学出版社，2018（8）：363.

现为现有制度安排已不能满足提高经济运行效率的要求，此时外部潜在利润出现，各类经济主体受到外部潜在利润刺激和激励，对新制度、新规则产生强烈需求。综上所述，已有研究更多将制度创新的动力机制归结为因外部环境变化引起的要素相对价格变动产生的"超额利润"，进一步产生对新制度的创造性想象和探索（李松龄，1999；程漱兰，2003；傅夏仙，2003；Lounsbury and Crumley，2007；周志忍，2010；杜长征，2017；高雪萍和王璐等，2020）。

在减少涉及某些制度安排革新与操作成本方面可做的事情有很多。结合我国实际，可以将影响制度创新成本的因素总结为政治环境、社科知识、技术革新、政策配套四个方面（见图 4 - 3）。从政治环境来讲，随着国家政治权利的上升及新的战略部署要求，将会对人们生活进行多方面渗透，继而影响制度变迁成本，使某些制度变迁有利可图。从社科知识积累来看，知识的丰富储备、教育体制机制的发展等因素会带来社会和技术信息的广泛传播。在这种情景下，与政策制定者密切相关的统计等资料储备的增长，能够在相当程度上减少与这种制度安排革新相关的成本。从这种变化反映在技术革新方面的成本来看，不仅有效降低了新制度变迁面临的成本，而且改变了制度变迁潜在的利润获取。从政策配套来讲，如果已有人（组织）因为某种意图支付实现另一种新制度安排的成本，制度创新的成本将被显著降低。进一步，从制度需求和制度供给两个维度，凝聚制度创新共识性信念并推动新制度产生、实现新制度向旧制度的变迁。换言之，所谓制度创新，实质是外部环境改变后，所有者权利与利益的再分配，即产权的重新界定。[①] 特别地，诺斯（2008）认为各类组织和企业家在制度创新的行动舞台上发挥着重要的作用，他们可以被看成是制度创新的主角。各类组织和企业家对制度框架内的激励做出的可能反应，有力地塑造了制度变迁演进的方向。

---

① 孙圣民（2013）在解析家庭联产承包责任制改革后农村改革停顿原因的文献中亦肯定了本书的观点，其指出家庭联产承包责任制改革成功的关键是经济产权在国家、集体与农户三大主体之间的重新分配，而此次改革之后，新的制度创新无法深入推进的原因并不是个体制度创新行为的缺失，而是制度创新的环境无法保障个体创新行为变为集体行动。

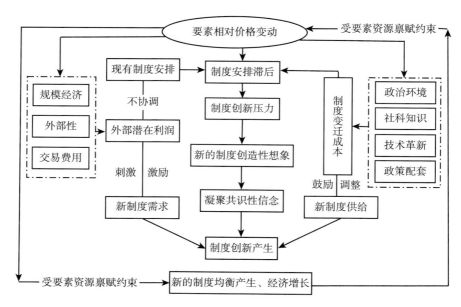

图 4 - 3　要素相对价格变动——制度创新的动力机制

资料来源：笔者自绘。

从农村"三变"改革背景可以看出，六盘水市作为"三线"建设时期诞生的资源型城市，2012 年前后在全国经济形势下行压力下，不少煤炭、钢铁、电力等企业面临转型压力。同时，全市农业产业面临供给侧结构性改革适应性调整；进一步区域自然环境与乡村文化价值进一步凸显（温铁军等，2018）①。这种情况下，被誉为"农户的伟大创造"的家庭联产承包责任制中"分"过度、"统"不足问题及弊端暴露并亟待改变。此时出现了因市场规模发生相对变化而产生的外部超额利润，激励企业家及相关主体抓住重新组织安排资源的机会。进一步，市场规模的变化与外部潜在利

---

① 根据社科院 2016 年 10 月份的报告，中国已经进入中等偏高收入国家行列。关于中国中等收入群体的数量，瑞信研究院 2015 全球财富报告指出，中国拥有全球规模最为庞大的中产阶层人口，达到 1.09 亿人。而社科院 2017 年《社会蓝皮书》则认为中国中等收入群体家庭人口占比达到 37.4%，其中中上收入群体占 18.5%，中下收入群体占 18.9%。激进现代化和大城市道路不仅造成环境污染、交通拥挤等"城市病"，还使得城市居民在钢筋混凝土中的单调的快节奏生活中承受着巨大的精神压力。这就导致已经步入中等收入水平的大量城市家庭不仅有消费能力，也有多样化、个性化的消费和投资需求。而乡村由于其生态文化多样性、亲自然特征，成为与城市互补的生活场域、投资空间，提供与城市不同的生活方式。以 2016 年为例，全国休闲农业和乡村旅游共接待游客近 21 亿人次，营业收入超过 5700 亿元。

润的出现，激励各类主体进行制度创造，扩大制度的可选择集，为实现外部潜在利润创造机会和可能。除此之外，在上述分析中指出，政治环境、社科知识、技术革新、政策配套都可能影响制度创新成本，继而影响新制度供给。具体来看，政治环境对制度创新的影响，主要表现在相关政府部门对制度创新的需求与支持发生变化，消减了制度创新的政治成本，使某些制度创新变得有利可图。从六盘水市农村"三变"改革背景来看，2012年1月12日，国务院发布《国务院关于进一步促进贵州经济社会又好又快发展的若干意见》（简称《国发2号文件》）以及党的十九大报告《决胜全面建成小康社会夺取新时代中国特色社会主义伟大胜利》提出实施乡村振兴战略均为农村"三变"改革提供了良好的外部政治环境。社会科学知识对制度创新成本的影响主要表现在，近几年信息化技术的进步、社会统计技术、现代管理技术及农林经济等相关专业人才的培养等各个方面的进步为农村"三变"改革创造了良好条件，这些在一定程度上减少了制度创新实践过程中的成本。除社科知识对制度变迁成本的影响外，技术革新也将在很大程度上影响制度变迁的成本。从六盘水市调研了解到，目前全市处于农业产业再造的关键阶段，其中产业链延长过程中各类先进设备与技术的使用必不可少，同时在销售端又需要先进的冷量物流等各类技术支持。技术革新不仅增加了制度创新潜在利润而且降低了制度创新操作成本。特别地近几年，六盘水市建立了农村产权流转交易平台、大数据信息整合平台等一系列技术支撑平台，在一定程度上承担并消解了制度创新的成本，为制度创新创造了有利条件。

4.3.2　改革相关主体"成本—收益"权衡

本节上述部分重点阐述了要素相对价格变动产生"超额利润"是农村"三变"改革制度创新产生的动因。本部分从改革相关主体"成本—收益"权衡视角分析农村"三变"改革在全国扩散的动因。通过实地调研了解到，农村"三变"改革实践主要涉及的三类行为主体包括，普通农户、各类新型农业经营主体（含政府平台公司）和基层政府。在制度创新过程中，普通农户和各类新型农业经营主体主要核算个体的成本与收益，而基层政府则主要面临政治和社会两个方面的成本与收益。那么，在农村"三变"改革探索推进过程中，各类相关主体的成本—收益情况如何测算？张笑寒（2007）研究指出，诺斯等运用"滞后供给"模型的变形，建立了一个包含新制度安排的层次、"外部利润"和制度变迁时间滞后等因素的"成本—收益"模型。虽然模型中一些成本与收益无法计量，但是其实际上提供了一种对各类主体成本—收益的"估算"，以便于各类相关主体形成一定理性判断，从而影响其最终是否采取相应制度创新活动。鉴于此，本部分将逐项分析农村"三变"改革实践扩散过程中，相关主体成本—收益情况。

首先，对普通农户主体参与农村"三变"改革产业项目的"成本—收益"情况展开分析。舒尔茨（1987）在其经典著作《改造传统农业》中肯定了普通农户是具有理性行为的经济人。舒尔茨认为普通农户具备在一定的选择和资源约束条件下，为实现其预期收益而做出理性选择的能力（钱文荣和应一道，2014；高翠玲，2014；倪国华和蔡昉，2015；杨玉珍，2015；余威震和罗小锋等，2017）。那么将农户参与农村"三变"改革这一创新的制度安排在 i 年所能够获得的预期入股收益设置为 R_i，入股后各年需承担的管理经营等成本设置为 C_{ri}，因入股而发生的机会成本设置为 C_0，新制度安排下的"迟滞成本"设置为 C_b，那么普通农户的预期净收益现值为：

$$PV = -C_0 + \sum_1^n [R_i - (C_{ri} + C_b)]/[(1+r)^i] \qquad (4-1)$$

故此，对于普通农户来讲，只有以农村"三变"改革方式参与产业项目，净收益现值 PV 大于0，农户才愿意参与到制度创新过程中来。

其次，对各类新型农业经营主体参与农村"三变"改革的"成本—收益"情况展开分析。同样在理性经济人假说下，将各类新型经营主体参与农村"三变"改革这一创新的制度安排在 i 年所能够获得的预期入股收益设置为 R_i，入股后各年经营管理等成本设置为 C_{ri}，一次性付给新制度安排的初始成本设置为 C_a（普通农户无须承担这一成本），那么各类经营主体的预期净收益现值为：

$$PV = -C_a + \sum_1^n (R_i - C_{ri})/[(1+r)^i] \qquad (4-2)$$

同样地，对各类新型农业经营主体而言，只有农村"三变"改革对其而言净收益现值 *PV* 大于 0，才有可能参与到制度创新实践过程中。

最后，相比普通农户和各类新型农业经营主体而言，基层政府在推进制度创新过程中主要承担政治和社会两个方面的成本和收益。一般来讲，基层政府既要考虑"制度设计成本、现有知识积累、实施新制度的预期成本、公众态度、失败风险"等多重因素，又要考虑制度创新的经济、社会、政治等效应。根据本章分析，基层政府之所以愿意推广扩散农村"三变"改革这一制度创新，表明基层政府在这一过程中的预期收益是大于其所付出的成本的。借鉴已有研究，可将基层政府推动农村"三变"改革的收益公式表达如下：

$$PV = \left[\left(ER^* - ER \right) - \left(C_{all}^* - C_{all} \right) \right] \qquad (4-3)$$

其中，ER^* 为新制度供给预期收益；ER 为旧制度收益；C_{all}^* 为新制度生产和实施的总成本；C_{all} 是为改变旧的制度所需要付出的成本，也被称为"路径依赖"成本（金海年，2014）

综上所述，由于市场规模与技术进步改变了环境假设，社会中各行为主体在自身收益预期方面的变化，会导致理性行为主体对当前制度安排可能获得的收益和成本评价做出适应性修正。这里，对于参与农村"三变"改革的农户主体而言，其心中都有一本"账簿"，且大多人能够对环境改变做出反应，继而很快算清楚哪一种要素参与方式对家庭而言更有利（不排除一些是从长远来看有利可图），所以他们会在权衡之后做出正确选择。换言之，成本收益权衡之后意识到制度创新有利于改善自身福利状况的农户，更愿意站在"新制度需求者"队列，为新制度产生贡献智慧。

4.4　本章小结

本章为基础性章节，主要聚焦于回答全书提出的第一个研究问题。首先，借助对已有文献资料归纳整理和实地调研资料，分析了农村"三变"

改革产生背景和提出情况;其次,分别从时间演进机理、空间扩散趋势、内容扩散特点及总体性特征几个方面针对性分析农村"三变"改革在全国扩散的情况及特征;最后,分别从要素相对价格变动产生"超额利润"和改革相关主体"成本—收益"权衡两个方面解析农村"三变"改革产生与扩散的动因。综合来讲,本章分析有助于读者系统全面了解农村"三变"改革产生及在全国的扩散及特征。

第5章

六盘水市农村"三变"改革体制机制建设现状及效果

第4章侧重分析农村"三变"改革提出背景及过程，同时从时间演进特征、空间扩散趋势、内容扩散特征三个方面分析了农村"三变"改革在全国扩散的典型特征，并对总体性特征进行了评价。从本章开始，后续章节将聚焦农村"三变"改革发源地六盘水市针对性分析本书关注的核心研究问题。正如在绪论研究区域选择部分所述，虽然农村"三变"改革自提出以来在全国扩散较快，但是鉴于试点省市改革实践分散、时间较短，仍处于探索学习阶段，很难对全国农村"三变"改革实践效果进行准确评估；同时六盘水市作为农村"三变"改革发源地，实施改革时间跨度相对较长，能够体现改革过程的"起承转合"。故此聚焦六盘水市农村"三变"改革实践分析具有重要现实意义，基本遵循了"以小见大"的研究思路。鉴于此，本章将运用半结构式访谈调查、归纳总结等方法获取并整理相关调查资料，以期能清晰且全面地展示农村"三变"改革发源地改革实践思路与过程，同时基于实地调查数据对本书理论分析与研究假说进行基本验证。

5.1 六盘水市农村"三变"改革基本情况

5.1.1 六盘水市基本情况

六盘水市位于贵州西部、云贵高原一、二级台地斜坡上,地跨北纬 25°19′44″至26°55′33″、东经104°18′20″至105°42′50″,处于滇、黔两省,距昆明、成都、重庆、贵阳、南宁五个省会城市的距离为 300 ~ 500 千米[①],是"三线"建设时期发展起来的一座能源原材料工业城市,1978 年 12 月 18 日经国务院批准建市。全市面积10529.32 平方千米,约占全省总面积的 5.64%,辖六枝特区、盘州市、水城县[②]、钟山区 4 个县级行政区(见图 5 – 1),5 个省级经济开发区,92 个乡镇(街道)。

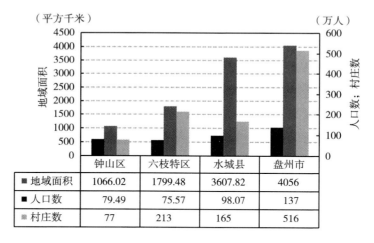

图 5 – 1　六盘水市下辖区县面积、人口、村庄数基本情况
资料来源:笔者根据六盘水市农业农村局提供的数据绘制。

---

① 数据来源于为贵州省六盘水市人民政府门户网站 2019 年《六盘水统计年鉴》,第 27 页。

② 2020 年国务院批复同意六盘水市部分行政区划调整,撤销水城县设立六盘水市水城区,以原水城县的行政区域(不含保华镇、木果镇、南开苗族彝族乡、金盆苗族彝族乡、青林苗族彝族乡)为水城区行政区域。鉴于此,后续章节中笔者将按照最新情况,统一称呼原六盘水市水城县为水城区。

2020 年末六盘水市户籍人口 303.30 万。六盘水市矿产资源丰富、历史文化悠久、生物资源多样性突出、民族文化特色鲜明、交通区位优越。除此之外，六盘水市气候资源优势特征鲜明。[①] 2019 年，六盘水市地区生产总值 1339.62 亿元，比上年增长 4.5%，人均地区生产总值 44224.23 元，比上年增长 4.18%；一般公共预算收入 180.95 亿元。城镇、农村居民人均可支配收入分别达到 34634.30 元和 12004.22 元，分别增长 8.8% 和 10.8%。[②]

5.1.2　改革组织部署

自 2014 年探索提出农村"三变"改革以来，六盘水市各级政府将推进农村"三变"改革相关工作摆在重要位置，通过完善相关体制机制设计，逐步形成了一套相互衔接、集成配套的改革措施，为农村"三变"改革实践顺利推进提供了有力保障。从全市推进农村"三变"改革的组织领导架构来看，六盘水市逐步搭建起由市委书记、市长任主要领导的"市、区（市、特区）、乡"三级农村"三变"改革工作机构，充实力量和人员，明确职责分工，加强工作调度和推进。在具体实践中，通过签订任务书、限定时间表、规定路线图、确定责任人等方式，确保农村"三变"改革专人抓、专人管、专人推，形成了"市统筹、区（市、特区）为主、乡实施"的组织领导体系。具体来看，在市级层面组建了农村"三变"改革领导小组，由市委书记、市长担任组长，同时由市委副书记、市委常委、市政府副市长构成"三人小组"担任副组长，核心成员包括市财政局、市农委、市扶贫办共同构成的"三驾马车"以及市区有关部门和各类投融资公司。对照基本设置，各个区县相关部门也配套成立工作组织协调单位并明确主要领导及责任。进一步，各个下属乡镇也参考全市组织建构设计组建了农村"三变"改革办公室，主抓农村"三变"改革工作落地实践。最后在村级层面，一方面建立了联村党委、村支两委、驻村干部、村级集体

---

① 六盘水市境内最高海拔 2900.6 米，最低海拔 586 米，立体气候明显。冬无严寒、夏无酷暑，年平均气温 15℃，被中国气象学会授予"中国凉都"称号，是中国唯一以气候特征命名的城市。

② 根据《六盘水统计年鉴》相关数据测算。

经济组织等共同组成的改革工作队；另一方面成立了由返乡企业家、家庭农场、农民专业合作社等新型农业经营主体和致富带头人组成的改革"实践团"和"智囊团"，共同推进改革实践落地实施。

5.1.3　一般操作步骤[①]

通过实地调研了解到，为规范农村"三变"改革实践流程，六盘水市在总结经验的基础上将农村"三变"改革具体实践流程明确为 10 个步骤 30 个环节，充分体现了"确权、赋权、易权、活权"步骤及相关规定。下面具体介绍"10 步骤 30 环节"相关内容。

第一步：摸清可变资本（摸资产），其中包括摸清农村"三变"资产存量、分清可变资本、明确内部机制三个主要环节。这一步的重点在于算清楚账、厘清资源内部关系，即搞清楚总共有多少资源存量，哪些是可以入股的资源，可入股的资源能以何种方式入股。

第二步：选准发展产业（选产业），其中包括选准发展方向、组织专家论证、编制产业发展规划三个主要环节。这一步的重点在于依据地区资源优势和特色、组织专家评估产业发展可行性，并依据资源禀赋和特色编制长期发展规划。

第三步：引进承接载体（引主体），其中包括做好项目储备、寻找合作对象、确定承接载体三个主要环节。这一步的重点在于引导和引进产业发展载体，即在前面两步打好基础后，引导承接载体（经营主体）进入合作共谋发展。

第四步：带动农户参与（带农户），其中包括加强宣传、广泛动员、积极引导三个主要环节。这一步的重点在于动员农户与经营主体合作，参与发展、形成利益联结。

第五步：确定受益对象（确对象），其中包括村集体资产入股、财政可变资金入股、个人资本入股三个主要环节。这一步的重点在于将可用的存量资源确股、确权，即明确可投入资源、并明晰资源收益主体。

---

① 笔者根据赴贵州省六盘水市调研资料整理获得。

第六步：落实投放资本（定资金），其中包括财政资金、自筹资金、金融资金三个方面。这一步的重点在于通过多种渠道筹措发展资金，其中财政资金指可用的政府项目资金，自筹资金包括村集体积累的公共资金、各类经营主体资金和农户自有资金投资，金融资金则指依托一些特色的金融产品筹措发展资金。

第七步：协商合作事项（商股比），其中包括确定合作内容、协商股比、公开公示三个主要环节。这一步建立在上述六步完成的基础上，在确定产业、引进承接载体、动员农户参与、明确资源资金投入与受益主体之后，进一步商定合作细节。

第八步：签订合同协议（签合同），其中包括制定合同文本、签订合同协议、开展合同备案三个主要环节。这一步是上一步的延续，即在各个主体商定清楚合作细节后，以正式合同的形式明确并备案。

第九步：推进项目实施（推项目），其中包括制定方案、加强管理、强化指导三个主要环节。这一步旨在通过各种方式推进项目有序开展、保障实施项目成效，属于典型的过程管理部分。

第十步：抓好验收总结（抓验收），其中包括抓好验收、兑现奖补、总结提升三个主要环节。由这一步可以看出，"三变"改革实践过程是以项目制方式管理的，故最终要评估项目实施成果、奖优批劣、总结提升。

5.1.4　承接经营主体

通过实地调研了解到，目前六盘水市承接农村"三变"改革的经营主体来源主要包括新建一批、壮大一批、引进一批，对于不能通过新建、壮大、引进新型农业经营主体承接农村"三变"改革实践的乡村，则由政府平台公司介入并指导村集体股份经济合作社组织实施改革。

1. 新建一批经营主体

探索提出农村"三变"改革之后，六盘水市以农村"三变"为纽带，以"3155"工程为平台，采取多种形式激励和鼓励致富能手、外出农民工群体和大学生群体返乡创办各类新型农业经营主体,助力产业发展。具体来看,以六盘水市盘县为例。2016 年 6 月盘县印发《关于推进村级农户专业合作社发展的工作方案》的通知,根据通知目标任务,截至 2016 年 7 月初,全县 506 个村(居)成立村级合作社或公司,覆盖农户(居民)达 60% 以上;2016 年底,覆盖农户(居民)达 80% 以上;2017 年底,覆盖农户(居民)达 90% 以上;2018 年底,覆盖农户(居民)达 95% 以上。村级合作社带动产业全覆盖,形成生产、加工、销售一体化发展,各村都有特色产业、特色商品,力争实现就业全覆盖。从工作推进步骤来讲,坚持入社自愿、进入公平、退社自由的原则,按照零风险、有保障、能致富的要求,村级合作社的推进工作被分为调研、试点、总结、推广和提升五个阶段。从操作办法来讲,包括宣传发动、收集资料、注册办证、规范运营、提档升级五个方面;从具体要求来讲,以"三资"入社为前提、以联产承包为基础、以脱贫攻坚为核心、以一村一社为标准、以抓大放小为举措、以共同致富为目标、以考核问责为抓手、以风险防控为保障。①

2. 壮大一批经营主体

对于已有新型农业经营主体的村庄,六盘水市重点关注如何壮大已有经营主体并激励其组织带动农户通过农村"三变"改革的方式组织整合土地、资金、劳动力等资源要素以发展区域优势产业、共享发展收益。具体来看,对于企业或经营主体体量较小的乡村,六盘水市侧重从政策、项目、资金、技术、管理等方面予以重点支持,通过兼并、联合、重组等方式帮助其做大做强。2017 年 6 月,六盘水市发布《关于推进全市优质农村"三变"改革经营主体及其他中小企业在贵州股交中心挂牌展示的工作方案》,该方案旨在推动全市优质农村"三变"改革经营主体在贵州股权金融资产交易中心批量挂牌展示,进而有效推进全市优秀中小企业参与和利用资本市场。2018 年 5 月,《关于探索创新村干部专职化管理的实施意见(试行)的通知》发布。通知要求拓宽村干部选任渠道,并从五个方面明

---

① 具体参见中共盘县委员会办公室盘县人民政府办公室印发《关于推进村级农户专业合作社发展的工作方案》的通知。资料来源为,笔者赴六盘水盘州市调研时,由盘州市委农村"三变"改革办公室提供。

确了任选要求①。村干部专职化管理任用制度为壮大经营主体提供了人才保障。综合来讲，自农村"三变"改革提出以来，六盘水市培育了一大批龙头企业和专业合作社，目前已有 9 家企业成功上市。

3. 引进一批经营主体

除新建和壮大一批经营主体，对于没有条件新建经营主体的乡村，六盘水市采取多种激励政策，吸引实力强、信誉好、有公益心的企业，通过招商引资方式引导工商资本转产投入农业产业领域。具体来看，六盘水市出台了《六盘水市市场化招商奖励办法（试行）》，根据文件要求，对于凡是符合文件要求奖励条件的委托招商项目，按一定标准予以奖励。（1）对引进项目固定资产投资额在 0.5 亿 ~ 1 亿元（不含本数）的落地项目，按实际完成额度的 3% 给予奖励；（2）对引进项目固定投资额在 1 亿 ~ 5 亿元（不含本数）的落地项目，按实际完成投资额的 4% 给予奖励；（3）对引进项目固定投资额在 5 亿元（含本数）以上落地项目，按实际完成投资额的 5% 给予奖励；（4）符合产业规划的高新技术产业项目（依法经认定机构认定的）、外资项目可按项目实际完成固定资产投资额的 6% 给予奖励。（5）单个项目奖励最高限额为 1000 万元；（6）对引进世界 500 强、中国 500 强、中国民营 500 强（以当年权威机构发布的榜单为准）、国内行业龙头企业 50 强投资的重大项目或具有国际领先水平，对全市发展具有重大推动作用的项目，可按照"一事一议"方式进行奖励②。

---

① 通过调研可知，五个方面的任选要求包括：第一，鼓励各县（市、特区、区）拓宽视野，畅通渠道，打破身份、地域、体制的限制，注重从农村致富能手、复员退伍军人、外出务工经商人员、专业合作社负责人、乡村医生、乡村教师、大学生村官、农村优秀知识青年等优秀人才中选用村干部；第二，鼓励和引导机关、企事业单位中退休的党员干部、民营企业经营管理人员、个体工商户等各类人员中的优秀分子回原籍担任村干部；第三，支持各县（市、特区、区）拿出一定数量的乡镇事业编制，依法从优秀大学毕业生中招考事业人员到村任村干部；第四，对本村没有党组织书记合适人选的，可以从乡镇下派干部到村任职，也可以跨村选派优秀村干部交流任职；第五，坚持任职回避，凡有父亲关系、直系亲属关系的，不得在本村内同时纳入专职化村干部管理。

② 参见《六盘水市市场化招商奖励办法（试行）》，具体资料来源为，笔者赴六盘水盘州市调研时，由六盘水市委农村"三变"改革办公室提供。

4. 政府平台公司介入

地方政府平台公司是为适应当前中国经济发展和政治体制而产生的一种适应性组织形态。夏冰（2020）研究指出，政府平台公司是地方政府为推动地方经济发展而进行融资设立的法人实体，其实际上由地方政府出资组建，通过注入资金、土地或优质资产等方式壮大实力，并以地方政府信用作为背书。根据相关文件资料对地方平台公司的界定，地方政府融资平台公司指那些由地方政府及其他相关部门和机构通过财政拨款、注入土地、资本等要素形成股权而设立，地方政府平台公司具备对政府公益性项目的投融资功能，是能够开展相关经济活动的独立法人经济实体。一般来讲，政府平台公司包括综合性投资公司和各类行业性投资公司。当前政府平台公司在推动城市基础设施建设、保障民生公共服务、调整地方产业结构、支持我国经济快速发展等方面发挥着重要作用。进一步考察政府平台公司在六盘水市农村"三变"改革过程中发挥的作用发现，在推进农村"三变"改革实践过程中政府平台公司发挥了至关重要的作用。具体来看，为推进农村"三变"改革落地，六盘水市及各个区县均成立了政府平台公司，以支持区域特色农业产业发展（见表5-1）。

表5-1　　承接农村"三变"改革项目的政府平台公司情况一览表

市县	平台公司	子公司	成立年份	注册资本（亿元）	支持产业类型
六盘水市	市旅文投	龙昇生态公司	2012	3.00	景区开发、建设及运营；温泉开发及经营；酒店经营；劳模疗休养；康养等
	市农开投	高山红茶公司	2012	12.39	茶叶
		涵龙盘水公司			
		扶开投公司			
		喀斯特公司			经果林，猕猴桃为主；其他农业产业
		林开投公司			
		金玲籽公司			
		瑞民农投公司			
		民源农投公司			
		弥你红公司			
		众鑫农发公司			
		猕猴桃公司			
		三惠农公司			

续表

市县	平台公司	子公司	成立年份	注册资本（亿元）	支持产业类型
钟山区	区开投公司		2012	25.00	茶叶
水城区	农投公司	宏兴公司	2014	3.01	经果林，猕猴桃为主
		茶叶公司	1998	3.00	茶叶
		农林投公司	2016	2.50	温氏养猪、蛋鸡养殖
		贡蜂蜜公司	2018	0.10	蜂蜜
	康群缘公司		2018	0.35	食用菌种植
	水投公司	林务投公司	2013	2.00	刺梨
		初好公司	2018	0.50	饮品深加工
六枝特区	扶开投公司		2015	0.59	生态特色猪、生猪育肥、能繁母猪养殖，食用菌、肉牛养殖。
	强农公司	民源农投公司	2016	3.35	蔬菜、食用菌、生猪养殖、中华蜜蜂养殖、车厘子、大闸蟹、小龙虾等
		瑞民农投公司			
		弥你红公司			
		众鑫农发公司			
	旅文投公司	祥坷旅开投	2015	0.93	民宿
盘州市	交投公司	腾飞公司	2016	1.00	精品水果（锦绣黄桃、红梨、719 苹果、李子等）
	农林投公司	景农公司	2016	0.50	软籽石榴
	旅文投公司	盛农公司	2016	3.00	茶叶、花卉及元宝枫
	水投公司	惠农公司	2016	1.00	核桃
	宏财公司	聚农公司	2016	1.55	刺梨、中药材

资料来源：笔者根据调研资料整理并绘制①。

通过实地调查发现，六盘水市政府平台公司参与农村"三变"改革项目方式主要有直接参与和间接参与两种类型。直接参与是指政府平台公司作为经营主体直接参与农村"三变"改革项目，由平台公司负责与村集体和农户对接、通过签订合同或合作协议的方式进行股份合作（由政府平台

---

① 特别说明，六盘水市农业投资开发有限责任公司下属子公司中，标注星的四家公司与六枝特区强农农业开发有限公司下属的四家子公司是合股共营的关系。

公司出面商议股份比例与盈余分配方案）。换言之，由政府平台公司主导整个产业发展。政府平台公司间接参与农村"三变"改革项目是指政府平台公司并不直接参与实际的产业经营，而是通过融资、担保等方式对其他经营主体进行投资活动，一般通过投入资本扶持产业发展。

综上所述，根据相关统计数据，截至 2020 年底，六盘水市共有各类企业 54400 个、农户合作社 4243 个、家庭农场 681 个，其中参与农村"三变"改革的农业经营主体 1201 个。2020 年，参与农村"三变"改革的农业经营主体中，农业企业 234 个，占农村"三变"经营主体的 20%，其中，国家级重点龙头企业 1 个，省级重点龙头企业 47 个，市级重点龙头企业 45 个。实现销售收入 31.2 亿元（其中年销售收入超过 1 亿元的企业 3 个），具有出口业绩的企业 4 个，上缴税金 0.83 亿元（其中上缴税金达到 100 万元的企业 13 个）；农户专业合作社达 900 家，占农村"三变"经营主体的 75%，销售农产品总值达 6.83 亿元；入社农户达到 35.6 万户；家庭农场达 67 个，占农村"三变"改革经营主体的 5%，主要集中在粮食、经果林、畜牧等产业领域，从业人员 552 人，年销售农产品总产值 2321 万元，平均每个家庭农场销售农产品产值 21.68 万元。综合来看，六盘水市已初步形成以家庭承包经营为基础，以龙头企业、农户专业合作社、家庭农场和专业大户股权合作为支撑，各类社会化服务组织共生发展的农村"三变"经营主体体系①。

5.1.5 典型组织模式

通过调研了解到，当前各类新型农业经营主体以农村"三变"改革制度设计组织、整合各类资源的典型模式可以被归纳总结为三类（见图 5-2）。首先是基础型模式，即"农户 + 村集体 + 合作社/家庭农场/专业大户/民营企业"模式，目前这种合作模式广泛存在，属于小规模的合作，主要由各类新型农业经营主体整合分散的资源要素，带动村集体与农户发展。其

---

① 笔者赴六盘水盘州市调研时，由六盘水市农村"三变"改革办公室调度各区县汇总数据后提供。

次是政府平台公司主导模式，即"农户 + 村集体 + 政府平台公司"模式，在这种模式中政府平台公司直接参与产业发展，由平台公司直接与村集体和农户对接，整合各种资源要素带动产业发展，村集体和农户按照合同约定分享产业收益。最后是多元主体合作发展模式，即"农户 + 村集体 + 合作社/家庭农场/专业大户/民营企业 + 政府平台公司"模式。相比于政府平台公司主导模式，多元主体合作发展模式中政府平台公司不再直接对接村集体和农户，而是与合作社/家庭农场/专业大户/民营企业等经营主体对接，然后合作社/家庭农场/专业大户/民营企业等经营主体再从中协调并与村集体和农户对接。

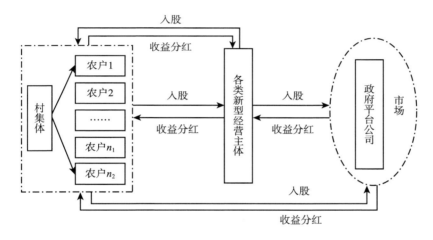

图 5 - 2　农村"三变"改革涉及的各类经营主体之间组织模式
资料来源：笔者自绘。

综上所述，在上述三类农村"三变"改革经营主体组织模式中，基础型模式面临的交易成本最低，组织资源的能力也最弱，辐射带动范围相对较小；政府平台公司主导模式属于一种中间型组织模式，该种模式中需要政府平台公司全盘主导产业发展，投入较大、话语权也相对更多，存在村集体和农户被边缘化的风险。相比而言，多元主体合作发展模式是比较复杂和高级的一种组织模式，这种组织模式面临的交易成本最高，对资源要素的组织整合能力也最强，在带动产业发展方面优势突出。但是，这种模式需要组织协调的关系相对更加复杂多变，一般需要一个能够贯穿其中的、强有力的带头人组织协调各主体之间关系。

5.2 六盘水市农村"三变"改革关键环节

由理论分析部分可知，农村"三变"改革核心是实现"变"的过程并创造价值，关键环节包含了"确权、赋权、易权、活权"四个层次内容。其中"确权"旨在通过对资源资产的确认登记，明确共有产权和个人权属资源产权边界，明确村域范围内村集体和农户资源权属；"赋权"旨在对已明确权属的资源资产开展折股量化工作，其核心是以明确股份权能的形式确定资源资产所有者剩余索取权；"易权和活权"的核心是通过嵌入经营服务主体，提高对村社资源资产组织能力、营运能力和衔接市场需求能力。下述部分，将根据针对六盘水市的调查资料展开系统阐述与说明。

5.2.1 确权：资源资产确权登记

由上述部分分析可知，为规范农村"三变"流程，六盘水市在总结实践经验基础上将农村"三变"改革具体流程明确为 10 个步骤 30 个环节，其中 10 个步骤依次为：摸清可变资本、选准发展产业、引进承接载体、带动农户参与、确定受益对象、落实投放资本、协商合作事项、签订合同协议、推进项目实施、抓好验收总结。自 2017 年贵州省印发《中共贵州省委贵州省人民政府关于稳步推进农村集体产权制度改革的实施意见》以来，六盘水市委、市人民政府对照全省发布的农村集体产权制度改革实施意见和要求，于 2018 年 2 月印发了《六盘水市稳步推进农村集体产权制度改革的实施方案》，扎实稳步推进改革任务。截至 2020 年 12 月，六盘水市累计召开不同层级农村集体产权制度改革培训会议 249 次，培训人数 17436 人（次）；完成 953 个村级单位的清产核资工作。2017 年 12 月 31 日核实集体资产总额 463662.19 万元（其中经营性资产 84637.5 万元），集体土地总面积 1555.06 万亩（其中农用地 1269.97 万亩），已完成 953 个村（居）2719124 人的成员身份认定工作。在具体资源资产确认登记过程中，按照"市指导、县统筹、乡推进、村实施"的原则，成立由乡（镇、街道、社区)干部、村党支部、村委会、村委监督委员会成员、村民小组长、村民代表等组成的清产核资工作小组,对集体所有的土地、森林、山岭、草原、荒地、水域、滩涂等资源性资产,用于经营的房屋、建筑物、机器设备、工具器具、农业基础设施、集体投资兴办的企业及其所持有的其他经济组织的资产份额、无形资产等集体经营性资产,用于公共服务的教育、科技、文化、卫生、体育等方面的集体非经营性资产,以及集体风险金存款、债权、债务等进行全面清查核实,彻底摸清家底,查实存量、价值与使用情况,做到账证相符与账实相符,且分类登记造册。对资源资产的确权登记,旨在厘清资源资产存量与内部关系,为明确后续发展产业过程中"以何种资源、何种方式入股"奠定基础。

5.2.2　赋权:资源资产折股量化

在资源资产折股量化方面,六盘水市制定了《农村集体产权制度改革的实施方案》《农村集体资产股权量化改革指导意见》等文件。文件明确规定根据农村集体资产清查成果,农村集体经济组织召开成员大会民主协商确定农村集体资源、资产的股权设置、折股量化范围、量化方式、时间节点、管理模式等事项,发放农村股权管理证书并建立台账管理制度。六盘水市原则上对未承包到户的集体经营性、资源性资产能量化的尽量以股份或份额形式,以户为单位折股量化到人,采用"确份额不确股值"方式,按照确定的成员人数每人享有 1 份。非经营性资产不列入量化范畴,非经营性资产登记造册后由改革后的股份经济合作社负责组织经营管理。对于是否设置集体股由本集体经济组织成员通过民主讨论决定。在调研过程中了解到,六盘水市水城区多数集体经济组织设置 5% 的集体股,将该部分集体股作为后续解决成员认定时缺漏情形的备用股份;但是六枝特区集体经济组织则基本不设集体股。六盘水市规定股份量化后,实行"增人不增股、减人不减股",采取可在本集体组织内部转让、可进行抵押担保的静态股权管理模式,保持股权的长期稳定性。进一步,改革后集体经济组织成员家庭的新增人口,可通过分享家庭内部拥有的集体资产权益方式获得集体资产份额,家庭成员去世的由其法定继承人继承。小村并大村的，按照集体资产原归属关系和大村、小村独立核算方式折股量化，最终结果需经过成员大会或代表大会确认并进行"三榜公示"。进一步，在将资源资产折股量化投入区域特色产业发展过程中，各村社组织和农户根据不同产业类型协商拟定针对性投资入股协议，规定按照合作入股协议分享未来产业增值收益。考虑到农业产业投资见效周期长，而村集体和农户没有与经营主体共担风险的能力，当前比较常见的投资入股合同形式为"固定租金 + 盈余分配"。以猕猴桃产业为例，合同约定在产业投资初期按照固定租金支付土地等资源要素收益，在产业稳产和成熟期则按照在固定租金基础上浮动增加盈余分配的方式支付资源要素入股收益。与此同时，六盘水市制定并出台了《六盘水市"三变"改革入股合同管理、备案办法（试行）的通知》，旨在规范合同文本、保护村集体和农户合法权益。

5.2.3　易权与活权：经营服务主体嵌入

在理论分析部分指出，从产权实施角度来看村社资源价值实现的必要前提是经营和服务主体嵌入并支撑乡村特色产业发展，通过延长产业链、满足市场需求以获取经济收益。具体来看，通过实地调查了解到，六盘水市在清产核资、成员身份认定、折股量化基础上通过新建一批经营主体、壮大一批经营主体、引进一批经营主体、政府平台公司介入四种方式提升农业产业经营能力，同时协调当地科研院校、信息服务中心等社会服务主体嵌入产业经营，协调多方力量参与区域特色产业发展过程中。根据《中共六盘水市委六盘水市人民政府关于农业特色产业发展"3155 工程"的实施意见》，六盘水市农业特色产业发展的总体目标是，利用喀斯特山区独特农业资源禀赋、坚持因地制宜、科学谋划、坚持发展的理念，重点发展猕猴桃、茶叶、核桃、蔬菜、油茶、刺梨、中药材、草食畜牧业等特色产业，全面实施农业产业结构调整工程。进一步明确年度实施计划，2014 年实施区域特色优势产业 78 万亩，2015 年实施特色优势产业 82 万亩，2016年实施特色优势产业 85 万亩，2017 年实施特色优势产业 77 万亩，2018 年实施特色优势产业 52 万亩。在实现区域优势产业规模经济的同时，布局农产品加工工业产业和农产品品牌建设 + 销售企业，从纵向维度扩展并实现产业分工经济。在此过程中，普通农户既可以在新型农业经营主体（直接或间接）带动下自主从事特色产业经营，也可以以"资源变资产、资金变股金"方式将其所属的土地、资金等要素以入股方式投资新型农业经营主体，变成能够共享产业发展收益的股东，继而以"固定租金 + 收益分红"的形式分享产业发展收益。进一步，普通农户可以将自身劳动力配置在比较收益相对更高的生产经营方面。与此同时，作为产业经营主体的各类新型经营主体积极与科研院所、信息服务中心等单位建立合作共赢关系，激励各类服务主体在产业发展过程中提供技术、信息等服务，为区域优势产业可持续发展提供保障（见图 5 - 3）。

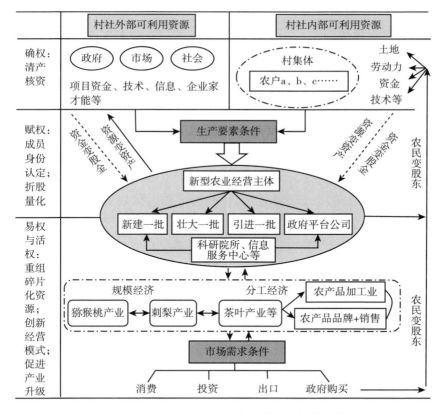

图 5 - 3　六盘水市农村"三变"改革实践关键环节图示

资料来源：笔者自绘。

5.3　六盘水市推进农村"三变"改革的现行保障措施

自 2014 年正式提出并实施农村"三变"改革以来,为推进农村"三变"改革实践落地,六盘水市从多个方面提出保障措施并完善相关体制机制,具体涵盖如下几个方面。

5.3.1　建立"自上而下"领导体系

为切实推进农村"三变"改革实践落地,六盘水市逐步建立起"自上而下"的垂直领导体系、组建工作机构并完善信息报送机制。具体来看,2015 年 3 月,为推动农村"三变"改革实践,六盘水市单独成立由市委书记、市长担任组长,分管副书记、副市长等担任副组长的农村"三变"领导小组,下辖各县区也相应成立农村"三变"改革办公室,通过定岗定编,组织专门人员负责统筹协调农村"三变"工作。2016 年 4 月 18 日,全市发布《关于市领导蹲点指导农村"三变"改革示范点规范提升工作的通知》。该通知指出,根据市委、市政府的部署要求,争取把农村"三变"改革示范点的成效做出来、形成示范、做成品牌,进一步推进六盘水市农村"三变"改革实践深化,规范改革流程,完备改革机制,完善改革体制。明确要求市领导蹲点指导全市农村"三变"改革示范点规范、提升。2016 年 6 月 8 日,六盘水市发布《关于六盘水市"三变"改革工作机构有关事项的通知》。该通知指出,根据省编办《关于设立六盘水"三变"改革办公室的批复》精神,为推进全市农村"三变"改革工作向广度、深度、精度迈进,经 2016 年 3 月 25 日市编委会研究,提请六届市委会第 211 次常委(扩大)会议审议通过,正式成立六盘水市农村"三变"改革办公室。农村"三变"改革办公室设在市委办公室,"三变"办公室的党委和行政后勤工作由市委办公室统一管理,对外独立开展业务工作。①

2019 年 4 月 29 日，六盘水市发布《关于成立六盘水市农村改革试验区暨市委农村"三变"改革工作领导小组的通知》。该通知指出，为深入推进全国农村改革试验区建设工作，全力打造农村"三变"改革升级版，经市委、市政府研究，决定成立全国改革试验区暨市委农村"三变"改革工作领导小组，领导小组下设办公室在市委农村"三变"改革办公室，主要承担农村改革试验区暨市委农村"三变"改革日常工作。2020 年 4 月 13 日，关于印发《六盘水全国农村改革试验区建设暨农村"三变"改革信息报送工作制度的通知》发布。该通知指出，为深入贯彻中央和省委、市委关于农村改革系列决策部署，客观准确反映全市农村改革试验区建设暨农村"三变"改革工作情况，切实为市委市政府决策提供有力参考，将进一步加强和改进有关信息报送工作机制。要求定期、及时、准确、高质量报送农村"三变"改革相关信息②。

5.3.2　明确农村"三变"改革办法措施

为切实推进农村"三变"改革落地实施，六盘水市通过正式发文的方式明确农村"三变"改革在不同阶段的实践目标与做法，使得改革措施有据可查、有文可依。为各部门凝聚改革共识、提高改革效率、明确改革工

---

①　赴六盘水市调研了解到，农村"三变"办公室的主要职责为贯彻落实市委、市政府关于农村"三变"改革的决策部署，研究农村"三变"改革政策，提出改革政策建议；统筹推进全市农村"三变"改革工作；拟定农村"三变"改革产业发展规划并组织实施；指导部门拟定农村"三变"改革产业、项目、资金优惠政策措施；承办全市农村"三变"改革工作中的重大事项；协助市委、市政府完成与国家、省及有关部门对接的相关事宜；指导县区农村"三变"改革工作；完成市委、市政府交办的其他工作。

②　通过实地调研了解到，目前农村"三变"改革信息报送要点主要包括六个方面。具体为：a. 对中央和省关于深化农村改革试验区建设、农村"三变"改革、乡村振兴等决策部署，结合本地本部门实际细化研究、贯彻落实的情况；b. 各地各部门围绕年度全国农村改革试验区建设暨农村"三变"改革重点工作安排，落地落实的进展动态、特色做法、经验成效、典型案例、人物事迹、以及存在问题和困难，工作打算及建议等。c. 有关深化拓展农村"三变"改革、农村系统集成改革、实施乡村振兴战略、统筹城乡融合发展、壮大农村集体经济、引导工商资本下乡等方面的心得体会、理论文章、研究报告。d. 各地各部门承接有关农村"三变"改革考察调研、了解培训等情况；e. 经营主体及个人对农村"三变"改革等工作的意见建议；f. 关于农村"三变"改革的文学艺术作品，图片影音资料等相关信息。

作办法等提供了重要支撑。具体来看，2015 年六盘水市发布《关于资源变股权、资金变股金、农民变股民的指导意见》，其中明确指出农村"三变"改革的主要目标包括：一是深化农村改革，盘活农村资源，集聚发展要素，有效提高资金使用效率，切实转变农业发展方式，不断壮大村级集体经济；二是促进农业结构调整，加快发展现代山地高效特色农业，推进产业生态化、生态产业化，实现生态价值、经济价值、社会价值、旅游价值最大化；三是全面提高农户素质，大力培育有技术、懂经营、善管理、能致富的新型职业农户；四是实施精准扶贫，促进农户增收。五是推进乡村治理现代化，积极构建乡村治理新体系，不断巩固党的执政基础。随后陆续发布 10 份相关文件，旨在明确农村"三变"改革"确权、赋权、易权、活权"的意义与工作安排（见表 5 - 2）。

表 5 - 2　　　　　　　2014 年以来六盘水市明确农村"三变"
改革措施的政策性文件一览表

文件名称	主要目标与内容
《关于农村土地承包经营权流转的指导意见》	一是坚持依法、自愿、有偿的原则。二是坚持保护耕地、维护权益的原则。流转期限不得超过第二轮承包期的剩余期限
《六盘水市深入推进"资源变股权、资金变股金、农民变股民"改革行动方案》的通知	全面推进农村"三变"改革，整合资源资金等要素，推进农村产权制度改革
关于印发《六盘水市 2016 年"三变"改革重点工作安排》的通知	进一步明确全市农村"三变"改革工作的任务书、时间表、路线图，切实把农村"三变"改革工作做得更规范、更扎实、更有效，制定 2016 年全市农村"三变"改革工作重点安排，含五个方面 39 条内容
《关于落实"三变"改革"三个到户"相关工作要求的通知》	为进一步规范、扎实、有效推进全市农村"三变"改革工作，充分保障入股农户的合法权益。按照通知要求，各县（特区、区）、钟山经济开发区要认真落实好好"合同书到户、股权证到户、分红单到户"（简称"三个到户"）相关要求
《六盘水市"三变"改革入股合同管理、备案办法（试行）的通知》	为进一步规范合同文本，保护农户合法利益，继续深化农村"三变"改革，推进六盘水市社会主义新农村建设，依据《中华人民共和国合同法》《农村土地承包经营权流转管理办法》和《贵州省合同监督条例》，结合六盘水实际情况，特制定农村"三变"改革入股合同管理和备案试行办法

续表

文件名称	主要目标与内容
关于印发《六盘水市整市推进省级"三变"改革试验区建设实施方案》的通知	按照中共中央、贵州省委、省政府的决策部署,以农业供给侧结构性改革为主线,以"三权分置"为政策遵循,以生态产业化、产业生态化为路径,以打造"股份农户"为核心,以股权为纽带,以同步全面建成小康社会为目标,着力深化农村集体产权制度改革,为全市脱贫攻坚,建设统筹城乡改革和发展先行市奠定坚实基础
关于印发《六盘水市2017年"三变"改革重点工作安排》的通知	为全力推动农村"三变"改革由"盆景"变"风景",通知从聚焦工作目标,明确主攻方向;推进制度创新、完善配套政策;夯实基础工作,筑牢改革基石;注重深化拓展,打造典型示范;突出主体培育,搭建发展平台;强化组织保障,促进规范运行六个方面提出36条具体要求
《2018年"三变"改革工作重点安排》	以实施乡村振兴战略为抓手,以建设全国农村改革试验区为契机,以深化农业供给侧结构性改革为主线,以加快农村集体产权制度改革为重点,以打造"股份农户"为核心,坚持"五步工作法"和"先五后五"攻坚法,紧紧围绕要素集聚、产业发展、主体培育、机制创新、利益联结、质量效益、风险防范等关键环节,把握好农业产业发展"八要素",打造新时代农村"三变"改革升级版,全力推动振兴农村经济的深刻的产业革命,制定2018年全市农村"三变"改革重点工作安排,含九个方面40条内容
关于印发《六盘水市2019年"三变"改革重点工作安排》的通知	根据2019年中央一号文件和《农业部关于增补湖南省长沙市望城区、贵州省六盘水市为全国农村改革试验区的批复》等文件要求,结合六盘水市实际,制定2019年全市农村"三变"改革重点工作安排,含七个方面26条内容
关于印发《六盘水市2020年全国农村改革试验区建设暨"三变"改革重点工作安排》的通知	根据2020年中央一号文件和《农业部关于增补湖南省长沙市望城区、贵州省六盘水市为全国农村改革试验区的批复》等文件要求,结合六盘水市实际,制定2020年全市农村"三变"改革重点工作安排,含五个方面16条内容

资料来源:笔者根据调研资料整理编制,具体由六盘水市委"三变"改革办公室提供。

5.3.3 搭建平台支持多主体参与

为保障农村"三变"改革有序推进,六盘水市积极搭建各类支撑平台支持新型农业经营主体参与。2016年《关于印发六盘水市农村产权流转交易服务平台组建方案的通知》和《关于印发六盘水市农村产权流转交易管理办法(试行)的通知》发布,六盘水市逐步搭建起农村产权流转交易平台。农村产权流转交易平台由市—县—乡—村四级交易服务机构共同组成，主要发挥集聚并传递信息，提供交易中介的作用和功能，旨在为各类经营服务主体提供流转农村产权的交易便利和制度保障。与此同时，为满足市场主体的相关需求，还需进一步扩展其他方面的功能，六盘水市正在逐步建成集信息发布、资产评估、产权交易、资产评估、融资抵押、法律咨询等服务为一体的为农综合服务平台。除此之外，六盘水市在引导进行农村"三变"改革的村级组织建立村级合作经济组织基础上，引入政府平台公司参与并与各类经营主体共同推进农业产业化发展。从实践观察来看，政府平台公司是整个农村"三变"改革实践模式的"引擎"。截至2020年底，六盘水市共有43家政府平台公司通过农村"三变"改革模式参与支持农业产业发展（见表5-3）。由上述部分分析可知，政府平台公司参与农村"三变"改革的方式包括直接参与和间接参与两种类型。通过实地调研发现，当前六盘水市政府平台公司参与农村"三变"改革的情况比较常见，几乎所有产业都涉及政府平台公司。政府平台公司在六盘水市打造特色农旅产业，构建全产业链等方面发挥重要作用，为深入推进农村"三变"改革提供重要支撑和引导。

表5-3　　　　　六盘水市推进农村"三变"改革实践的各类支撑平台

平台	具体内容
打造产业发展平台	一是打造村级初级发展平台，发展特色产业；二是围绕"3155"工程打造产业平台和示范基地；三是打造综合性高级发展平台，即政府部门与外部资本合作，加大投资力度，逐步建成集加工、冷链、物流、研发、旅游、电子商务等基层功能齐全、设施配套、服务完善的农业综合体
完善信息化管理平台	借助现代信息技术手段，搭建并完善信息化管理平台，通过信息平台可实时监控区域内各项数据，充分实现各类数据之间的有效对接与互联互通
组建产权流转交易服务平台	由市—县—乡—村四级交易服务机构共同组成，主要发挥集聚并传递信息，提供交易中介的作用和功能，旨在为各类经营主体提供流转农村产权的交易便利和制度保障，与此同时，为了充分满足市场主体的相关需求，还在逐步扩展其他方面的功能，正在逐步建成集信息发布、资产评估、产权交易、资产评估、融资抵押、法律咨询等服务为一体的为农综合服务平台

资料来源：笔者根据赴贵州省六盘水市调研资料整理编制，具体资料提供单位为六盘水市委农村"三变"改革办公室。

5.3.4 建立农村"三变"配套管理机制

为推进农村"三变"改革实践落地、规范改革流程,六盘水市建立了农村"三变"改革管理机制。由本章前述部分可知,六盘水市将农村"三变"改革操作流程归纳总结为"10 个步骤 30 个环节",其中第十步为抓好验收总结(抓验收),其中包括抓好验收、兑现奖补、总结提升 3 个主要环节。由此可见,六盘水市农村"三变"改革实践过程是以项目制方式组织管理的。2016 年 8 月,《关于印发六盘水市"三变"改革目标考核管理办法(试行)的通知》发布。通知指出,为扎实有效推进农村"三变"改革,强化目标意识、责任意识,有序推进农村"三变"改革目标任务的全面落实,特制定全市农村"三变"改革目标考核管理办法、明确目标考核评分标准。2020 年 3 月《关于印发各县(市、特区、区)、六盘水市高新区 2020 年全国农村改革试验区建设暨农村"三变"改革工作考核指标及评分细则的通知》发布,进一步明确并细化农村"三变"改革工作考核指标及评分细则。除此之外,2017 年 9 月六盘水市发布《关于表扬"三变"改革先进经营主体和先进个人的决定》。该决定旨在鼓励先进、树立典型,进一步发挥农村"三变"改革相关经营主体和参与主体的主观能动性、积极性及创造性,激励各类经营主体为促进农户增收、村集体经济增长、农村资源增值的目标而持续发力。

5.3.5 构建多部门协同保障机制

在推进农村"三变"改革实践过程中,六盘水市逐步构建起多部分协同保障机制。具体来看,为破解过去实践中由农业部门抓农业,而农业部门因在工作中的局限性和话语权缺失而导致在实际工作中"抓不住、改不动"的尴尬局面,六盘水市积极探索构建多部门协同机制。具体来看,在农业部门抓农业的基础上,明确发布政策文件,组织协调包括财税金融、人力资源和社会保障、市场监管和政法检察机关多部门协同支持推进农村"三变"改革落地实施。与此同时,还积极整合相关改革试验任务。2016

年，在农村"三变"改革全省推进阶段，时任贵州省委书记、省人大常委会主任的陈敏尔撰文《扎实推进农村"三变"改革充分激活城乡发展要素》，指出推进农村"三变"改革不能搞"单打一"，要把农村"三变"改革与农业供给侧结构性改革、精准脱贫、政府自身改革和基层组织建设等结合起来，发挥农村"三变"改革牵引作用，最大限度释放改革红利。六盘水市在推进农村"三变"改革落地实践中，注重农村"三变"改革与其他相关改革任务之间的整合与协同机制构建，将土地经营权抵押贷款、"三权分置"、农村集体产权制度、供销社改革等改革实践同实现乡村振兴目标协同（见表5－4）。

表5－4　2014年以来六盘水市助推农村"三变"改革多部门协同文件一览表

部门	文件名称
财税金融部门	《市财政局关于成立"三变"改革资金变股金工作领导小组的通知》
	关于印发《六盘水市2016年"三变"改革财政资金变股金工作要点》的通知
	关于印发2016年《六盘水市级"三变"改革专项资金使用方案》的通知
	关于印发《六盘水市"三变"改革财政资金变股金示范点建设工作方案》的通知
	关于转发市财政局《六盘水市涉农资金整合使用管理指导意见》的通知
人力资源和社会保障局	《市人力资源社会保障局关于落实人社系统支持检察机关开展民生资金保护和服务保障"三变"改革有关举措的通知》
	《六盘水市人力资源和社会保障局关于服务保障"三变"和"供给侧"结构性改革工作方案》的通知
市场监管局	《六盘水市市场监管系统2017年"三变"改革重点工作安排》的通知
	《市市场监管局关于开展深化"三变"改革市场主体监管服务调研工作的通知》
政法检察机关	《关于全市政法机关服务保障"三变"改革的实施意见》
	《六盘水市中级人民法院关于成立服务保障"三变"改革工作领导小组的通知》
	《关于成立六盘水"三变"改革"百人法律服务团"的通知》
	关于印发《六盘水市中级人民法院关于充分发挥审判职能 服务保障"三变"改革的实施意见》的通知
	印发《关于支持检察机关开展民生资金保护和服务保障"三变"改革的意见》的通知

资料来源：笔者根据赴贵州省六盘水市调研资料整理编制，具体资料提供单位为六盘水市委"三变"改革办公室。

　　综上所述，2014～2022 年六盘水市先后通过 10 个省级文件、59 个市级文件，从建立"自上而下"垂直领导体系；明确农村"三变"改革办法措施；搭建平台支持多主体参与；建立农村"三变"改革管理机制；构建多部门协同保障机制五个方面发力，对农村"三变"改革落地实践做出了全方位、多层次的安排部署。

5.4　六盘水市农村"三变"改革实践的阶段性效果

　　通过梳理已有文献资料及实地调查访谈发现，自提出试点探索到 2014 年在六盘水市全面推开，农村"三变"改革因其在减少贫困、推动产业发展等方面取得的成效而引起社会各界关注（王永平和周丕东，2018；于福波和张应良，2019）。本部分将根据实地调查资料，从农村资源盘活、特色农业产业发展、增加集体经济积累、农民收入增长、改革示范效应形成五个方面分析六盘水市在推进农村"三变"改革过程中取得的效果。①

　　从农村资源盘活效应来看，截至 2020 年底农村"三变"改革已覆盖六盘水市 65 个乡镇、31 个社区（街道）、881 个行政村、29 个省级农业园区；全市入股集体土地 41.67 万亩、集体建设用地 1.25 万亩、集体林地 14.85 万亩、集体草地 2.66 万亩、房屋 8.66 万平方米、水域水面 4244.69 万平方米。农户入股资源主要为承包地，共计 199.79 万亩、占总面积的 43.71%。全市整合 120.3 亿元资金参与农村"三变"改革（含财政、经营主体、村集体、农户自有和金融资金）。各类资金投入具体数额为：财政资金 14.62 亿元，经营主体资金 67.99 亿元（政府投融资公司 36.44 亿元、民营企业 13.27 亿元、合作社 14.81 亿元、家庭农场 3.47 亿元）、村集体自有资金 1.35 亿元、农户自有资金 6.05 亿元、特惠贷等金融资金 30.29 亿元。

　　从特色农业产业发展效应来看，农村"三变"改革实施期间，六盘水

---

　　① 笔者根据调研资料整理总结，数据由六盘水市委农村"三变"改革办公室提供。

市共发展农业特色产业 397.4 万亩，具体为刺梨 120.48 万亩、茶叶 31.55 万亩、猕猴桃 20.08 万亩，特色经果 49.89 万亩、核桃 83.77 万亩、商品蔬菜 20.08 万亩、中药材 18.39 万亩，马铃薯 15.09 万亩，其他 38.07 万亩。全市粮经比率调整为 29∶71，在猕猴桃、刺梨、茶叶等产品生产过程中，逐步搭建起种养、加工、冷链、物流等完整产业链，实现一二三产业融合发展。

从增加集体经济积累效应来看，六盘水市 868 个行政村村级集体经济积累达 4.14 亿元，其中 0 万~5 万元 31 个，5 万~10 万元 57 个，10 万~100 万元 634 个，100 万~500 万元 138 个，500 万~1000 万元 8 个。全市村集体经营性收入达 6609.48 万元。其中产业发展收益 3717.41 万元、资产经营收益 942.85 万元、资源开发收益 1093.4 万元、服务创收收益 429.3 万元、工矿辐射收益 340.98 万元、异地置业收益 85.54 万元。

从农村居民收入增长效应来看，农村"三变"改革实施期间六盘水市共有 55.46 万户农民入股变为股东，入股受益农民 184.31 万人。农村"三变"改革实现了三重收益。具体表现为：租金收入 33974.27 万元、户均 1127 万元；股权分红 7335.95 万元，户均 584 元；务工收入 13112.93 万元，户均 2073 元。其中贫困户租金收入 4890.47 万元、户均 1808 元；股权分红 2462.04 万元、户均 1944 元；务工收入 2741.39 万元，户均 2240 元。

从农村改革示范效应来看，贵州省委、省政府出台农村"三变"改革试点方案，改革从全省 21 个试点县向 88 个县全面推开。连续三次被写入中央一号文件，2018 年 5 月写入中共中央、国务院印发的《关于打赢脱贫攻坚战三年行动的指导意见》。2018 年 9 月 26 日写入中共中央、国务院印发的《乡村振兴战略规划（2018－2022 年）》。安徽、甘肃、陕西等省市积极学习效仿开展农村"三变"改革实践试点。

除上述五个方面效应外，相关统计数据显示截至 2020 年底，六盘水市共有 36.46 万农户签订了入股合同书，合同签订率 65.74%；颁发股权证的农户达 31.42 万户，颁发率 56.65%；发放分红单农户达 32.28 万户，发放率 59.20%。全市农村产权交易宗数 6451 宗、交易金额 24.31 亿元。全市农业总产值从 2013 年的 93.81 亿元提高到 2019 年的 260.49 亿元；林业产值从 2014 年的 26.25 亿元增加到 380 亿元；森林覆盖率从 44.10% 提高到 61%；石漠化面积从 23% 下降到 15%；全市三产结构比从 2013 年的 6.6：57.1：36.3 调整为 12.2：46.1：41.7。截至 2019 年底，先后共有中央和国家机关、其他省市县党政机关及专家学者等 1130 批次 23585 人次到六盘水市实地调研考察农村"三变"改革实践。

5.5　本章小结

　　本章是全书基础性章节，主要聚焦回答全书提出的第二个研究问题，旨在明确农村"三变"改革发源地六盘水市改革体制机制建设现状及效果如何。首先，在介绍六盘水市基本情况的基础上，依次介绍了农村"三变"改革组织部署、一般性操作步骤、承接经营主体、典型组织模式四个方面的具体实践情况。其次，基于丰富的实地调查资料从资源资产确权登记、资源资产折股量化、经营服务主体嵌入产业经营三个方面阐述了六盘水市农村"三变"改革实践的关键环节，运用实地调查资料回应了理论分析部分关于产权界定和产权实施的运行机制框架。再次，从建立"自上而下"领导体系、明确农村"三变"改革办法措施、搭建平台支持多主体参与、建立农村"三变"配套管理机制、构建多部门协同保障机制五方面详细阐述了当前六盘水市为推进"三变"改革实践的保障措施。最后，基于实地调查数据和相关统计数据分析了六盘水市农村"三变"改革实践的阶段性特征及效果。综合来讲，本章分析有助于读者了解农村"三变"改革发源地推进改革的基本情况，明确"确权、赋权、易权、活权"具体过程及实践效果，为后续章节相关分析奠定基础。

第**6**章

农户参与农村"三变"改革的行为及增收微观视角分析

本章聚焦研究并回答本书第三个核心问题:农村"三变"改革相关主体对改革的认知及评价如何、农户参与改革的影响因素及增收效应如何?由上述章节分析可知,当前六盘水市正在挖掘自身资源禀赋优势,重点发展猕猴桃、茶叶、核桃、蔬菜、油茶、刺梨、中药材、草食畜牧业等特色农业产业。实地调查了解到,六盘水市在上述产业发展过程中均是通过农村"三变"改革制度设计,以"确权、赋权、易权、活权"方式重组可利用的碎片化资源、创新经营模式、促进产业升级改造,通过提供满足市场需求的优质农产品而获得经济收益,以促进地方经济发展。鉴于此,本章将选择其中一个具有代表性的区域特色农业产业—猕猴桃产业,首先系统剖析产业发展历程、农村"三变"改革与产业发展关系、农村"三变"改革参与主体利益分配制度设计;其次基于半结构式访谈方法获取的丰富研究资料,分析区县—乡镇—经营主体—村社—农户参与主体对农村"三变"改革在区域优势产业发展过程中发挥作用的认识及评价;最后,基于分层随机抽样调查获取的511份农户问卷调查数据,运用倾向得分匹配方法(PSM)分析农户参与农村"三变"改革的行为及增收效果。根据研究设计,本章分析旨在验证本书研究假设1:农村"三变"改革对增加农户收入具有促进作用。

6.1　农村"三变"改革与猕猴桃产业发展

6.1.1　特色农业产业规划

1. 特色农业产业发展战略提出

从六盘水市相关统计数据可以看出，2010 年之前相当长一段时间六盘水市农业产业产值相对较低。由于六盘水市为典型的喀斯特地貌，山高坡陡、耕地破碎、生态脆弱，全市山地和丘陵面积占 97%，平均海拔介于1400～1900 米，457.05 万亩耕地中 25 度以上坡度地占 47%，石漠化面积占 32%，土地"高少碎瘦"。长期以来农业发展基础薄弱，农户主要从事玉米、土豆等传统农作物生产经营。农业生产经营呈现碎片化、粗放化、低效化特征，在落后粗放的农业生产经营模式下，农户收入水平较低、增收压力突出。当单纯依靠农业经营收入无法满足家庭开销时，大量劳动力外出务工，形成较多"空壳村"。统计数据显示，2013 年六盘水市1017 个行政村"空壳村"数量为 548 个，"空壳村"占比高达 53.80%（姜长云和芦千文，2018）。2010 年以来，六盘水市立足自身资源禀赋条件提出发展特色现代农业的结构调整战略。进一步，2014 年六盘水市为深入推进农业农村现代化进程，加大产业调整的步伐，尝试探索生产技术先进、从事适度规模经营、形成较强市场竞争力、实现生态可持续发展的农业产业发展道路。这种情况下，全市提出特色农业产业发展战略规划及实施意见。意见围绕"把生态做成产业、把产业做成生态"的主线，按照"政府统一领导、政策全面扶持、部门精心指导、县乡权力实施"的工作机制发展农业产业，促进农业产业结构调整与规模扩展、提质增效。

2. 特色农业产业发展总体目标

根据《中共六盘水市委六盘水市人民政府关于农业特色产业发展"3155 工程"实施意见》，六盘水市农业特色产业发展的总体目标立足于利用喀斯特山区独特的农业资源禀赋，通过坚持因地制宜、科学谋划、坚持可持续发展的思路，重点布局发展猕猴桃、茶叶、核桃等特色产业。与此同时在明确产业发展总体目标的基础上，分解形成了各个年度目标规划。进一步，六盘水市在提出特色产业发展战略规划的同时，重视解决区域特色产业发展的产业链延伸问题，投入资源、资产筹建各类产业发展支撑平台，逐步搭建起匹配区域农旅特色产业发展的生产、加工、销售全过程支撑企业与综合服务平台，在缩短区域特色农旅产品与市场距离，打通劳动力、资金、信息、技术等资源要素城乡双向流通渠道等方面持续发力。具体来看，在生产端通过农村"三变"改革制度设计整合产业发展可利用的各类资源要素；在中间环节支持并鼓励政府平台公司和民营企业围绕优势产业筹建配套企业为特色农旅产品提供分级、包装、加工、储藏等服务，以增加特色农旅产品市场价值；同时支持政府平台公司和民营企业在销售端投资，组建专门的销售公司在创品牌、拓市场等方面提供专业化服务。综上所述，六盘水市积极推动"生产端—中间环节—销售端"全产业链组合协作，在增加产品价值的同时缩短农旅产品与市场距离，助力特色农旅产品价值实现（见图6–1）。

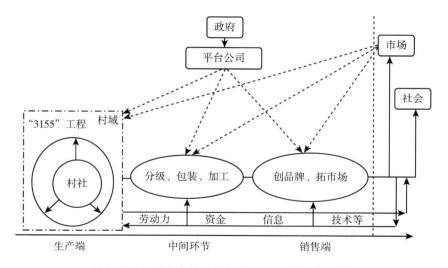

图6–1　六盘水市农业特色产业全产业链配套图解

资料来源：笔者根据赴贵州省六盘水市调研资料整理绘制。

6.1.2　农村"三变"与猕猴桃产业

由六盘水市农业特色产业发展总体目标及相关规划可以看出，猕猴桃产业为全市重点发展的农业特色产业。进一步，通过实地调研了解到，六盘水市猕猴桃产业重点布局在水城，以水城区国家现代农业产业园为依托打造百里猕猴桃产业带。鉴于此，本部分以水城猕猴桃产业发展为例，分析农村"三变"改革在特色产业发展过程中发挥的作用及效应。

六盘水市水城区猕猴桃产业发展时间较早，最初追溯到 2000 年水城区猴场乡借助民政局项目从四川引进种植了 300 亩猕猴桃，让当地老百姓种植，种植成功后该项目转为猴场乡村集体资产。随后政府鼓励带动当地老百姓零星种植猕猴桃，但是经过 10 年时间的发展，猕猴桃种植仍未形成规模。进一步，因为农户零星种植的猕猴桃未能形成规模，所以产业相关配套措施也未能跟进。即经过 10 年时间的发展，水城区猕猴桃产业仍处于初级阶段，对区域经济发展和农户增收带动非常有限。但是，六盘水市"河谷热、坝区暖、山区凉、高山寒"的气候环境、"低纬度、高海拔、寡日照、昼夜温差大"的地理环境和土壤有机质含量高的耕地条件均有利于猕猴桃产业发展。[①] 2012 年开始六盘水市逐步重视因地制宜发展特色产业。与此同时，受到国家产业政策转型的影响，六盘水市一大批从事煤炭、房地产等产业的企业面临转型。这种情况下，如何有效整合各类资源投入产业发展成为急需解决的现实问题。整合各类资源发展猕猴桃产业需要同时考虑几个问题：一是土地等要素资源分散在村集体和农户手中，应该如何调动村集体和农户参与产业发展？二是如何调动企业家掌握的社会资源（资本）投入产业发展？三是政府项目资金如何支撑产业发展，资金收益如何分配？四是其他资源要如何整合投入产业？

面对产业发展难题，水城区米箩镇在实践中逐步探索以农村"三变"

---

① 相关部门检测数据显示，六盘水市土壤有机质含量大于3%的面积占总面积的81.18%。据中国科学院武汉植物园调查，六盘水市有野生猕猴桃品种14个，资源排全国第二；2014年中国野生植物保护协会授予六盘水市"中国野生猕猴桃之乡"称号。

改革方式整合资源。通过实地调研了解到，"资源变资产"是将村集体公共的耕地、水域、基础设施等资源和农户承包所有的耕地资源等通过"确权—赋权—易权—活权"方式向从事猕猴桃生产的经营主体集中；"资金变股金"是引导国有平台公司融资资金、政府项目资金、民营企业资金、农户自有资金以占股分成的形式投入产业发展中；"农民变股东"是指农户以村集体和自有资源、资金等要素投入产业发展过程而占有一定股份并分享产业发展收益。通过农村"三变"改革制度激励，2015 年以来水城区猕猴桃种植面积迅速扩大，截至 2020 年全区猕猴桃产业增加至 11.2 万亩，其中政府平台公司自建基地种植 3.5 万亩；政府平台公司和民营企业合作共建基地 3 万亩；民营企业自种 2.3 万亩；规模农户和普通农户自种 2.4 万亩。当前水城区猕猴桃产业共凝聚了 1 家政府平台公司，50 余家民营企业，30 多家各类新型经营主体和若干不同规模的农户参与。当前各类经营主体之间的农村"三变"改革合作模式主要包括如下三种。

1. "平台公司 + 基地 + 农户"的运行模式

这种模式下，农户以土地入股，并优先在基地务工，政府平台公司负责生产经营，在基地未见效前（前 5 年），公司按照每亩旱地（稻田）每年 350 元（400 元）的标准支付给农户保底收入，基地见效后（第 6 年开始）按照农户占股 30%，公司占股 70% 的股比设置。2014 年（含）之前，水城区猕猴桃产业基地建设除农户自主种植外，股比基本参照该模式设置（其中保底收入根据各乡镇土地产出价值不同，每亩每年 300 ~ 600 元不等）。截至 2021 年底，该模式覆盖经营主体 33 家，面积 3.14 万亩，入股农户 11303 户。

2. "平台公司 + 村集体 + 实施主体(农户、大户、企业)"的运行模式

这种模式下，平台公司按照每亩 3000 元（主要为苗木、钢丝、杆子等物资）标准投资，占股 9%；村集体负责组织动员、物资收发等，占股 1%；实施主体（农户、大户、企业）负责生产经营，占股 90%。截至 2021 年底，该模式实施面积 2.3 万亩，覆盖农户 6480 户。

3. "平台公司 + 村级合作社 + 实施主体"的运行模式

这种模式下，平台公司负责建园物资（水泥柱、苗木、钢丝）3000 元/亩、前三年按 1000 元/年亩的管护费和 500 元/年亩土地预分红进行投资，村级合作社负责土地落实、物资收发等；农户以土地入股；实施主体（可为平台公司、村级合作社、农户或其他企业）负责生产经营；平台公司占股 30%，村级合作社占股 10%，农户占股 30%，实施主体占股 30%。截至 2021 年底，该模式实施面积 5.3 万亩，覆盖农户 13512 户。

6.1.3   农村"三变"主体利益分配

由上述部分分析可知，各种合作模式的占股及分红均建立在产业盈利的基础上，各主体按照所占收益的股比份额分享收益。但是在实际运行过程中，猕猴桃产业的投资见效时间周期较长，农户主体和各类从事实际经营管理的主体不能等到产业见效，再分享产业经营收益。在实际调研过程中了解到，产业发展过程中政府平台公司与农户之间的利益分成变成了保底分红 + 收益分红。具体农户与经营主体签订了 30 年的入股合同，规定第一个 5 年为产业投入期，按照每年每亩 600 元享受固定分红；第二个 5 年进入猕猴桃产业盛果期，在 600 元固定分红的基础上上浮一定比例，按照每年每亩 1300 元获得分红；第三个 5 年猕猴桃产业发展趋于稳定，在前述 5 年的基础上继续增加分红比例，按照每年每亩 2000 元获得分红；第四个 5 年继续增加分红比例，按照每年每亩 2500 元获得分红[①]。另外负责猕猴桃日常管护的民营企业和经营主体也基本没有条件得到产业收益稳定时再获取股份份额约定的利润，鉴于此这部分主体特征，在实际过程中采用经营管护费现付的方式分配收益。特别说明，为了有效解决生产经营过程中不同利益主体之间的委托代理问题，政府平台公司制定了严格的产业管护过程逐月验收制度，通过明确猕猴桃逐月生产工序，采用随机抽点检查的

---

① 需要特别说明，其他地区第一个 5 年固定分红不完全为 600 元，通过实际调研了解到，不同区域第一个 5 年的固定分红在 400～600 元，后续 5 年的分红数额大体与傈么村相关规定一致。

方式进行质量管控。①

　　综上所述,包括政府平台公司在内的经营主体在扣除上述两部分支出的基础上享受猕猴桃产业的剩余收益。调研了解到,除了建园期的固定投资外,据测算猕猴桃产业进入盛产期后,每亩投入成本合计为 6400 元(含农户分红 1300 元、人工成本 1500 元、农药/肥料/其他物资投入 3500 元、其他管理费 100 元);每亩收入为 20000 元(亩均产量为 2000 斤,单价平均为 10 元/斤②,其中精品果占 70%,加工果占 30%)。需要特别注意,这部分成本收益的测算中农户分红是每 5 年发生变动的,另外收益部分需考虑建园期的固定投资折价。

6.2　猕猴桃产业主体对农村"三变"认识与评价

　　通过实地调研了解到,2013~2022 年,水城区布局的猕猴桃产业已逐步建成"百里猕猴桃产业带",全区猕猴桃种植面积由 2015 年的 45700 亩增加到 2020 年的 11.2 万亩,猕猴桃基地面积在 5 年内增加了 2.45 倍。与此同时,水城区逐步建立了"生产端—中间环节—销售端"互相衔接的全产业链链条。具体来看,目前生产端包括政府平台公司投建基地、民营企业自建基地、专业大户自建基地和普通农户自建果园四种生产模式;中间环节包括的分级、包装、加工、储藏等服务由政府平台公司"凉都弥你红"公司③和"初好"公司④

---

① 平台公司将每个月猕猴桃产业所需的工序进行整理并制表,将猕猴桃基地划成若干个片区,每个片区由专门管理人员负责管理,进一步每个片区内又选出 10 个抽样点,每月由管理人员随机确定抽样点并实地检查具体管护情况,以尽可能控制基地猕猴桃管护水平。作者在实地调研访谈过程中获取了六盘水市水城区宏兴绿色农业投资有限公司提供的猕猴桃产业具体逐月工序检查打分表,每月一张表格,共计 12 张,如果读者对该部分资料感兴趣,可以直接联系作者索要。

② 单价平均 10 元/斤为出园价,按照往年市场情况来看,水城区猕猴桃的市场均价为 24 元/斤(精品果和加工产品平均)。调研了解到,当前水城区猕猴桃以"红阳"品种为主,稳步推广"东红"品种,逐步示范推广"翠玉""软枣""毛花"等适用于高海拔区域种植的优良品种,全区猕猴桃产业品种立体布局的目的在于改善全区猕猴桃种植品种单一、种植区域局限和深加工原材料不足等问题。按照规划,在海拔 900~1400 米的区域种植"红阳"品种,在海拔 1400~1600 米区域,以"东红"为主,适当配以"翠玉""软枣"系列或"毛花"系列品种。

③ 全称为贵州凉都"弥你红"产业发展有限公司。

④ 全称为贵州初好农业科技开发有限公司。

负责提供；猕猴桃鲜果及加工产品的销售服务主要由政府平台公司"凉都弥你红"提供。目前"弥你红"公司逐步整合资源，形成包括"生产统一、加工统一、品牌统一、包装统一、销售统一"在内的"六统一"模式，以保障猕猴桃品质。进一步了解到，为减少不必要的浪费且尽可能消除同业竞争，提升全市猕猴桃市场认可度（保障品牌统一性），六盘水市逐步整合猕猴桃产业链，即由政府平台公司承担全市猕猴桃产业的中间环节和销售环节相关服务功能（见图6-2）。

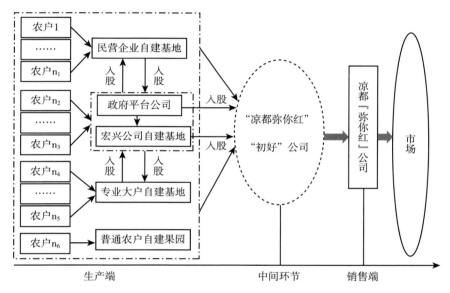

图6-2　水城区猕猴桃全产业链链条搭建情况图示
资料来源：笔者根据赴贵州省六盘水市水城区调研资料整理绘制。

根据笔者对六盘水市相关产业的调研发现，目前全市刺梨、茶叶、核桃等农业产业的农村"三变"改革模式及全产业链配套建设思路与猕猴桃产业基本一致。即以市场需求为导向，在考察当地资源禀赋特征的基础上，通过培育或引进有较强实力的经营主体，通过农村"三变"改革制度设计组织整合分散的土地、资金、劳动力等资源要素，进一步借助建园区、创品牌等多种手段，迅速做大、做强区域优势产业。鉴于此，本部分将以猕猴桃产业农村"三变"改革实践为代表，通过半结构式访谈形式，分析区县—乡镇—经营主体—村社—农户参与主体对农村"三变"改革在猕猴桃产业发展过程中发挥作用的认识与评价。

6.2.1　区县政府认识与评价

六盘水市水城区政府距离六盘水市政府 14 千米，水城区总面积 3054.92 平方千米，常住人口 74.64 万人。截至 2021 年，水城区下辖 9 个街道、11 个镇、10 个乡。2020 年，水城区地区生产总值 325.07 亿元，增长 3.7%。第一产业增加值 48.77 亿元，增长 6.2%。第二产业增加值 179.17 亿元，增长 3%。第三产业增加值 97.13 亿元，增长 4.3%。通过实地调查了解到，当前水城区下辖的猴场乡、米箩镇、蟠龙镇、阿戛镇、鸡场镇等 14 个乡镇均分布猕猴桃产业。对水城区相关负责人访谈资料整理如下：

问：您觉得农村"三变"改革在水城区猕猴桃产业发展过程中是否发挥了作用，具体起到怎样的作用，体现在哪些方面？

答：这个地方以前老百姓都是种植玉米和洋芋，后来种植猕猴桃了，需要强调连片种植。但是当时土地都是一家一户、不成规模。有些农户不愿意把土地出租连片怎么办，很多农户说我宁愿种玉米也不愿意把土地流转给种植猕猴桃的经营主体。农户比较担忧的问题是，自己只会种玉米，如果把土地流转给经营主体，他们依靠什么生活？后来大家想明白了，可以把土地入股呀，按照固定租金 + 收益分红的方式鼓励农户流转土地。这样做的效果还是很显著的，农户算一算成本收益①，集中连片流转土地的积极性就提高了。除此之外，国家拨下来的项目资金，也不可能无缘无故给企业，这种时候就要规定清楚这个资金的权利是谁的，按照"资金变股金"的形式，量化为村集体和农户的资金，再投入产业占股并分享发展收益（编码：20210401WZF）。

---

① 调研了解到：种植玉米毛收入为 800 元/亩（按照 1.2 元/斤的单价，其中投入成本为：挖地 150 元/亩，种子 60 元/亩，肥料 160 元/亩，人工 6 个工/亩，含下种、除草、收麦、晒装等环节，按照每天 80 元的工价计算，合计每亩地投入 850 元）。按照"农民变股东"的形式入股之后，一般规定是在获得收益前 5 年每年支付 500 元，随后随着产业获得收益，土地分红在产业周期内每 5 年上涨 5%。同时农村劳动力得到解放，可以在农业产业基地务工，也可以外出务工。

上述实地访谈调研资料，有力印证了本书理论分析相关内容。产业发展的前提是包括资金、劳动力、土地等在内的资源要素集聚，而资源要素集聚的前提是要素所有者达到其期望收益值的边界条件。例如，相比与一般按照固定土地租金流转土地的方式集中流转土地，在这里流转土地比较困难，那是因为这种要素激励方式未能达到激励土地要素参与的边界条件 $\beta_r[Y(0)-wN(0)] \geqslant rL(0)$。相比而言，以固定租金＋收益分红的模式，有助于达到要素所有者的期望收益值，进一步削弱了要素所有者的"行为障碍"，调动其参与产业发展的积极性。

6.2.2　乡镇政府认识及评价

六盘水市水城区米箩镇距离水城区政府 42 千米，全镇面积 137 平方千米，下辖 5 个村、106 个村民小组、1 个社区，总人口为 3.38 万人，全镇海拔介于 910～2260 米，落差大，自西向东有一条巴朗河。截至 2020 年全镇种植猕猴桃 23500 亩，共有 2 家国有平台公司、3 家民营企业（以前从事房地产和煤矿）和若干农户（其中 20 亩以上 30 多户、10～20 亩 50 多户，0～10 亩不计）从事猕猴桃产业种植。对米箩镇相关负责人访谈资料整理如下：

问： 您觉得农村"三变"改革在米箩镇猕猴桃产业发展过程中是否发挥了作用，具体起到怎样的作用，体现在哪些方面？

答： 2012 年米箩镇开始流转土地，以规模连片方式种植猕猴桃。开始的时候农户对以固定土地租金流转土地给经营主体的方式不认可。一些思想觉悟比较高的农户指出，以固定租金将土地流转给公司，基本就是把土地经营的收益全部流转了，自己和产业发展没什么关系，有很大的怨言、也不乐意流转。之后在鼓励农户流转土地的过程中，逐步探索让农户以入股的方式流转土地，即采用"保底分红＋收益分红"的方式让流转土地的农户也能分享产业发展的收益。这种"农民变股东"的方式调动了当地农户的积极性，2014 年开始全镇猕猴桃种植规模不断扩大。

米箩镇基本是通过农村"三变"方式把农户手里分散的土地逐渐积聚起来发展猕猴桃产业的。资金部分主要是政府平台公司、民营企业和其他规模主体通过入股的方式将整合起来的资金投入产业，具体数据要咨询公司；最后"资源变资产"可以理解为村集体和农户流转土地，就是将土地资源折股量化，变成能够获得收益的资产。因为这边（米箩镇）村集体预留耕地资源（机动地）情况较少，猕猴桃产业发展过程中"资源变资产"基本就是指农户以承包地入股，另外还包括村集体通过组织土地流转获得一定管理费（编码：20210401LCY），米箩镇猕猴桃产业规模统计结果如图6-3所示。

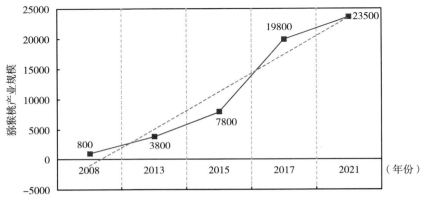

图6-3 米箩镇猕猴桃产业规模逐年统计数据[①]
资料来源：根据调研资料绘制，数据由米箩镇政府相关负责人提供。

上述实地访谈调研资料，提供了制度创新带来的要素激励机制改变产生的影响，通过农村"三变"制度设计，普通农户和经营主体之间形成了有效的利益联结机制，构建起激励相容机制，调动了要素主体参与产业的积极性。同时这部分还展示了资金要素资源的投入方式及主体，以及村集体经济组织要素参与形态及收益获取方式。

6.2.3 平台公司认识及评价

六盘水市水城区宏兴绿色农业投资有限公司成立于2014年12月12日，注册资金30147.72万元，是六盘水市水城区人民政府批准成立的国有

---

① 实地调研了解到，目前六盘水市水城区合计种植猕猴桃11.22万亩，其中米箩镇种植2.35万亩，占全区猕猴桃种植面积的21%，是水城区猕猴桃种植规模较大的乡镇。

公司。截至目前，宏兴公司在水城区自建猕猴桃基地 3.5 万亩，参股基地 3 万亩。该企业是为全区特色农业产业发展而筹建的政府平台公司，目前已收集 12086 份土地入股合同，签订土地合同面积 41351.47 亩，涉及农户 12086 户 44559 人，其中贫困户 3109 户 11192 人。对企业产业相关负责人的访谈资料整理如下：

问：您觉得农村"三变"改革在水城区猕猴桃产业发展过程中是否发挥了作用，具体起到怎样的作用，体现在哪些方面？

答：如果不是通过农村"三变"改革这种方式有效、快速的组织起分散的土地要素，将很多资金打包到一起投入猕猴桃产业，这个产业发展的规模不可能像现在这样大、速度也一定不会很快。2015 年我们开始流转土地建基地的时候，跟单个农户商谈入股的事情比较容易，村集体也愿意帮忙协助，因为这个事情对他们来讲是好事，是有利的，他们也会算账。相比于那种直接以很低的没有浮动的固定租金签订一个很长期限的合同，农户更乐意以现在土地入股的方式和我们合作。当然，村集体也愿意组织农户进行土地集中连片流转，因为按照约定产业收益的 10% 将来要归村集体，村两委就有积极性。另外，我们在发展过程中也整合利用了一部分政府资金、金融资金和社会资金。例如，当时扶贫局 1.00628 亿元扶贫资金是以入股的方式进到公司被用于猕猴桃基地建设。当时（和扶贫局）约定在固定期限内资金由平台公司使用，公司按照（扶贫局）提供的村集体和建档立卡贫困户名单进行分红；另外当时还发动过一部分老百姓贷款，就是鼓励村集体以户为单位，由村级合作社组织符合条件的农户向金融机构贷款，贷到款之后这笔贷款归公司使用，由公司负责还本付息，当时这笔资金大概有 2.2 亿元，现在已经全部还清了；总体来看，老百姓以自己的资金投入企业进行产业发展的比较少。除此之外，我们也以占股的方式和一些民营企业合作，共同投资建设猕猴桃基地，目前大概有 3 万亩基地是宏兴和民营企业合作共建的，这部分资金也是以农村"三变"形式整合进产业的（编码：20210406GPZ）。

上述实地访谈调研资料，充分展示了农村"三变"改革具体实践中的确权和赋权，以及如何通过"易权和活权"方式嵌入经营服务主体并将各种产权权能用于市场交易并创造价值。换言之，在区域优势产业再造过程中通过农村“三变”改革的制度设计嵌入了产业经营和服务主体，提高了产业的营运能力，在此过程中包括对各种资源要素形成了满足其收益边界的激励机制，同时对收益的分配方案做出了明确，有利于行为主体明确其行为预期。综合来讲，这部分资料体现了产业再造过程中要素主体资源集聚激励和行为主体嵌入经营和服务以提高营运能力的具体实践过程。

6.2.4 村级组织认识及评价

六盘水市水城区米箩镇倮么村全村共有1519户、6442口人，全村共有耕地面积7000亩（可有效灌溉的耕地面积占比为80%，平地面积占比为50%，坡度25%以上耕地占比为10%），耕地经营形式为农户家庭承包经营，村集体未预留机动地，人均分配耕地2亩，户均经营耕地35块，耕地碎片化特征较为明显；全村共有山地面积6000亩，山地权属归村集体所有，未分山到户。倮么村从2007年开始就有农户种植猕猴桃，猕猴桃要4~5年才能到丰产期，开始种植时基本是农户小规模种植（含1家民营企业）。2015年开始各类经营主体开始流转土地大规模种植猕猴桃。对倮么村相关负责人的访谈资料整理如下：

问：您觉得农村“三变”改革在倮么村猕猴桃产业发展过程中是否发挥了作用，具体起到了怎样的作用，体现在哪些方面？

答：没提出农村“三变”改革前，村集体根本没法动员农户；改革之前，村集体很被动，根本不敢开口问企业要工作经费啥的。现在不一样了，农户比较乐意签合同流转土地。按照合同规定等到产业获得收益之后村集体享有10%的股份分红，这部分钱村集体可以合法合理地使用，能够做很多事情，比如给老年人买保险、投入村集体垃圾清运等公共项目。最核心的是，这个地方土地固定分红是600元/亩，5年之后600元以上部分就是收益分红。现在劳动力解放出来，农户土地入股后每个月可以增加1000~2000元的务工收益。农村“三变”改革提出之后，农户有了股份，村集体协调工作的时候就更容易了，土地流转的纠纷比以前少了很多；另外村集体资源也可以入股，有资格和企业谈条件了（编码：20210401WSJ）。

根据对俣么村相关负责人的访谈,笔者绘制了俣么村的农村"三变"改革股份合作运行结构图,如图 6 - 4 所示。

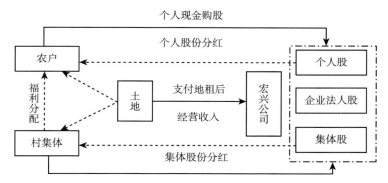

图 6 - 4　水城区米箩镇俣么村的农村"三变"改革股份合作运行结构
资料来源:笔者自绘。

上述实地访谈调研资料,展示了农村"三变"改革实践具体到村集体经济组织层面的影响。由上述分析能够看出,这种影响主要包括两个层面。一是对农户行为的影响,农户能够对这种制度激励做出合适的反应;二是村级集体经济组织在实践中改变了被动的地位,同时按照一定比例提留产业发展收益作为村集体公共积累的制度设计能够改变村集体经济结构,为提升村级治理能力和公共服务供给能力提供了基础。

6.2.5　普通农户认识及评价

在对俣么村相关负责人访谈的基础上,笔者对俣么村及周边农户进行了随机访谈,具体访谈资料整理如下:

问:您听说过农村"三变"改革吗?如果听说过,您能说一说农村"三变"改革的具体内涵吗?您家土地入股情况是怎样的,农村"三变"改革前后你家收入来源有哪些变化?

农户 A:农村"三变"改革是"资源变资产、资金变股金、农民变股东"嘛,就是让我们把土地入股到企业去,集中起来交给有资金、有能力的人,让他们去种植猕猴桃,这种(种植方式)挺好的。我们家总共有

13 亩土地，只有 4 亩是入股到宏兴公司种植猕猴桃了，其他的地也想入股，但是因为坡度太大，达不到入股土地的要求，所以没能入股。现在入股的土地每年获得每亩 600 元分红，到 2022 年就是 1300 元分红，这部分钱每年都能按时收到。家里其他不能流转的土地就是种烤烟，烤烟比较费（劳）力，基本也没有出去打工的条件。如果未来公司愿意流转土地的话，我愿意把家里的其他 9 亩土地入股流转出去，这个每年的收益比自己种地强，再说流转了土地之后，我还可以去外面打工啥的（编码：20210402CW）。

农户 B：农村"三变"改革就是让农户以入股的方式流转土地集中种植猕猴桃吧？我们家有 10 亩地流转给了公司，其他部分自己种植，去年我家 73 棵树（猕猴桃），卖了差不多 1 万多块钱。土地流转之前（我家）主要种植玉米，其实算下来入股承包比自己种划算多了。开始的时候农户不了解农村"三变"的政策，都不太愿意流转，后来大家了解了后，很多人都愿意流转。现在我们家剩下的土地由一个人管（理）就够了，我平常到外面跑车，每个月也能挣三五千块钱（编码：20210403CSJ）。

农户 C：农村"三变"改革就是土地入股嘛，集中流转给企业，让他们负责种植，每年给我们支付固定分红，现在是一年 600 元/亩，按照合同到了 2022 年就涨成 1300 元/亩了，以后再过 5 年涨一次。我们家的 9 亩地都流转出去了，现在的收入来源除了每年的土地款，其他的就是在园区打零工，现在一天的工价也就 70 块钱，一般在基地找活比较容易，每个月一个人差不多有 2000~3000 元的务工收入（编码：20210403LCW）。

　　上述针对农户主体的随机访谈资料，一方面提供了农村"三变"改革对农户行为激励、调动要素主体要素集聚、投资发展现代农业产业的生动案例；另一方面展示了制度创新带来的小农户资源配置策略调整。上述案例中小农户无一例外将土地资源要素作为了一种重要的财产性收入来源。通过将土地要素入股，增加其财产性收入的同时，将劳动力要素从传统农作物经营的粗放式生产模式中置换出来，转而通过就近或外出务工形式变现为工资性收入。这部分资料也印证了本书的研究假设，佐证了农村"三变"改革制度创新对农户收入影响的效应及内在机制和路径。

6.3　农户参与农村"三变"改革的行为及增收效果

根据本书章节设计，本章侧重基于微观调查数据资料验证本书在理论分析部分提出的核心研究假设 1。上述部分以六盘水市猕猴桃产业农村"三变"改革实践为代表，运用半结构式访谈方法重点分析了"区（县）—镇—村—户"四级相关主体对农村"三变"改革在猕猴桃产业发展过程中发挥作用的认识与评价。本部分将基于随机分层抽样方法获取的水城区511 份农户问卷调查数据资料，分析农户以农村"三变"方式参与区域优势产业行为及增收效果。

6.3.1　数据来源与样本情况

1. 数据来源

由上述章节分析可知，农村"三变"改革最早源于贵州省六盘水市在农业产业发展过程中的基层实践探索。通过对六盘水市农业产业发展情况的系统调查发现，当前全市特色农业产业发展模式具有高度相似性，即发展前期均通过"资源变资产、资金变股金、农民变股东"的方式整合特色产业发展可利用的土地、资金、劳动力等资源要素投入，发展过程中不断完善社会化服务体系并积极筹建服务全产业、支撑其可持续发展的产业链。通过实地调查发现，当前六盘水市已建成完备产业链条的特色农业产业包括猕猴桃、茶叶、刺梨产业。相对而言，猕猴桃产业发展时间相对更久，已逐步取得经济效益和社会效益，是当前时间节点下比较有代表性、具有解剖价值的农业产业。鉴于此，笔者在研究过程中选取六盘水市猕猴桃产业发展核心地区水城区，并展开了大规模的农户问卷调查。

本书使用的数据基于 2022 年 1 月笔者对六盘水市水城区 9 个乡镇，24个村庄 511 户农户展开的"一对一"问卷调查（其中包括入股农户问卷

330 份，非入股农户问卷 181 份）。全面科学的抽样方案设计是获取具有代表性调查数据的基础保障。通过实地调研了解到，截至 2021 年 12 月六盘水市水城区共有 21 个乡镇，不含街道办。根据各乡镇经济发展情况和猕猴桃种植面积双重指标排序，按照高、中、低水平，从 21 个乡镇中抽取 9 个乡镇作为农户样本抽样框，具体抽样情况见本书附录 2。

2. 样本农户特征及基本统计分析

此次农户调查包含了样本农户对农村"三变"改革认知及参与情况、户主基本情况、家庭基本情况、家庭生产经营情况、家庭收入支出情况、猕猴桃生产及经营基本情况。进一步为尽可能充分全面地体现样本整体情况，在同一村庄抽取的农户样本既包括对参与农村"三变"改革（土地、资金要素入股）农户的调查，也包括对未参与农村"三变"改革（土地、资金要素入股）农户的调查，并对两类主体的收入情况进行了系统对比分析。特别地，虽然六盘水市部分地区在 2013 年就开始探索实施农村"三变"改革，但是真正开始大面积推广改革实践在 2014 年。鉴于此，笔者在开展农户问卷调查时将 2013 年作为农村"三变"改革实施前的基准年，同时将 2021 年作为农村"三变"改革实施后的评价年。

表 6 - 1 分析了样本户主基本特征和家庭基本特征。由表 6 - 1 分析可知，未参与改革样本与参与改革样本在户主年龄、户主受教育程度、户主风险态度、家庭总人口数、家庭人均耕地面积、是否建档立卡贫困户、是否有亲朋在政府部门工作等方面差异较小。相较而言，两类样本在家庭人均耕地面积指标方面差异稍大，即参与改革的农户家庭人均耕地面积相对更高。换言之，数据描述性统计分析结果表明，在参与农村"三变"改革的选择方面，农户家庭承包的耕地面积越大，其以"农民变股东"方式参与改革的意愿越高。进一步，统计数据结果显示，48.92% 的受访者表示听说过农村"三变"改革，63.23% 的受访者以自有承包地入股区域特色产业，1.37% 的受访者以自有资金入股区域特色产业；与此同时，受访者所在村集体有 1.96% 以集体土地资源入股区域特色产业，受访者所在村集体有 0.98% 以集体积累资金入股区域特色产业。

表 6 − 1 **2013 年和 2021 年未参与改革和参与改革农户基本特征情况对比**

样本特征		单位及取值	未参与改革样本		参与改革样本	
			2013 年	2021 年	2013 年	2021 年
户主基本特征	户主年龄	单位：岁	48.58 (37.16)	56.58 (37.16)	46.94 (24.33)	54.94 (24.33)
	户主受教育程度	1 = 未受教育 2 = 小学 3 = 初中 4 = 高中/中专 5 = 大专及以上	2.41 (0.92)	2.41 (0.92)	2.36 (0.95)	2.36 (0.95)
	户主风险态度	1 = 喜欢冒险 2 = 有时冒险，有时求稳 3 = 比较保守	2.49 (0.70)	2.49 (0.70)	2.49 (0.68)	2.49 (0.68)
家庭基本特征	家庭总人口数	单位：人	4.47 (1.20)	4.85 (2.15)	4.45 (1.40)	4.91 (2.25)
	家庭人均耕地面积	单位：亩	1.94 (3.60)	2.05 (5.10)	2.33 (2.04)	2.30 (2.04)
	是否建档立卡贫困户	1 = 是；0 = 否	0.24 (0.43)	0.24 (0.43)	0.30 (0.46)	0.30 (0.46)
	是否有亲朋在政府部门工作	1 = 是；0 = 否	0.33 (0.47)	0.33 (0.47)	0.32 (0.47)	0.32 (0.47)
样本数			181		330	

资料来源：笔者根据 511 份农户调查问卷整理计算获得，括号内数值为标准差。

进一步，重点测算是否参与改革的农户家庭样本与未参与改革的农户家庭样本在家庭人均总收入、家庭人均经营性收入、家庭人均工资性收入、家庭人均财产性收入、家庭人均转移支付收入四项收入方面存在显著差异。具体描述性统计分析结果如表 6 − 2 所示。由表 6 − 2 可知参与改革样本与未参与改革样本在家庭人均纯收入方面综合差值为 3061.95 元。从分项收入差值来看，参与改革样本与未参与改革样本在家庭人均工资性收入差异最大，为 1780.42 元；家庭人均财产性收入差值次之，为 666.07 元。

表 6-2   2013 年和 2021 年未参与改革和参与改革农户各类收入情况对比表

样本	未参与改革样本			参与改革样本			综合差值
年份	2013	2021		2013	2021		
序号	(1)	(2)	(2)－(1)	(4)	(5)	(5)－(4)	[(5)－(4)]－[(2)－(1)]
家庭人均总收入（元）	12872.17 (57726.08)	20395.27 (30731.35)	7523.10	10247.13 (10006.93)	20832.18 (22104.12)	10585.05	3061.95
家庭人均经营性收入（元）	5821.42 (57757.29)	7795.21 (30371.61)	1973.79	1380.69 (2800.40)	3886.88 (15780.63)	2506.19	532.40
家庭人均工资性收入（元）	6821.94 (7749.89)	11826.31 (11520.57)	5004.37	8258.64 (9477.01)	15043.43 (13625.22)	6784.79	1780.42
家庭人均财产性收入（元）	45.60 (293.69)	253.41 (1438.80)	207.81	287.73 (686.27)	1161.61 (2494.32)	873.88	666.07
家庭人均转移支付收入（元）	183.46 (503.20)	520.33 (1333.55)	336.87	320.07 (1038.17)	740.26 (3576.71)	420.19	83.32
样本数	181			330			

资料来源：笔者根据 511 份农户调查问卷整理计算获得，括号内数值为标准差。其中家庭人均总收入、家庭人均经营性收入、家庭人均工资性收入、家庭人均财产性收入均是以对应收入直接除以家庭总人口数。

由上述分析可知，从 2013~2021 年未参与改革农户和参与改革农户在家庭人均总收入、人均经营性收入、人均工资性收入、人均财产性收入、人均转移支付收入方面均有不同程度的增长，其中参与改革农户样本在家庭人均工资性收入和家庭人均财产性收入方面的增长速度更快，与未参与改革农户样本相关收入差距增大（见图 6-5 和图 6-6）。这部分数据统计结果与全书理论分析结果具有一致性，即农村"三变"改革制度设计有利于激励要素主体参与行为，土地要素"保底租金＋收益分红"的制度设计在帮助农户提高财产性收入的同时，激励作为土地要素所有者的农户主体将土地入股投资进各类新型农业经营主体。土地等资源要素入股投资之后，家庭劳动力从日常的经营土地劳务活动中解放出来，转而寻找务工机会并获得与人力资本相匹配的工资性收入。

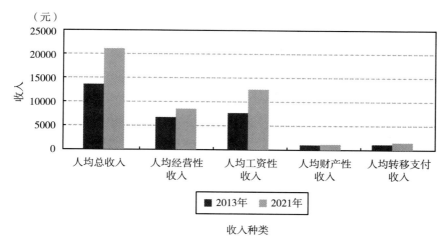

图 6 – 5　2013 年和 2021 年未参与改革农户样本各类收入情况对比

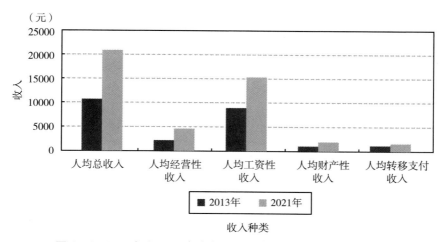

图 6 – 6　2013 年和 2021 年参与改革农户样本各类收入情况对比

6.3.2　实证方法与变量描述

1. 实证分析方法介绍

一般来讲，为测度以农村"三变"方式参与区域优势产业对农户收入的影响，应建立如下计量模型：

$$Y_i = \alpha + \delta D_i + \beta X_i + \varepsilon_i \qquad （6-1）$$

其中，i 表示不同农户个体；Y 表示农户收入水平；D 为样本农户是否以农村"三变"方式参与产业的虚拟变量，如果样本农户以农村"三变"方式参与产业则 $D=1$，否则 $D=0$；X 是其他解释变量；α 为常数项；ε 为随时干扰项。假定农户样本是被随机分配到参与组和非参与组中，那么可以直接采用最小二乘法（OLS）估计参数 δ 反映参与产业的增收效应。但是这里存在的问题是，事实上农户是否以农村"三变"方式参与产业并不是随机分配的结果，而是单个农户根据自身资源禀赋特征做出的有意识选择。这种情况下，如果不考虑参与选择时农户本身存在的自选择问题，而采用 OLS 方法估计参数结果，那么估计结果很可能是有偏的。换言之，前后两个过程的误差项相关，导致农户是否以农村"三变"方式参与产业的选择是内生的。倾向得分匹配方法（propensity score matching，PSM）是一种处理自选择问题的可行方法。当前 PSM 方法已被广泛运用于解决具有自选择问题的相关研究。例如：在农民参与新型农村合作医疗（Cheng，Liu，Zhang，Shen and Zeng，2015）、农民增收效应的影响评估（李云新等，2017；曾亿武等，2018）、农户加入合作社行为及影响（Mojo et al.，2017）等文献处理自选择问题方面。倾向得分匹配方法的优点在于，这种估计方法不需要事先假定函数形式、参数的约束及误差项分布，更不需要假定解释变量外生以识别因果效应。

明确倾向得分匹配方法在解决内生性问题方面的优点之后，回归到本章关注的核心研究问题。从微观上来讲，当前为证明农村"三变"改革制度创新通过"确权、赋权、易权、活权"方式对农户收入影响及作用，可以有两种选择。其中第一种途径是从时间序列角度，考察并测算样本农户以入股方式参与或未参与产业前后收入的变化情况。如果以要素入股方式参与产业之后获得的收入显著大于参与产业之前，那么认为农村"三变"改革对农户行为产生了激励，有助于促进农户收入提升。双重差分倾向得分匹配方法（PSM–DID）是较合适的分析方法。另外一种途径是基于截面数据，按照随机匹配原则匹配并测算参与改革农户样本与未参与改革农户样本收入的差值。如果参与改革的农户样本收入在统计意义上显著大于未参与改革的农户样本收入，那么可以得出参与改革项目能够促进农民收入。这里特别说明，虽然此次问卷调查获取了样本农户 2013 年和 2021 年两期数据，但是在实地调查时由于 2013 年距离调查时点久远，依靠回忆获得的收入支出数据准确性难以保障。

鉴于此，本部分实证分析过程中采用第二种分析思路，依据笔者实地调查获取的 181 份未参与改革农户样本和 330 份参与改革农户样本数据，运用 PSM 方法分析是否参与改革对农户收入影响。基于 PSM 分析方法的处理思路，基于未参与改革农户样本，为每个参与改革农户样本挑选或者构造一个未参与改革样本，使得这两个样本除了在是否参与改革行为方面存在差异外，其他方面的特征均近似，即从未参与改革的农户样本中为参与改革的农户样本挑选或者"构造"一个合适的"双胞胎"。这样，可以将两个可对照的样本结果看成是同一农户样本的两次不同试验（参与改革或未参与改革）结果，进一步计算的差值即为参与农村"三变"改革项目的收入净效应。对于整个参与改革农户组而言，上述净效应被称为平均处理效应（average treatment effect of the treated，ATT），具体表达式为：

$$ATT = E(Y_1 \mid D = 1) - E(Y_0 \mid D = 1) = E(Y_1 - Y_0 \mid D = 1) \quad (6-2)$$

其中，Y_1 为农户参与改革（以资源入股）之后的收入水平，Y_0 为农户未参与改革的收入水平。在式（6-2）中只能观测到 $E(Y_1 \mid D = 1)$ 的结果，而没有办法观察到 $E(Y_0 \mid D = 1)$ 的结果，即"反事实"结果无法观测。这种情况下，我们可以利用 PSM 方法来构造"反事实"结果的替代指标。借鉴已有研究，通过倾向得分匹配方法计算平均处理效应的一般步骤是：首先选择协变量 X_i，尽量将可能影响结果变量 Y_i 与 D_i 的相关变量包括进来，因为如果协变量选择不当或太少，可能导致可忽略性假设不满足，将引起偏差；其次估计倾向得分，通常使用二元 Logit 模型或二元 Probit 模型对决策方程进行估计；接着进行倾向得分匹配，使用特定的匹配方法（例如近邻匹配、半径匹配、核匹配等）对样本展开倾向匹配。如果这个过程估计得比较准确，则应使得 x_i 在匹配后的处理组与控制组之间分布较均匀[①]。例如匹配后的处理组均值 $\bar{x}_{treat}$ 与控制组均值 $\bar{x}_{control}$ 比较接近。

---

① 具体方法介绍参见：陈强. 高级计量经济学及 stata 应用（第二版）［M］. 北京：高等教育出版社，2014.4（2018.12 重印）：542-553.

这一过程在统计学上被称为"数据平衡（data balancing）"。但 $\bar{x}_{treat}$ 与 $\bar{x}_{control}$ 的差距显然与计量单位有关，因此一般针对 x 的每一个分量考察"标准化差距（standardized differences）"或"标准化偏差（standardized bias）"：

$$\frac{|\bar{x}_{treat} - \bar{x}_{control}|}{\sqrt{(s_{x,treat}^2 + s_{x,control}^2)/2}} \tag{6-3}$$

在式（6-3）中，$s_{x,treat}^2$ 与 $s_{x,control}^2$ 分别为处理组与控制组变量 x 的样本方差；最后根据匹配后样本计算平均处理效应（陈强，2014）。

2. 变量说明与描述性统计

本部分实证分析以农村"三变"改革方式参与区域优势产业对农户收入的影响效应，故农户收入为 PSM 的结果变量。在实际分析中笔者同时采用家庭总纯收入和家庭人均纯收入两个指标作为结果变量，以便考察实证结果的稳健性。对于六盘水市水城区农户而言，农户家庭纯收入指农户家庭从事农业、非农业生产的年净收入，家庭人均纯收入是指农户家庭从事农业、非农业净收入总和除以家庭总人口数。明确倾向得分匹配的处理变量后，本书对匹配变量的选择以微观经济理论和前期经验研究为基础，从理论上尽可能将同时影响农业收入和改革参与行为的相关变量考虑进来，同时还要根据匹配效果，对变量组合进行适应性调整。直到实现样本损失减少、达到平衡性检验结果满意的匹配效果。

通过不同匹配方法测算，最终确定的匹配变量包括户主性别、年龄、受教育程度、是否接受过专门技能培训、户主风险态度；是否党员户、家庭成员是否有外出务工经历、家庭耕地总面积、家庭社会网络（逢年过节走动的亲朋总户数）。其中，对于以农村"三变"改革方式参与区域优势产业的农户而言，外出务工经历主要询问受访者在参与产业之前的对应情况（2013 年前）；家庭耕地总面积指受访农户样本家庭从村集体那里分配获得的总耕地面积。特别说明，由于所涉及变量的部分问卷存在数据缺失和数据异常情况，剔除存在数据缺失和异常值的样本之后，最终进入倾向得分匹配（PSM）模型的全部样本容量为 493 个。从表 6-3 均值一栏可以看出，样本农户的家庭总纯收入为 44563.36 元，家庭人均纯收入为

9635.21 元；家庭主要经营决策者为男性，户主平均年龄为 56 岁左右，小学和初中文化程度者居多，仅有较少部分样本家庭户主受过专门的技能培训。户主在风险态度方面偏向保守，多数农户家庭非党员户，超过一半的农户家庭 2013 年以前有成员外出务工。样本农户家庭耕地面积平均为 9.49 亩，家庭社会网络（逢年过节走动的亲朋总数）平均为 26 户左右。

表 6 - 3　　　　　　变量说明与描述性统计分析

变量类型	变量名称	变量说明及赋值	全部样本	
			均值	标准差
结果变量	家庭总纯收入	家庭年净收入，单位：元	44563.36	50686.24
	家庭人均纯收入	家庭年人均净收入，单位：元	9635.21	11303.42
匹配变量	性别	1. 男；0. 女	0.92	0.28
	年龄	单位：周岁	55.52	29.49
	受教育程度	1. 没有受过教育　2. 小学　3. 初中　4. 高中/中专　5. 大专及以上	2.38	0.94
	是否接受过专门技能培训	1 = 是；0 = 否	0.37	0.48
	户主风险态度	1. 喜欢冒险　2. 有时冒险，有时求稳　3. 比较保守	2.49	0.69
	是否党员户	1 = 是；0 = 否	0.24	0.43
	家庭成员 2013 年前外出务工经历	1. 有；0. 无	0.59	0.49
	家庭耕地总面积	从村集体分配的耕地，单位：亩	9.49	18.69
	家庭社会网络	逢年过节走动的亲朋总户数，单位：户	26.41	44.62

注：样本容量 493 个。

通过表 6 - 4 可以看出，参与改革农户的家庭总纯收入和人均纯收入分别为 48969.38 元和 10352.78 元，显著地比未参与改革农户分别高出 12412.40 元和 2021.52 元。从匹配变量来看，参与改革农户比未参与改革农户拥有更多女性户主；参与改革样本户主年龄相较未参与改革样本农户更年轻，但是差异并不显著。进一步，参与改革农户样本与未参与改革农户样本在受教育程度、是否接受过专门技能培训、户主风险态度、是否党员户、家庭成员 2013 年前外出务工经历、家庭耕地总面积方面没有表现出显著统计差异。但是相比未参与改革的农户而言，参与改革的农户家庭社会网络更为广泛。具体来看，参与改革的农户逢年过节走动的亲朋总数平均为 30 户，未参与改革农户该指标为 21 户，且统计结果显著。

表 6 - 4　　未参与改革农户与参与改革农户变量差异的描述性统计结果

变量类型	变量名称	未参与改革农户		参与改革农户		均值差
		均值	标准差	均值	标准差	（T 检验）
结果变量	家庭总纯收入	36556.98	3379.38	48969.38	2986.09	12412.40***
	家庭人均纯收入	8331.27	781.91	10352.78	659.04	2021.52***
匹配变量	性别	0.94	0.02	0.90	0.02	- 0.04
	年龄	56.59	2.76	54.94	1.34	- 1.65
	受教育程度	2.42	0.07	2.36	0.05	- 0.06
	是否接受过专门技能培训	0.38	0.04	0.36	0.03	- 0.02
	户主风险态度	2.49	0.05	2.49	0.02	- 0.01
	是否党员户	0.22	0.03	0.25	0.02	0.03
	家庭成员 2013 年前外出务工经历	0.57	0.04	0.59	0.02	0.02
	家庭耕地总面积	9.28	2.22	9.61	0.41	0.33
	家庭社会网络	20.77	2.54	29.51	2.71	8.74***

注：参与改革农户样本 318 个，未参与改革农户样本 175 个； *** 表示在 1% 的水平上显著。

6.3.3　模型实证结果与分析

为了使得参与改革农户样本与未参与改革农户样本匹配，首先需要估计农户样本改革参与决策的方程。基于 Logit 模型构建农户改革参与决策方程，具体估计形式如下：

$$Ln\left(\frac{p_i}{1-p_i}\right) = a_0 + a_i X_i + \mu_i \qquad (6-4)$$

其中，$i = 1,2,3,\cdots,n$ 表示不同的农户；$p_i = p(T_i = 1 \mid X_i)$ 表示农户选择参与改革的条件概率；X 是解释变量向量；μ 是随机干扰项。

Logit 模型估计结果如表 6 - 5 所示，可以看到年龄、户主风险态度、家庭耕地面积和家庭社会网络变量显著影响农户改革参与行为。具体来看，受访者年龄越大，越不倾向于参与改革，体现了年龄较大的个体思想相对保守、接受新事物的能力相对较弱；受访者风险态度越倾向于冒险，更倾向于参与改革；受访者家庭耕地总面积越大，更倾向于参与改革。可能的解释是，参与改革行为最主要体现为以家庭承包耕地面积入股新型农业经营主体，如果受访者家庭耕地面积较大，其参与入股的可能性越大。受访者家庭社会网络变量结果显著且回归系数为正，说明受访者家庭社会网络越强，其更倾向于参与改革。可能的解释是，行为主体受到周围行为主体的影响较大，如果受访者社会网络越强，其接收到的信息越广泛，越能接受新事务。除此之外，户主性别、户主受教育程度、是否接受过专门技能培训、是否党员户、家庭成员 2013 年前外出务工经历等变量没有通过显著性检验，即在统计上其不构成影响农户改革参与决策的重要原因。

表 6 - 5　　　　基于 Logit 模型的农户改革参与决策方程估计结果

解释变量	系数	标准误	Z 统计量	P 值
性别	- 0.555	0.372	- 1.490	0.135
年龄	- 0.002 ***	0.014	- 11.34	0.000
受教育程度	0.174	0.120	0.980	0.327
是否接受过专门技能培训	- 0.075	0.210	- 0.360	0.722
户主风险态度	- 0.010 ***	0.146	- 3.070	0.001
是否党员户	0.261	0.258	1.010	0.312
家庭成员 2013 年前外出务工经历	0.079	0.199	0.400	0.690
家庭耕地总面积	0.061 ***	0.019	3.26	0.001
家庭社会网络	0.006 *	0.004	1.76	0.078
常数项	0.854 ***	0.663	2.92	0.003
Pseudo-R^2	0.1391			
LR 统计量	19.01 **			
样本容量	493			

注：*、**、*** 分别表示在 10%、5%、1% 的水平上显著。

进一步，运用多种倾向得分匹配方法测算农户参与改革增收效应。不同的匹配方法产生不同的样本损失值，为了尽可能充分地利用调查获得的样本数据，本部分在尝试不同匹配方法的基础上选择了最近邻匹配（1 - 5匹配）、核匹配（带宽 = 0.07）、核匹配（带宽 = 0.10）和卡尺匹配（半径 = 0.05）四种匹配方法。具体来看，最近邻匹配（1 - 5匹配）是指为每个参与改革的农户寻找倾向得分与之非常接近的5个未参与改革的农户样本，进一步将这5个未参与改革的农户样本的有关变量通过简单算数平均得到1个样本个体，并将该样本个体作为参与改革农户的匹配对象；核匹配（带宽 = 0.07）和核匹配（带宽 = 0.10）指分别将倾向得分在带宽0.07和0.10内的所有未参与改革农户样本个体的相关变量进行加权平均得到1个样本个体，并将该样本个体作为参与改革农户的匹配对象；卡尺匹配（半径 = 0.05）是指在给定的卡尺半径0.05范围内寻找最近匹配，即对倾向得分相差5%的观测值进行一对四匹配。进一步，为检验匹配结果的稳健性，在以家庭总纯收入为结果变量进行匹配的基础上，笔者将结果变量替换成家庭人均纯收入并运用上述四种方法匹配。表6 - 6呈现了运用四种匹配方案得到的实验组和对照组家庭总纯收入、家庭人均纯收入水平及其平减后获得的ATT值。特别地，此处ATT值的显著性检验结果利用bootstrap自助法得到，重复抽样次数为500次。

表6 - 6　　　　　　　　　农户改革参与的增收效应测算结果

匹配方法	家庭总纯收入（元）			家庭人均纯收入（元）		
	实验组	对照组	ATT	实验组	对照组	ATT
最近邻匹配（1 - 5匹配）	49361.57	36486.11	12875.46 ***	10405.51	8021.07	2384.43 **
核匹配（带宽 = 0.07）	49361.57	36929.47	12432.09 ***	10405.51	8212.76	2192.75 ***
核匹配（带宽 = 0.10）	49361.57	36732.12	12629.44 ***	10405.51	8191.77	2213.73 ***
卡尺匹配（半径 = 0.05）	49361.57	37080.91	12280.66 ***	10405.51	8236.48	2169.02 ***
平均值	49361.57	36807.15	12554.41	10405.51	8165.52	2239.98

注：1. ** 、*** 分别表示在5%、1%的水平上显著；2. ATT值的显著性检验结果利用自助法（bootstrap）得到，重复抽样次数为500次。

由匹配结果可知，不同匹配方法得到的结果比较接近，农户参与改革的增收效果是很明显的。从表6 - 6最后一行测算的四种匹配结果的平均值来看，参与改革的农户如果没有参与改革，其家庭总纯收入和家庭人均纯收入分别为36807.15元和8165.52元。但是，由于参与了改革，家庭总纯收入和家庭人均纯收入分别增加至49361.57元和10405.51元，分别增加了 12554.41 元和 2239.98 元。该结果反映出农村"三变"改革制度创新借助"确权、赋权、易权、活权"实践，通过明确资产权属，增强"排他能力"减少资源要素租值耗散；明确股份权能助力要素最低期望收益值实现，削弱"行为障碍"调动资源要素所有者参与积极性；嵌入经营主体，增强资源要素"营运能力"，促进要素价值实现增加参与改革农户收入。

6.3.4　估计结果稳健性检验

根据倾向得分匹配方法设定，为保证匹配效果，在获得农户参与改革的倾向匹配得分之后，需要进一步对匹配过程进行共同支撑与检验和平衡性检验，以检验匹配结果的稳健性。

1. 共同支撑域检验

共同支撑域检验是为了检验倾向得分匹配估计过程是否满足"重叠假定"。按照 PSM 相关假定要求，"重叠假定"是进行匹配的前提，故也被称为"匹配假定"。该假定旨在保证处理组与控制组的倾向得分取值范围有相同的部分（Common Support），如图 6-7 所示。"重叠假定"不满足，也就是存在某些 X 使得 $P(X) = 1$。换言之，这些个体均属于处理组范畴，没有办法找到与它们匹配的控制组个体；另外，也可能存在某些 X，使得 $P(X) = 0$，即这些个体都属于控制组，而没有办法找到与其匹

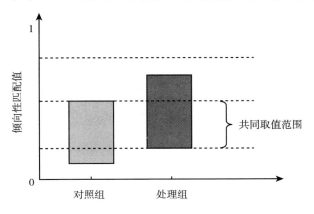

图 6-7　倾向得分的共同取值范围

配的处理组个体样本。进一步，如果倾向得分的共同取值范围太小，则会导致偏差。

根据 stata 倾向得分匹配分析结果，本部分采用的四种匹配方法参与改革农户样本损失值均为 7 个，与参与改革农户样本的总容量相比，损失的比例很小，因而共同支撑域的条件令人满意（见表 6 - 7）。

表 6 - 7　　　　　　　　　　倾向值共同取值情况

	共同取值范围外	共同取值范围内	合计
对照组	0	175	175
处理组	7	311	318
合计	7	486	493

注：笔者根据 stata 汇报结果整理编制，最近邻匹配（1 - 5 匹配）、核匹配（带宽 = 0.07）、核匹配（带宽 = 0.10）和卡尺匹配（半径 = 0.05）四种匹配方法倾向值共同取值情况相同。

进一步，通过 stata 绘制的倾向得分共同取值范围如图 6 - 8 所示，可以清晰、直观地看到本部分采用的匹配方法共同支撑域条件满足倾向得分匹配要求的"重叠假定"。

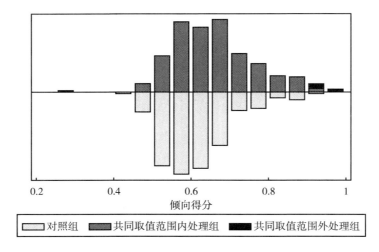

图 6 - 8　倾向得分的共同取值范围

2. 平衡性检验

倾向得分估计的主要目的是平衡参与改革农户和未参与改革农户之间

解释变量的分布，在通过四种匹配方法完成匹配的过程中，本书进一步检验了两组样本之间解释变量差异的标准偏差和统计显著性，平衡性检验的结果由图6-9和表6-8给出。

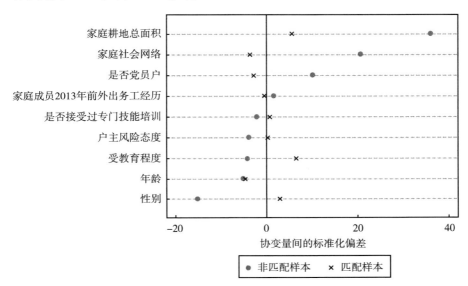

图6-9　各变量的标准化偏差图示

表6-8　　　　　　　　　匹配前后解释变量均值的标准偏差

变量名称	匹配前后	均值		标准偏差（%）	标准偏差减少幅度（%）	T检验	
		实验组	对照组			统计量	P值
性别	匹配前	0.902	0.943	-15.1	80.9	-1.55	0.121
	匹配后	0.907	0.899	2.9		0.32	0.746
年龄	匹配前	55.270	56.943	-5.2	10.8	-0.59	0.553
	匹配后	54.016	55.508	-4.7		-1.00	0.319
受教育程度	匹配前	2.339	2.377	-4.1	-57.7	-0.43	0.665
	匹配后	2.331	2.272	6.5		0.81	0.416
是否接受过专门技能培训	匹配前	0.355	0.366	-2.2	69.0	-0.23	0.819
	匹配后	0.356	0.354	0.7		0.08	0.933
户主风险态度	匹配前	2.494	2.520	-3.9	92.7	-0.41	0.682
	匹配后	2.498	2.497	0.3		0.04	0.972
是否党员户	匹配前	0.236	0.194	10.1	72.1	1.06	0.288
	匹配后	0.228	0.239	-2.8		-0.34	0.734

续表

变量名称	匹配前后	均值		标准偏差（%）	标准偏差减少幅度（%）	T检验	
		实验组	对照组			统计量	P值
家庭成员2013年前外出务工经历	匹配前	0.585	0.577	1.6	75.1	0.17	0.868
	匹配后	0.585	0.587	-0.4		-0.05	0.961
家庭耕地总面积	匹配前	9.584	7.134	36.0	84.5	3.73	0.000
	匹配后	9.298	8.918	5.6		0.70	0.482
家庭社会网络	匹配前	28.733	20.229	20.7	82.3	2.10	0.036
	匹配后	25.457	26.961	-3.7		-0.45	0.653

注：本表所列为最近邻匹配（1-5匹配）的检验结果，其他三种匹配方法的检验结果与本表非常接近，不再逐一列出。

从表6-8可以看出，倾向得分匹配后多数解释变量的标准偏差有了较大幅度的减少，而且所有解释变量的标准偏差都在10%以内。从T检验结果来看，匹配后实验组样本与对照组样本在所有解释变量方面均不再存在显著性差异。

从表6-9可以看出，Pseudo-R^2由匹配前的0.039显著下降到匹配后的0.002-0.003；LR统计量由匹配前的24.73下降到匹配后的2.07-3.01，解释变量的联合显著性检验由匹配前的高度显著（P值为0.003）变为在10%的显著性水平上也总是被拒绝；解释变量的均值偏差由匹配前的11.0%减少到2.3%～3.1%，中位数偏差由匹配前的5.2%减少为匹配后的2.3%～3.0%，较大程度上降低了总偏误。

表6-9　　　　　　　　　样本匹配方法及其平衡性检验结果

匹配前	Pseudo-R^2	LR统计量（P值）	均值偏差	中位数偏差
匹配前	0.039	24.73（0.003）	11.0	5.2
最近邻匹配（1-5匹配）	0.003	3.01（0.964）	3.1	2.9
核匹配（带宽=0.07）	0.002	2.07（0.990）	2.3	2.3
核匹配（带宽=0.10）	0.003	2.99（0.965）	2.9	2.6
卡尺匹配（半径=0.05）	0.003	2.21（0.988）	2.4	3.0

综上所述，共同支撑域检验和平衡性检验结果表明，本部分的倾向得分估计和样本匹配是成功的，匹配后参与改革农户与未参与改革农户之间

基本一致，满足 PSM 的"重叠假定"和平衡性假定。进一步，在上述分析的基础上，分别运用四种匹配方法匹配样本农户四项收入，以识别农户参与改革增收效应具体来源（见表 6 – 10）。

表 6 – 10　　　　　　　改革参与对农户四项收入变量的影响

匹配方法	家庭经营性收入	家庭工资性收入	家庭财产性收入	家庭转移支付收入
	ATT 估计值	ATT 估计值	ATT 估计值	ATT 估计值
最近邻匹配（1 – 5 匹配）	– 2726. 10	14300. 33 ***	3123. 80 ***	765. 34
核匹配（带宽 = 0. 07）	– 3959. 07	14331. 99 ***	3517. 09 ***	612. 40
核匹配（带宽 = 0. 10）	– 3744. 75	14581. 32 ***	3586. 59 ***	606. 94
卡尺匹配（半径 = 0. 05）	– 3875. 73	14134. 77 ***	3469. 40 ***	627. 76
平均值	– 3576. 39	14337. 10	3424. 22	653. 11

注：1. *** 表示在 1% 的水平上显著；2. 各项收入单位为元；3. ATT 值的显著性检验结果利用自助法（bootstrap）得到，重复抽样次数为 500 次。

根据以样本农户四项收入为结果变量进行的倾向得分匹配分析结果，相比未参与改革农户，参与改革农户的家庭经营性收入减少，平均减少幅度为 3576. 39 元，但是该结论未通过显著性检验。但是参与改革农户家庭工资性收入和财产性收入明显高于未参与改革农户，高出部分分别为 14337. 10 元和 3424. 22 元，且在 1% 的水平上显著。进一步，参与改革农户家庭转移支付收入相较未参与改革农户高出 653. 11 元，但是该结论未通过显著性水平检验。

6.4　本章小结

本章重点从微观产业发展视角对农村"三变"改革农户参与行为及增收情况进行了分析。首先借助实地调查资料从特色农业产业规划、农村"三变"与猕猴桃产业、农村"三变"主体利益分配三个方面分析了农村"三变"改革与猕猴桃产业发展情况；其次通过对半结构式访谈获取的资料，系统分析区县—乡镇—经营主体—村社—农户主体对农村"三变"改革在猕猴桃产业发展过程中发挥作用的认识与评价；接着基于 2022 年 1 月笔者对六盘水市水城区 9 个乡镇，24 个村庄 511 户农户开展的"一对一"

问卷调查数据，运用倾向得分匹配（PSM）方法分析农户参与农村"三变"改革的行为及增收效果。研究结果表明：（1）各类主体对农村"三变"改革在猕猴桃产业发展过程中发挥作用的认识与评价聚焦于改革引致的交易成本降低、要素重组与集聚、产业营运能力提升等方面；（2）当前农户主体参与农村"三变"改革的形式多样，其中主要表现为以自有承包地入股区域特色产业，同时也包括部分农户以自有资金入股区域特色产业以及部分村集体以共有资金和土地入股区域特色产业；从农户以农村"三变"方式参与产业的影响因素来看，户主年龄、户主风险态度、家庭耕地面积和家庭社会网络变量显著影响农户改革参与行为；（3）参与改革的农户家庭总纯收入和家庭人均纯收入分别为 49361.57 元和 10405.51 元，相较未参与改革农户分别增加了 12554.41 元和 2239.98 元。分析收入来源发现，参与改革农户家庭工资性收入和财产性收入明显高于未参与改革农户，高出部分分别为 14337.10 元和 3424.22 元，且在 1% 的水平上显著。

第 **7** 章

农村"三变"改革的农户增收效果及机制宏观视角分析

　　本章聚焦研究并回答本书第四个核心问题：农村"三变"改革对农户收入影响及机制路径是什么？在本书第 3 章，笔者通过分析清晰界定资源产权边界与经济绩效、要素参与模型及资源价值实现条件指出，农村"三变"改革实践包含的"确权、赋权、易权、活权"制度设计使农村"三变"改革在产权界定与产权实施方面均有规定，有利于生产要素向区域优势产业集聚。具体来看，通过明确资产权属，增强"排他能力"减少资源要素租值耗散；通过明确股份权能助力要素最低期望收益值实现，削弱"行为障碍"调动资源要素所有者参与积极性；通过嵌入经营主体，增强资源要素"营运能力"，促进要素价值实现。进一步，提出全书有待验证的第二个核心研究假设。那么在理论分析基础上提出的研究假设，是否能够得到统计数据验证？鉴于此，本章将借助 2006～2020 年县域统计年鉴数据构造的改革实施面板数据，运用合成控制法和中介效应模型方法从宏观视角验证本书提出的研究假设 2：土地、劳动力等要素重新配置在农村"三变"改革促进农户增收中具有中介作用，其中土地要素重新配置有助于增加农户的财产性收入，劳动力要素重新配置有助于增加农户的工资性收入。

7.1 研究设计与数据情况

本章分析过程中将农村"三变"改革设定为关键"自变量"测算其对农户收入的影响及机制。需请注意,虽然农村"三变"改革自提出以后,在全国扩散较快并且在包括甘肃、安徽、陕西在内的省份实施全省试点,但是不同试点区域的试点时间和区域选择具有非一致性,且实施试点不同区域在社会、经济、政治环境方面具有较大差异。这种情况下,一方面较难选定合适的计量模型对全国不同区域、不同时间阶段农村"三变"改革实践及效果进行分析和测算;另一方面,很难通过设定控制变量来消除因外部环境不同而对结果变量产生的影响。鉴于此,本章将六盘水市最早实施农村"三变"改革的地区盘县作为改革实践的处理组,将同时期(2014～2017年)未实施农村"三变"改革的贵州其他区县作为控制组,测算处理组和控制组之间农户收入情况的差值,评估改革实践带来的农户增收效应。

7.1.1 研究方案设计

通过本书第4章分析可知,2014年肇始于贵州省六盘水市的农村"三变"改革实践是基于地方实践创新而总结提出的。农村"三变"改革具有明确的历史继承、严密的形成机理和演化路径。值得注意的是,农村"三变"改革实践在区域试点推进过程中,呈现出明显的多层面、多类型梯级试点特征(见表7-1)。

表7-1　贵州省所属市(州)、新区不同时期农村"三变"改革试点情况

市(州)、新区	2014 年	2016 年	2017 年
贵阳市		息烽县、清镇市	南明区、云岩区、花溪区、乌当区、白云区、观山湖区、清镇市、开阳县、息烽县、修文县
六盘水市	盘县	钟山区、六枝特区、盘县、水城县	钟山区、六枝特区、盘州市①、水城县

① 六盘水市盘县自 2017 年撤县设市,从盘县更名为盘州市。

续表

市（州）、新区	2014 年	2016 年	2017 年
遵义市		遵义县、凤冈县	红花岗区、汇川区、播州区①、赤水市、仁怀市、桐梓县、绥阳县、正安县、凤冈县、湄潭县、余庆县、习水县、道真仡佬族苗族自治县、务川仡佬族苗族自治县
安顺市		普定县、平坝区	西秀区、平坝区、普定县、关岭布依族苗族自治县、镇宁布依族苗族自治县、紫云苗族布依族自治县
毕节市		大方县、黔西县	七星关区、大方县、黔西县、金沙县、织金县、纳雍县、赫章县、威宁彝族回族苗族自治县
铜仁市		德江县、思南县	碧江区、万山区、江口县、石阡县、思南县、德江县、沿河土家族自治县、松桃苗族自治县、玉屏侗族自治县、印江土家族苗族自治县
黔西南布依族苗族自治州		安龙县	兴义市、兴仁市、普安县、晴隆县、安龙县、望谟县、贞丰县、册亭县
黔东南苗族侗族自治州		黄平县、雷山县	凯里市、黄平县、施秉县、三穗县、镇远县、岑巩县、天柱县、锦屏县、剑河县、台江县、黎平县、榕江县、从江县、雷山县、麻江县、丹寨县
黔南布依族苗族自治州		荔波县、瓮安县	都匀市、福泉市、荔波县、贵定县、瓮安县、平塘县、罗甸县、长顺县、龙里县、惠水县、独山县、三都水族自治县
贵安新区		高峰镇	贵安新区

注：公开资料显示，遵义县已于 2016 年 3 月撤销，设立遵义市播州区，以原遵义县（不含山盆镇、芝麻镇、沙湾镇、毛石镇、松林镇、新舟镇、虾子镇、三渡镇、永乐镇、喇叭镇）的行政区域为播州区的行政区域。并同意将原遵义县的山盆镇、芝麻镇、沙湾镇、毛石镇、松林镇划归遵义市汇川区管辖。同意将原遵义县的新舟镇、虾子镇、三渡镇、永乐镇、喇叭镇和遵义市汇川区的北京路街道划归遵义市红花岗区管辖。

资料来源：笔者基于从贵州省农业农村厅改革办公室获取资料基础上整理编制。特别说明，2016 年 3 月 1 日贵州省农业厅发布《关于认真做好全省农村"三变"改革试点工作的通知》（简称《通知》），对实施改革试点的 21 个区县名单进行了详细说明。

　　具体来看，通过分析贵州省农村"三变"改革试点推进工作部署和试点实践可以发现，其依次经历了基层探索（2012 ~ 2014 年）、局部试点

（2014～2015 年 2 月）、整市推进（2015 年 3 月～2015 年 11 月）、全省推广（2015 年 12 月～2017 年 8 月）四个阶段。特别地，全省推广阶段又可以被细分为 2016 年 3 月在全省 21 个区县开展试点，2017 年 3 月出台并发布《关于在全省开展农村资源变资产资金变股金农民变股东改革试点工作方案》推开农村"三变"改革在全省试点，改革试点从贵州 21 个区县向全省 88 个区县扩散。细致考察贵州省推进农村"三变"改革的实践进程可以发现，事实上六盘水市最早实施农村"三变"改革的盘县与其他递次实施农村"三变"改革的区县为本书研究提供了一个较好的制度改革"自然实验"。换言之，2014～2017 年贵州省下属区县实施农村"三变"改革的试点时间并不统一。这种改革推进过程中试点区域的层次性特征决定，研究者可以将六盘水市最早实施农村"三变"改革试点的区县，看成农村"三变"改革实践这个"自然实验"的唯一处理组，即该试点县（市）的农户群体受到了政策干预的影响。进一步，可以将该时间段内没有实施农村"三变"改革试点的区县，看成改革实验的控制组，即该时间段内未实施试点县（市）的农户群体没有受到任何改革政策的影响，或者受到的影响微乎其微。这样可以通过比较样本县（市）在某一时期参与改革试点和未参与改革试点情境下农户收入情况的差异，推断农村"三变"改革与农户收入增加之间的因果效应。

聚焦于本书重点关注并考察的因果关系方面来看，六盘水市盘县于 2014 年最早实施农村"三变"改革，可以将盘县看成农村"三变"改革自然实验的处理组。与此同时，含贵阳市南明区在内的 69 个区县在 2014～2017 年均未实施农村"三变"改革。鉴于此，将该时间段内未实施"三变"改革的 69 个区县看成农村"三变"改革自然实验的控制组。这里需要重点解决的问题是，虽然 2014～2017 年实施改革的区县只有盘县，但是将其他 69 个未实施改革的区县作为控制组，需要面对并妥善处理这 69 个区县本身情况与盘县之间有较大差异的问题。那么应该怎样构造出更好的控制组，用以估计盘县的"反事实"结果？一些学者提出一种称为合成控制法的新方法（Abadie and Gardeazabal，2003；Alberto Abadie，2010）。合成控制法（SCM）作为当前比较前沿的政策评估方法，其基本思想是——虽然控制组中的任何一个个体都和处理组的个体不相似，但是可以通过为每个控制组赋予一个权重，通过加权的方式构造出一个处理组的合适控制组。这种思想的核心是，权重的合理选择，使得控制组的行为与处理组在政策干预之前的行为极其相似。这样可以观察到如果处理组没有受到干预的结果，进一步测算处理组和控制组事后结果的差异，就能确定政策干预产生的影响。

7.1.2　数据来源及说明

根据研究方案设计部分分析，本章选择将贵州省盘县 2014 年开始实施农村"三变"改革试点这一事件作为"自然实验"，分析实施农村"三变"改革对盘县农户收入的影响。根据阿巴迪等（Abadie et al. , 2010）的研究，合成控制法使用的前提是首先保证政策干预的期数达到一定规模，继而保证能够观察到在政策干预前的一段时间内，运用合成控制法可以很好地拟合经济特征和结果变量，以此提高研究的可信度。鉴于此，本部分将所选取样本的时间跨度确定为 2006～2017 年，共计 12 年。同时，在样本选取过程中将贵州省 2014～2017 年实施农村"三变"改革的、除盘县之外的其他 20 个地区剔除，剩下 70 个区县样本（其中将盘县作为处理组，其他 69 个区县一起赋予权重后合成一个可以匹配处理组的控制组。）

运用合成控制法进行估计的前提，是明确因变量和预测变量。根据本书研究问题，本部分选取农村居民人均纯收入增长率作为因变量，用于衡量农户收入变化情况。进一步在借鉴已有研究的基础上，选取第一产业与第二产业增加值之比（%）、年末常住人口（万）、乡村从业人员数（万）、人均地区生产总值（元）、地方公共财政支出（亿）作为预测变量（黄砺和谭荣，2015；刘俊杰等，2015；曾亿武，2018）。本部分所用贵州省所属县（市）面板数据源于《中国县（市）社会经济统计年鉴》《中国区域经济统计年鉴》和《贵州省统计年鉴》（2005－2018）[1]。在数据整理

---

① 考虑到核心变量涉及增长率计算的问题，所以实际整理数据比 2006～2017 年数据期更长，如果读者对本书研究数据感兴趣，可以向作者索要相关原始分析数据。

过程中，主要借助 Wind 资讯金融终端和 EPS 全球统计数据/分析平台数据库进行数据整理（见表 7 – 2）。

表 7 – 2　　　　主要变量定义与数据描述性统计分析

变量名称	变量定义	样本数	均值	标准差	最小值	最大值
y	农村居民人均纯收入增长率（%）	804	10.92	4.18	– 5.20	39.96
$reform$	农村"三变"改革	804	0.02	0.12	0	1
$Dustry$	第一产业与第二产业增加值之比（%）	804	0.53	3.66	– 54.00	28.30
$Density$	年末常住人口（万）	804	38.33	23.68	4.64	128.71
$Employ$	乡村从业人员数（万）	804	22.00	13.38	1.75	84.68
$Pregdp$	人均地区生产总值（元）	804	19295.11	16063.75	1950.00	114454.00
$Expenditure$	地方公共财政支出（亿）	804	13.57	10.29	1.39	72.61

注：农村居民人均纯收入、地方公共财政支出变量数据经过相关价格指数平减处理。

需要特别说明，笔者在整理数据资料时发现，贵阳市观山湖区、毕节市七星关区、铜仁市碧江区三个区域的数据缺失较为严重，时间段 2004 ~ 2012 年的数据在各类统计年鉴中均处于缺失状态，故在实际分析中将上述三个区县数据全部剔除。综上所述，本书进行合成控制法分析的区县共计 67 个，其中 1 个处理组、66 个控制组。面板数据时间维度为 2006 ~ 2017 年，共计 12 年，即实际进入模型的样本共 804 个。

7.2　估计方法与实证结果

公共政策对社会的影响是全面的，当国家进行一项政策实验或者出台一项新的政策时，对政策进行评估则显得非常必要和重要。经济学作为一门"入市"学科，在经济学研究议题中，基于科学评估方法对政策评估越来越普遍（范子英，2018）。当前国际国内比较流行的政策评估方法主要包括双重差分法（DID）、断点评估法（RD）、合成控制法（SCM）。通过对比几种方法发现，双重差分法和断点评估法运用时间较早，范围更广。

近年来，合成控制法逐渐被国内外研究者熟知，并广泛地应用到各类评估相关问题研究过程中。综述已有研究发现：2003 年，阿巴迪和加达扎巴尔（Abadie and Gardeazabal，2003）率先运用合成控制法分析了恐怖主义冲突对西班牙巴斯克地区经济增长的影响，他们最早将合成控制法运用到政策评估方面。紧接着在 2010 年，基于阿巴迪和加达扎巴尔的观点，阿巴迪（Abadie，2010）将合成控制法运用到评估加州在 1988 年实施的一项大规模控烟计划对于香烟消费量的影响，这篇文献成为运用合成控制法进行政策评估的经典文献之一。近几年，合成控制法逐步成为政策评估的主要方法被广大研究者熟知并采用。例如凯姆和凯姆（Kim and Kim，2016）运用该方法评估了美国东北部的"区域温室气体倡议（RGGI）"对于煤转气效果的影响；霍普（Hope，2016）对欧洲货币联盟（EMU）就单个成员国经常账户余额的影响展开了分析；阿特格（Aytuǧ，2017）对土耳其中央银行发明的储备期权机制是否有助于降低汇率的波动性进行了分析；维亚娜等（Viana et al.，2018）分析了举办国际足联足球世界杯对举办国人均 GDP 的影响；林和陈（Lin and Chen，2018）对提高区段电价是否有助于引导居民节约用电和合理使用能源的问题进行了分析；瑞吉尔等（Rieger et al.，2019）分析了埃塞俄比亚政府成立的卫生发展军对孕产妇死亡率（MMR）的影响；有学者分析了中国的家庭联产承包责任制改革（HRS）对人均食物摄入量的影响（Gibson，2019）。瑞吉尔等（Rieger et al.，2020）评估了加州 1995 年无烟工作场所法案（SFWA）对人口吸烟流行率的影响；佩莱格里尼等（Pellegrini et al.，2021）则评估了在巴西利卡塔是否存在"资源诅咒"；马里内罗等（Marinello et al.，2021）对实施含糖饮料消费税是否影响甜饮料相关关键行业就业情况。

从国内已有研究来看，当前运用合成控制法进行研究的问题主要包括行政区划调整产生的影响（王贤彬和聂海峰，2010；张琛和孔祥智，2017；李国平和李宏伟，2019）、各类改革试点政策效果（刘甲炎和范子英，2013；余静文，2013；陆贤伟，2017；刘成奎等，2018；刘友金和曾小明，2018）、既定政策目标实现情况评估（张先锋等，2016；杜锐和毛学峰，2017；王利辉和刘志红，2017；杨经国和周灵灵等，2017；谭静和张建华，2018；黄启才，2018；王小丽和李娜娜等，2019；佟大建和方小珍等，2020；邓慧慧和赵晓坤等，2020）、特殊事件产生的效应（王艳芳和张俊，2014；郑义等，2015）等多个方面。进一步比较几种常见的政策评估方法发现，合成控制法具有三个方面的相对优势：一是合成控制法是一种非参数估计方法，其拓展了传统双重差分估计方法；二是合成控制法的核心思想是将多个控制组合成处理组的一个"反事实"结果，通过数据决定对照组样本权重大小的方法，可以清晰地展示处理组与控制组政策实施之前的相似度，在相当程度上规避双重差分估计方法的主观选择偏误。具体来看，由于权重的选择为正数且权重之和为1，有效避免了过分的外推判断；三是能够以图像的形式较好地展示政策干预前后各时期因变量的变化情况。

7.2.1　估计方法介绍

合成控制法的基本假定如下：假设目前有 $N+1$ 个地区，区域 1 在 T_0 时期之后受到某项政策的干预，其他 N 个地区则没有受到对应政策的影响。进一步，如果用 Y_{1it} 表示个体 i 在 t 时期接受政策干预时的潜在结果，Y_{0it} 表示个体 i 在 t 时期没有受到政策干预时的潜在结果，那么个体因果效应为：

$$\tau_{it} = Y_{1it} - Y_{0it}, i = 1, \cdots, K+1, t = 1, \cdots, T$$

假定 D_{it} 表示个体 i 在 t 时期的干预状态，那么如果个体 i 在 t 时期受到政策干预，$D_{it}=1$，否则其他取 0。个体 i 在 t 时期的观测结果为：

$$Y_{it} = D_{it} Y_{1it} + (1 - D_{it}) Y_{0it} = Y_{0it} + \tau_{it} D_{it}$$

假设第 1 个个体在 $T_0(1 \leqslant T_0 < T)$ 期之后受到政策干预，而其他 N 个个体所在的地区在所有时期内都没有受到政策影响，换言之：

$$D_{it} = \begin{cases} 1 & i = 1, t > T_0 \\ 0 & 其他 \end{cases}$$

这里的目标是估计政策影响 $(\tau_{1T_0+1}, \cdots \tau_{1T})$，对于 $T > T_0$

$$\tau_{1t} = Y_{11t} - Y_{01t} = Y_{1t} - Y_{01t}$$

第 1 个个体受到政策干预，因此在 $t > T_0$ 期，可以观测到潜在结果

Y_{11t}，但是却没法观测到如果处理组没有受到政策干预时的潜在结果 Y_{01t}。所以，政策评估的关键是如何估算出个体 1 在 T_0 期之后的"反事实"结果 Y_{01t}。为估计处理组个体 1 的"反事实"结果，假设 Y_{0it} 可以运用如下模型表示：

$$Y_{0it} = \delta_t + \theta_t Z_i + \rho_t \mu_i + \varepsilon_{it}, i = 1, \cdots, N+1, t = 1, \cdots, T \qquad (7-1)$$

式（7-1）中 δ_t 是一个未知的公共因子，对所有个体具有相同的影响，Z_i 是 $K \times 1$ 维（不受政策影响的）可观测协变量向量（可能是混杂因素），θ_t 是 $1 \times K$ 维未知系数向量，ρ_t 是 $1 \times F$ 维的未观测公共因子，μ_i 是 $F \times 1$ 维系数向量，ε_{it} 是未观测的暂时性冲击，假设在地区层面满足零均值。

考虑 $N \times 1$ 的权重向量 $W = (w_2, \cdots, w_{N+1})$，满足 $w_j \geqslant 0, j = 2, \cdots, N+1$，并且满足 $w_2 + \cdots + w_{N+1} = 1$。进一步，将权重限定为非负，相当于用控制组个体的凸组合合成控制组，有效避免了外推造成的可能偏差。特别地，每一个特定的权重向量 W 代表一个特定的合成控制，对于权重 W，合成控制模型可以写成：

$$\sum_{j=2}^{N+1} w_j Y_{jt} = \delta_t + \theta_t \sum_{j=2}^{N+1} w_j Z_j + \rho_t \sum_{j=2}^{N+1} w_j \mu_j + \sum_{j=2}^{N+1} \varepsilon_{jt} \qquad (7-2)$$

假设存在权重向量 $W^* = (w_2^*, \cdots, w_{N+1}^*)$，使得：

$$\sum_{j=2}^{N+1} w_j^* Y_{j1} = Y_{11}, \sum_{j=2}^{N+1} w_j^* Y_{j2} = Y_{12}, \cdots, \sum_{j=2}^{N+1} w_j^* Y_{jT_0} = Y_{1T_0}$$
$$(7-3)$$

$$\sum_{j=2}^{N+1} w_j^* Z_j = Z_1 \qquad (7-4)$$

阿巴迪等（Abadie et al.，2010）在其研究中证明，如果 $\sum_{t=1}^{T_0} \rho_t' \rho_t$ 是非奇异的，则有：

$$Y_{01t} - \sum_{j=2}^{N+1} w_j^* Y_{jt} = \sum_{j=2}^{N+1} w_j^* \sum_{s=1}^{T_0} \rho_t \left(\sum_{n=1}^{T_0} \rho_n' \rho_n \right)^{-1} \rho_s' (\varepsilon_{js} - \varepsilon_{1s})$$
$$- \sum_{j=1}^{N+1} w_j^* (\varepsilon_{jt} - \varepsilon_{1t}) \qquad (7-5)$$

进一步证明，当干预之前的时期足够长（$T_0 \to \infty$），则式（7-5）趋近于 0，继而处理组个体 1 的"反事实"结果近似能够用合成控制组来进行表示：

$$\hat{Y}_{01t} = \sum_{j=2}^{N+1} w_j^* Y_{jt} \tag{7-6}$$

因此，处理组个体1的政策干预效应可以表示为：

$$\hat{\tau}_{1t} = Y_{1t} - \sum_{j=2}^{N+1} w_j^* Y_{jt}, t = T_0 + 1, \cdots, T \tag{7-7}$$

在这里，式（7-3）和式（7-4）是关键，如果存在权重向量 w^*，使得干预前各期合成控制组的观测结果与处理组观测结果相当，所有可观测因素相同。则意味着事前合成控制组的未观测因素会与处理组未观测因素相同。换言之，$\sum_{j=2}^{N+1} w_j^* \mu_j = \mu_1$。这意味着合成组与处理组将非常相似，进而可以将合成控制组的行为模式作为处理组个体"反事实"结果的估计。但是，实际上，式（7-3）和式（7-4）中的等式一般不会完全相等。即在实际应用该方法时，很难保证式（7-3）和式（7-4）的条件恰好成立，一般只要求等号近似成立。

由上述介绍与分析可知，合成控制法实施的关键是找到满足式（7-3）和式（7-4）条件的权重向量：

$$w = (w_2, \cdots, w_{N+1}), w_j > 0, j = 2, \cdots, N+1 \tag{7-8}$$

且 $\sum_{j=2}^{N+1} w_j = 1$，即合成控制组是控制组个体的一个凸组合。令 X_1 是处理组个体事前的特征，包括可观测协变量 Z_1 和事前结果的若干线性组合，是 $M \times 1$ 维的向量。

同样地，令 X_0 为控制组的事前特征，为 $M \times N$ 的矩阵。合成控制权重 $w^* = (w_2^*, \cdots, w_{N+1}^*)'$ 最小化下面算式的距离：

$$\|X_1 - X_0 w\| = \sqrt{(X_1 - X_0 w)' V (X_1 - X_0 W)}$$
$$= \sqrt{\sum_{m=1}^{M} v_m (X_{1m} - X_{0m} W)^2} \tag{7-9}$$

式（7-9）中，V 是一个 $M \times N$ 的对称正定矩阵，通常是对角阵，对角元素为 v_m，$m = 1, \cdots, M$，v_m 是一个权重，反映了在处理组和控制组协变量差异中的相对重要性，X_{jm} 是个体 j 的第 m 个协变量。在这里，V 的选择特别重要，合成控制 W^* 将依赖于 V 的选择。换言之，不同的 V 将得到不同的合成控制组 W^*。合成控制 $W^*(V)$ 的目的是复制处理组在没有受到政策干预时的行为，因此，$v_1, \cdots, v_m$ 的选择应该反映协变量的预测能力。$v_1, \cdots, v_m$ 的选择可以根据研究者对各协变量预测能力的主观评价。一个较好的办法是选择使事前均方误差（mean squared predicted error，MSPE）最小的矩阵 V（Abadie et al.，2010），即选择 V 最小化。

$$V = \sum_{t=1}^{T_0} \left(Y_{1t} - \sum_{j=2}^{N+1} w_j^*(V) Y_{jt} \right)^2 \qquad (7-10)$$

如果事前时期足够长，也可以使用交叉验证的方法，将事前样本分成训练期（Training period）和验证期（Validation period）。给定任意矩阵 V，利用训练期数据计算权重矩阵 $W^*(V)$，然后利用验证期数据获得最小化 $W^*(V)$ 的 MSPE（赵西亮，2017）。

7.2.2 实证结果分析

根据本章研究方案设计与估计方法介绍，本部分以贵州省六盘水市最早实施农村"三变"改革的盘县作为处理组，将能够获取公开统计数据资料的 66 个区县（在全样本基础上扣除了数据缺失严重的贵阳市观山湖区、毕节市七星关区、铜仁市碧江区）合成一个盘县作为对照组。表 7-3 报告了构成合成盘州的区县权重组合。可以看出威宁县的合成权重最大。特别强调，兴义市、云岩区、威宁县的权重并不存在线性关系。具体来看，当选取其他目标区县展开合成估计时，合成的区县单位和权重均会发生变化，说明合成过程中没有出现线性内推问题。

表 7-3 合成盘州的各区县权重组合

区县	云岩区	威宁县	兴义市
权重	0.175	0.714	0.111

资料来源：笔者根据合成控制法分析结果整理编制。

进一步对 2014 年盘县实施农村"三变"制度之前真实盘县与合成盘县相关变量情况进行对比分析。测算结果显示，真实盘县与合成盘县农村居民人均纯收入增长率差异程度仅为 0.123%。在影响农村居民人均纯收入增长率的因素中，合成盘县的年末常住人口（万）、乡村从业人员数

（万）、人均地区生产总值（元）、地方公共财政支出（亿）与真实盘县的差异程度也较低（见表7－4）。

表7－4　　　　　　预测变量拟合结果与真实变量情况对照表

变量名称	变量定义	真实盘县	合成盘县	66个区县均值
y	农村居民人均纯收入增长率（%）	11.03	11.53	10.93
$Dustry$	第一产业与第二产业增加值之比（%）	0.07	2.17	0.53
$Density$	年末常住人口（万）	107.67	110.02	37.30
$Employ$	乡村从业人员数（万）	56.45	54.84	21.47
$Pregdp$	人均地区生产总值（元）	17295.14	16423.37	19149.72
$Expenditure$	地方公共财政支出（亿元）	27.41	27.90	13.12

资料来源：笔者根据合成控制法分析数据整理编制。

通过将合成盘县与真实盘县的关键变量进行对比得出结论认为，运用合成控制法能够很好地拟合盘县在实施农村"三变"改革制度之前的特征，能够被用于刻画并展示农村"三变"改革与农村居民人均纯收入之间的因果效应。

图7－1展示了合成盘县与真实盘县农村居民人均纯收入增长率逐年变动情况。由图7－1可以看出，在实施农村"三变"改革之前，合成盘县和真实盘县的农村居民人均纯收入增长率变动路径与波动情况基本上能够吻合，满足合成控制法的基本要求。2014年开始合成盘县和真实盘县的农村居民人均纯收入增长率发生了明显变化，真实盘县的农村居民人均纯收入增长率显著高于合成盘县同期数据。上述结果表明，农村"三变"改革的实施对于农村居民人均纯收入增加具有显著的正向影响。

通过图7－1可以看出，如果没有实施农村"三变"改革，2014年盘县潜在的农村居民人均纯收入增长率应该为7.65%，而实施农村"三变"改革后，实际的农村居民人均纯收入增长率为18.12%，两者相差10.47%。进一步，为了更直观地展示实施农村"三变"改革对盘县农村居民人均纯收入增长率变化的影响。本部分计算了实施农村"三变"改革前后合成盘县和真实盘县农村居民人均纯收入增长率的差值。如图7－2所示，2006～2013年真实盘县和合成盘县农村居民人均纯收入增长率的差值在正负5%之间波动。但是从2014年开始，真实盘县和合成盘县农村居民人均纯收入增长率的差值明显增加又出现回落，变动差距高达 10.47%。通过图 7-2 可以清晰地看出，实施农村"三变"改革之后，处理组农村居民人均纯收入增长率指标增加明显。这说明，农村"三变"改革对农户增收具有促进作用。

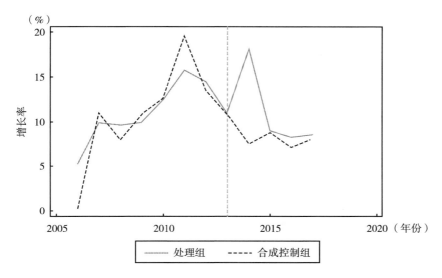

图 7-1　农村居民人均纯收入增长率：真实盘县与合成盘县

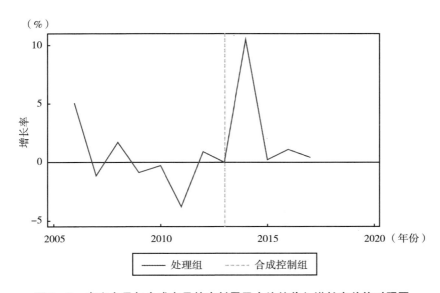

图 7-2　真实盘县与合成盘县的农村居民人均纯收入增长率差值对照图

7.3　稳健性检验

由上述分析可知，通过合成控制法的研究结果得出：真实盘县和合成盘县农村居民人均纯收入增长率样本存在显著差异。具体来看，实施农村"三变"改革之后盘县的农村居民人均纯收入增长率呈现出明显的上升趋势。但是这里也存在疑问，这种差异确实是由于是否实施改革导致的，是否可能是一种偶然现象？是否是其他一些外在的、未被观测到的因素导致的？鉴于此，本部分将运用合成控制法比较常用的时间安慰剂检验和地区安慰剂检验两种方法对已经得出的合成控制法的估计结果进行稳健性检验，以排除偶然性和其他未被观察到的外在因素干扰研究结果的情况。

7.3.1　时间安慰剂检验

借鉴阿巴迪等（Abadie et al.，2010）相关研究，其指出如果运用合成控制法进行处理时，如果事前时期比较长，那么就可以构造一种时间角度的安慰剂检验。根据现有研究，这种方法被称为时间随机置换安慰剂检验，有些时候也被称为伪干预时间检验（pseudo treatment）。时间安慰剂检验的核心思想是，研究者可以选择一个干预之前的时间信息点，然后这一时点上所有个体都没有受到真正的干预。那么如果在这一点利用同样的合成控制方法，如果一样能够得到显著的政策效应，则说明之前获得的合成控制法可能存在问题。相反，如果没有得到显著的政策效应，则说明上述部分运用合成控制法得出的结论是正确且可靠的。换言之，利用合成控制法，一些外在的、未被观测到的因素得到了充分控制。

将时间安慰剂检验运用到验证上述部分分析结果稳健性方面：在具体操作过程中，我们将农村"三变"改革的时间由实际发生的2014年推前到2010年，然后重新运用合成控制法检验实施农村"三变"改革对农村居民人均纯收入增长率的作用效果。在实际处理过程中，设想盘县实施农村"三变"改革的时间为2010年（政策实施之前，2006～2014年）。合成控制法的估计结果如图 7 – 3 所示。

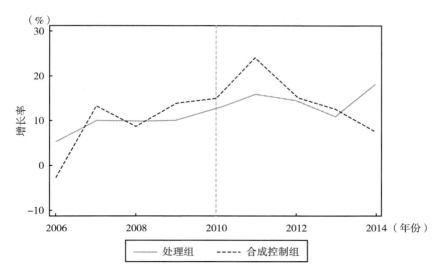

图 7 – 3　时间安慰剂检验结果

根据时间安慰剂检验结果,农村"三变"改革实施之前,合成盘县的农村居民人均纯收入增长率与真实盘县的农村居民人均纯收入增长率变动规律具有一致性。这表明,假定 2010 年盘县实施农村"三变"改革对农村居民人均纯收入增长率没有任何效果。进一步,验证了合成盘县的农村居民人均纯收入增长率较好地拟合了真实盘县的农村居民人均纯收入增长率的结论。证明图 7 – 1 的结果能够较好地反映实施农村"三变"改革对盘县农村居民人均纯收入增长率的作用效果,合成控制法具有潜在的预测能力。[①]

7.3.2　地区安慰剂检验

除了时间安慰剂检验,一般还运用地区安慰剂检验方法对合成控制法分析结果的稳健性进行检验。地区安慰剂检验也被称为一种安慰剂检验(placebo test)或者证伪检验(falsification test)。地区安慰剂检验的思路

——————

① 在实际运用时间安慰剂检验进行验证的过程中,作者假想将盘县实施农村"三变"改革的时间进一步提前到 2009 年、2005 年,结果得出的时间安慰剂检验结果与 2010 年基本相似。上述检验充分说明,本书运用合成控制法具有较好的预测能力。

是，可以从没有受到试验干预的控制组中随机抓取一个个体并将其作为"伪处理组"，利用同样的合成控制方法去估计这个样本的政策效应。对于这个伪干预个体而言，事实上它并没有受到政策干预的影响，如果测算结果显示也出现了较大的政策效应，那么说明前面部分的结论有可能存在问题。因为，按照合成控制法的方法设定，没有受到政策干预影响的个体作为"伪处理组"不可能发生类似真实处理组的政策效应。如果在"伪处理组"那里得到了类似的政策效应，则说明已观察到的政策效应很可能并不是政策干预的影响，而有可能是因为其他因素造成的影响。进一步，极端的情况是，利用全部控制组个体中随便抓取一个样本作为"伪处理组"，均无法得到类似利用真实处理组的政策效应，这样才能证明本部分得到的真实估计的政策效应是显著的。

在本部分检验中，将从 66 个作为控制组的区县中选择任意一个作为"伪处理组"，假定被选定的"伪处理组"在 2014 年实施了农村"三变"改革。采用同样的合成控制法，如果结果表明"伪处理组"与合成"伪处理组"在农村居民人均纯收入增长率方面不存在很大差异，则表明合成控制法能够有效地证实农村"三变"改革对盘县农村居民人均纯收入增加具有显著的作用效果。鉴于对地区安慰剂检验的分析，本部分首先采用处置组变换方法检验合成控制法结果稳健性。由上述部分的分析可知，在运用合成控制法时威宁县的权重最大，为 0.714，表明威宁县与盘县最为相似，故而本部分在选择"伪处理组"时充分考虑了威宁县。另外，本部分还随机选择了合成权重为 0 的凯里市。合成权重为 0，表明凯里市和盘县农业生产与经济情况存在较大差异。综上所述，此处选择威宁县和凯里市作为"伪处理组"来检验改革实施前后合成样本与实际样本农村居民人均纯收入增长率情况。

表 7-5 是威宁县和凯里市预测变量与盘县的比较。假定威宁县和凯里市均实施了农村"三变"改革，威宁县与盘县农村居民人均纯收入增长率十分相似，其他预测变量与盘县差异也较小。相比而言，凯里市与盘县农村居民人均纯收入增长率存在着较大差异，其他预测变量与盘县的差异也较大。假定威宁县和凯里市均在 2014 年实施了农村"三变"改革，那么对这两个区县进行合成控制法分析。

表 7 - 5　　　　　　　　　　预测变量拟合与"伪处理组"对比

变量名称	变量定义	盘县	威宁县	凯里市
y	农村居民人均纯收入增长率（%）	11.03	11.73	11.25
$Dustry$	第一产业与第二产业增加值之比（%）	0.07	3.05	0.08
$Density$	年末常住人口（万）	107.67	120.36	46.54
$Employ$	乡村从业人员数（万）	56.45	69.65	17.03
$Pregdp$	人均地区生产总值（元）	17295.14	4776.49	15949.79
$Expenditure$	地方公共财政支出（亿）	27.41	18.86	11.77

资料来源：笔者根据合成控制法分析数据整理编制。

　　图 7 - 4 和图 7 - 5 分别展示了威宁县和凯里市的地区安慰剂检验。从图中可以看出，威宁县和凯里市在实施农村"三变"改革前后真实的农村居民人均纯收入增长始终沿着合成的农村居民人均纯收入增长率的走势而变化，也就是说真实的农村居民人均纯收入增长率与合成农村居民人均纯收入增长率的波动幅度较小，走势没有发生比较大的突变。因此，能够在一定程度上证明实施农村"三变"改革对农村居民人均纯收入增长率具有正向影响作用，并不存在其他共同的偶然因素影响农村居民人均纯收入增长率变化。

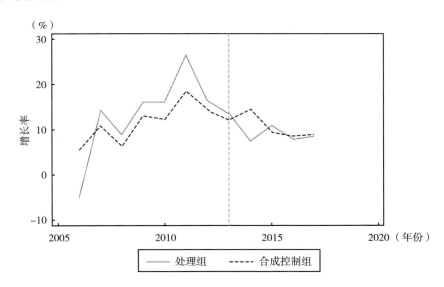

图 7 - 4　农村居民人均纯收入增长率：真实威宁和合成威宁

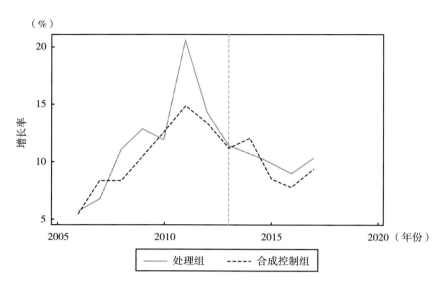

（%）

图7－5　农村居民人均纯收入增长率：真实凯里和合成凯里

一般来讲，利用合成控制法进行比较研究中，个体数量不会太多，故而基于大样本的假设检验方法并不太合适。阿巴迪等（Abadie et al., 2010）在其研究中提出一种类似于置换检验（permutation test）的推断方法。这种方法的核心思想是，为检验合成控制法得到的参数估计结果是否显著，可以设定政策效应不显著的原假设。换言之，就是假设政策干预对个体没有因果影响，这样将干预组个体放到控制组个体中，随机抽出某个体利用合成控制的方法，可以估计出对应的政策效应。这样来讲，按照基本的逻辑，对于 N 个控制组个体，则会得到 N 个对应的政策效应估计，进而能够得到政策效应估计的一个具体分布（exact distribution）。这样之后，再检测估计的干预组个体因果效应在整体分布中所处的位置。如果处于分布的尾部，例如 5% 的尾部，则说明原假设是成立的；如果得到的估计的政策效应的可能性低于 5%，原假设可能为假。如果设定 5% 的显著性水平，则可以拒绝没有政策影响的原假设，进一步说明估计结果是显著的。当然，如果估计的政策效应参数在整个分布的中间位置，则意味着随机抽取一个个体作为干预组，就可以大概率得到观测的因果效应，说明无法拒绝原假设，估计的因果效应参数不显著。

借鉴已有研究，本部分以盘县为实验组计算出平均预测误差平方根为

4.20。同时，根据上述稳健性检验原理，假设对照组内的所有区县在 2014 年均实行了农村"三变"改革，利用合成控制法构造每个县级单位的农村收入增长率，估计在假设情况下的政策实施效果。本书对所有的 67 个区县样本利用合成控制法进行估计，得到 67 个相应的政策效应估计，盘县的改革效应在图中以黑线标出。

由图 7 - 6 可知，2014 年之前，盘县的农村居民收入增长率预测误差与其余 66 个县级单位差距较小，在 2014 年之后，盘县农村居民收入增长率预测误差明显变大，且明显处于大部分区县单位预测误差的外侧，这表明农村"三变"改革对盘县农户收入增长产生了明显的正向效应。进一步合成控制法模型分析结果显示，显著异于 0 的概率为 9.10%。综上所述可以得出，农村"三变"改革在 10% 的置信水平上显著提升了盘县农户收入增长率。

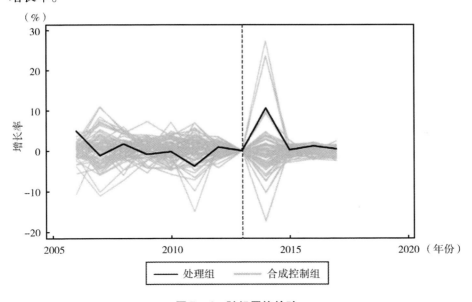

图 7 - 6　随机置换检验

7.4　农村"三变"改革促进农户增收的作用机制

本章上述部分运用合成控制法证明了实施农村"三变"改革对农村居

民人均纯收入增长率具有显著正向影响，即实施农村"三变"改革对农户增收具有显著促进作用。那么，农村"三变"改革促进农村居民收入增长的内在机制与具体路径是什么？根据本书理论分析部分可知，从理论上来讲农村"三变"改革增加农户收入的内在机制在于改革实践带来的村社资源要素重新配置。农村"三变"改革实践过程是各类资源要素重组、产业重构的过程，其中土地和劳动力要素的重新配置是农户收入增加的主要来源。具体来看，通过农村"三变"制度设计，土地要素所有者将在获得固定租金的基础上以股份份额分享产业发展收益，有利于激励农户将土地要素入股新型农业经营主体，表现为土地要素的集聚及在传统产业和区域优势产业之间的重新配置，在此过程中农户的财产性收入增加。进一步，土地要素重新配置伴随劳动力要素在农业产业和非农业产业之间的重新配置。当农户受到制度激励，有意愿将土地要素以入股方式流转时，劳动力要素随之从传统农业经营中解放出来，理性的农户会伺机寻找与劳动能力匹配的就业机会，以提高工资性收入。即土地和劳动力要素重新配置在农村"三变"改革促进农户增收中具有中介作用，主要通过增加财产性收入和工资性收入的形式促进农户总收入增加（见图7-7）。

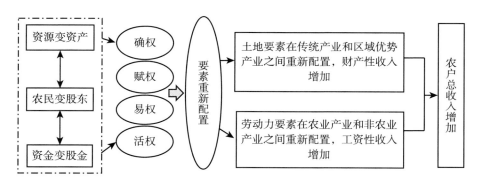

图7-7　土地和劳动力要素重新配置对增加农户收入的影响机制图示
资料来源：笔者自绘。

7.4.1　模型设定与数据说明

在理论分析的基础上，本书选取土地配置和劳动力配置两个中介变量，探究农村"三变"改革是否通过上述两条机制促进农户收入增加。借鉴一些学者的研究方法（温忠麟和叶宝娟，2014；李谷成等，2018；何文剑等，2021），运用中介效应模型检验方法，在第一步识别改革实践绩效的基础上，采用逐步回归法进行中介效应检验。具体模型构建如下：

$$med_{it} = \theta_0 + \theta_{med}\, reform_{it} + \sum_{j=1}^{J} w_j\, Conteol_{it} + \gamma_t + \mu_i + \varepsilon_{it} \qquad (7-11)$$

$$InIncome_{it} = \varphi_0 + \varphi_{ref}\, reform_{it} + \varphi_{med}\, med_{it}$$
$$+ \sum_{j=1}^{J} w_j\, Conteol_{it} + \gamma_t + \mu_i + \varepsilon_{it} \qquad (7-12)$$

式（7-11）和式（7-12）中，$reform_{it}$ 为区县 i 在 t 年的农村"三变"改革实施情况。当区县 i 在 t 年实施农村"三变"改革，$reform_{it}=1$；如果未实施农村"三变"改革，则 $reform_{it}=0$。$Income_{it}$ 表示区县 i 在 t 年的农户收入，在模型中采用对数形式，以缓解收入变量的异方差问题。$Conteol_{it}$ 为控制变量，w_j 表示第 $j(j=1,\cdots,J)$ 个控制变量的系数。γ_t 表示年份固定效应，用以控制时间趋势的影响；μ_i 为区县固定效应，用以控制地区层面不随时间变化的因素对农户收入的影响。ε_{it} 为随机扰动项。med_{it} 为中介变量，包括土地要素重新配置和劳动力要素重新配置。逐步法检验包括三个步骤。第一步为检验农村"三变"改革确实会影响农户家庭收入，即在本章合成控制法检验结果的基础上，依次检验式（7-11）中的系数 θ_{med} 和式（7-12）中的系数 φ_{med}。如果两个系数都显著，则意味着存在中介效应，并进行第三步检验。如果至少有一个系数不显著，则进行第二步检验。第二步将用 Bootstrap 方法检验原假设：$\theta_{med}\varphi_{med}=0$。如果检验结果拒绝原假设，说明中介效应成立，然后进行第三步检验；如果接受原假设，则停止继续分析。第三步检验式（7-12）中的系数 φ_{ref}，如果系数 φ_{ref} 不显著，则表明模型存在完全中介效应；如果系数 φ_{ref} 显著，则进一步比较 $\theta_{med} \times \varphi_{med}$ 和 φ_{ref} 的符号，如果符号一致，则表明存在部分中介效应。

从变量选择来看，为剔除家庭人口规模对估计结果的影响，本部分选取农村居民人均纯收入作为被解释变量，中介变量包括土地要素重新配置和劳动力要素重新配置。其中土地要素重新配置以"第一产业总产值"表示，用于衡量农村"三变"改革前后土地要素在传统产业和区域优势产业配置情况。这是因为农村"三变"改革实践过程包含在确权、赋权的基础上经营服务主体嵌入区域优势产业经营，土地要素配置从改革前碎片化、粗放的传统农作物经营转化为区域优势产业规模化经营。劳动力要素重新配置以"农业产业从业人数"表示，用于衡量农村"三变"改革前后劳动力要素在农业和非农业部门配置情况。参照已有文献，选择人均地区生产总值、地方公共财政支出、年末常住人口数作为控制变量（程名望等，2016）。从数据情况来看，为综合考察农村"三变"改革对农户收入的影响机制，本部分构建了贵州省 67 个区县 2010～2020 年共计 11 年有关农村居民人均纯收入的面板数据。具体来看，本部分在合成控制法构造改革"自然试验"的基础上，拓展数据长度并截取实施改革前后 2010～2020 年的面板数据。本部分所用面板数据源于《中国县（市）社会经济统计年鉴》《中国区域经济统计年鉴》和《贵州统计年鉴》（2005－2021）。在数据整理过程中，主要借助 Wind 资讯金融终端和 EPS 全球统计数据/分析平台数据库进行数据整理。

7.4.2　农村"三变"改革、土地配置与农户收入

土地要素重新配置的中介效应回归结果如表 7－6 所示。第一步检验的结果表明，农村"三变"改革对第一产业总产值具有显著的正向影响。而中介变量第一产业总产值对农村居民人均纯收入具有显著正向影响。这说明，农村"三变"改革在增加第一产业总产值的基础上，提高了农村居民人均纯收入，由此说明土地要素重新配置存在中介效应。在第一步检验出 θ_{med} 和 φ_{med} 均显著的基础上直接进行第三步检验，表 7－6 第（2）列的结果表明，农村"三变"改革对农村居民人均纯收入存在显著的正向影响。由于 θ_{med}，φ_{med} 和 φ_{ref} 三个估计系数值均显著，且 $\theta_{med} \times \varphi_{med}$ 与 φ_{ref} 同号，这说明，土地要素重新配置存在部分中介效应。进一步可以计算中介效应占总效应的比重：$(\theta_{med} \times \varphi_{med})/\varphi_{ref} \approx (3.517 \times 48.723)/2346.487 \approx 0.073$。这在一定程度上说明，农村"三变"改革对农民居民人均纯收入增长的作用大约有 7.30% 是通过土地要素重新配置的中介作用实现的。

表 7 - 6　　　　　第一产业产值对农户收入增长的中介效应检验结果

变量	第一产业总产值（亿元）	农村居民人均纯收入（元）
农村"三变"改革	3. 517 *** (0. 502)	2346. 487 *** (130. 696)
第一产业产值（亿元）	—	48. 723 *** (9. 162)
人均地区生产总值（元）	- 0. 001 *** (0. 001)	0. 06526 *** (0. 0047)
地方公共财政支出（亿元）	0. 632 *** (0. 026)	81. 909 *** (6. 725)
年末常住人口（万人）	- 0. 177 *** (0. 029)	- 20. 690 *** (6. 442)
常数项	7. 509 *** (1. 231)	3860. 008 *** (264. 039)
年份	已控制	已控制
地区	已控制	已控制
样本量	737	737
调整的 R^2	0. 740	0. 855

注：括号内数字为标准误，*** 表示在 1% 的水平上显著，上述表格为作者根据中介效应模型分析结果整理编制。

7.4.3　农村"三变"改革、劳动力配置与农户收入

劳动力要素重新配置的中介效应回归结果如表 7 - 7 所示。第一步检验的结果表明，农村"三变"改革对农业产业从业人数具有显著负向影响。同时中介变量农业产业从业人数对农村居民人均纯收入也具有显著负向影响。这说明，农村"三变"改革通过减少农业产业从业人数，提高了农村居民人均纯收入，由此说明劳动力要素重新配置存在中介效应。在第一步检验出 θ_{med} 和 φ_{med} 均显著的基础上直接进行第三步检验，表 7 - 7 第（2）列的结果表明，农村"三变"改革对农村居民人均纯收入存在显著的正向影响。如表 7 - 7 所示，由于 θ_{med}，φ_{med} 和 φ_{ref} 三个估计系数值均显著，且 $\theta_{med} \times \varphi_{med}$ 与 φ_{ref} 同号，这说明，劳动力要素重新配置存在部分中介效应。进一步可以计算中介效应占总效应的比重：$(\theta_{med} \times \varphi_{med})/\varphi_{ref} \approx [- 0.775 \times (- 31.723)]/2346.487 \approx 0.010$。这在一定程度上说明，农村"三变"改

革对农民居民人均纯收入增长的作用大约有 1.00% 是通过劳动力要素重新配置的中介作用实现的。

表 7-7　　　　　农业产业从业人数对农户收入增长的中介效应检验结果

变量	农业产业从业人数（万人）	农村居民人均纯收入（元）
农村"三变"改革	-0.775 ***	2346.487 ***
	(0.296)	(130.696)
农业产业从业人数（万人）	—	-31.723 ***
		(11.663)
人均地区生产总值（元）	0.001	0.0653 ***
	(0.001)	(0.0047)
地方公共财政支出（亿元）	-0.091 ***	81.909 ***
	(0.016)	(6.725)
年末常住人口（万人）	0.295 ***	-20.690 ***
	(0.022)	(6.442)
常数项	13.018 ***	3860.008 ***
	(1.198)	(264.039)
年份	已控制	已控制
地区	已控制	已控制
样本量	737	737
调整的 R^2	0.364	0.855

注：括号内数字为标准误，*** 表示在 1% 的水平上显著，上述表格为作者根据中介效应模型分析结果整理编制。

　　综上所述，中介效应模型结果表明，农村"三变"改革通过激励要素主体改变资源配置策略促进农户收入增长。具体表现为，通过改变土地要素在传统产业和区域优势产业之间的配置增加农户财产性收入；通过改变劳动力要素在农业和非农业部门的配置增加农户工资性收入。综上所述，中介效应模型分析结果表明，本书提出的研究假设 2 得到验证。需要特别说明，鉴于县域统计数据方面的局限，本部分主要检验了劳动力和土地要素重新配置在增加农户收入过程中的机制和路径，但是农村"三变"改革是系统性的资源要素重组、组织重构过程，在此过程中还包括资本要素重新配置、产业经营规模扩大、信贷可得性提升等方面的机制有待微观调查数据验证。

7.5　本章小结

本章重点对农村"三变"改革农户增收效果及机制进行了分析。首先借助贵州省 67 个区县 2006~2017 年，共计 12 年的面板数据，运用国际前沿的政策评估方法，将六盘水市最早实施农村"三变"改革的盘县作为处理组，将同时期未实施农村"三变"改革的贵州省其他区县合成一个控制组。通过测算处理组与控制组受改革影响的差值，检验实施农村"三变"对农村居民人均纯收入增长率的作用效果，并运用时间安慰剂检验和地区安慰剂检验对实证结果进行了稳健性检验。实证结果表明：农村"三变"改革在 10% 的水平上显著促进了农户人均纯收入增长率提高。其次运用贵州省 67 个区县 2010~2020 年，共计 11 年的面板数据，运用中介效应模型，分析土地要素在传统产业和区域优势产业的重新配置和劳动力要素在农业和非农业部门之间的重新配置两个方面的影响机制和路径。结果表明劳动力要素和土地要素重新配置存在部分中介效应，根据测算农村"三变"改革对农民居民人均纯收入增长的作用大约有 7.30% 是通过土地要素重新配置的中介作用实现的，大约有 1.00% 是通过劳动力要素重新配置作用实现的，同时还存在其他待验证机制。综上所述，根据本章分析，本书研究假设 2 得到验证。

第 **8** 章

相同农村"三变"改革组织模式的农户增收效果异质性分析

本章旨在研究并回答全书第五个核心问题：相同农村"三变"改革组织模式是否会取得同样的农户增收效果、内在原因是什么？由上述章节分析可知，全书第 6 章和第 7 章分别从微观、宏观数据层面测算了农村"三变"改革对农户收入增长的影响及内在机制与路径。但需要注意的问题是，由于研究目标和研究需要，在理论分析过程中假定农户是同质的，进一步在实证分析中也将农户"打包"成一个整体，测算制度创新对所观察农户群体收入增长的平均效应。现实中，参与改革的村社和农户具有异质性。这种情况隐含了一个重要研究问题，虽然前面的部分验证了农村"三变"改革对农户增收具有正向作用，但是这种正向影响是必然结果吗？换言之，农村"三变"改革相同组织模式是否会取得一样的增收效果。带着上述研究问题，本章将重点探讨：为何在同一地区、相同产业情况下、运用相同的农村"三变"改革组织模式①（多元主体合作发展模式）整合资源谋求发展，却出现了差异化的农户增收效果？根据研究需要，本章将运用质性研究方法和双案例研究方法，基于鲜活的村庄调查资料验证本书提

---

① 本书第 5 章将当前农村"三变"改革典型模式总结为三类，分别是："农户 + 村集体 + 合作社/家庭农场/专业大户/民营企业"基础模式；"农户 + 村集体 + 政府平台公司"政府平台公司主导模式；"农户 + 村集体 + 合作社/家庭农场/专业大户/民营企业 + 政府平台公司"多元主体合作发展模式。

出的研究假设3：集体行动达成、是否建立监督、冲突解决机制等因素在农村"三变"改革促进农户增收中具有调节作用。

8.1 研究设计

8.1.1 方法选择

本章采用探索性双案例研究方法。案例研究方法强调为研究问题提供理论情景，并对特定的情境进行充分的描述。具体研究中需要深度沉浸于现象之中，是一个从数据到理论的归纳过程。因而有其特定的适用范围，特别适用于回答"是什么"和"怎么样"的问题（李彬等，2013；张静，2018）。本书关注的核心问题是农村"三变"改革实践何以带动农户收入增加，属于"How"问题范畴，适合采用案例研究方法。进一步，双案例研究方法适用于一对情况相反或相互加强的案例，有助于对同一现象进行互相印证与补充，增强理论的适用范围和抽象层次（Julie and Silvia，2010；陈靖，2013；Liu et al.，2018）。本书的研究对象——D村和S村正是一对通过农村"三变"改革实践带动农户增收的典型案例，前期发展情况较为相似并在短期内取得了良好的经济效应和社会效应，但是发展后期呈现不同的发展绩效，因此适宜采用双案例研究方法。由于本章需要细化分析农村"三变"改革推进过程中，"确权、赋权、易权、活权"实践方式不同何以带来不同发展绩效，属于已有文献尚未开展深入分析的内容，需要进行理论构建，故而采用探索性双案例研究（Eisenhardt，1989；毛基业和陈诚，2017；周立等，2021）。

8.1.2 案例选择

本书选取贵州省六盘水市两个村庄（D村和S村）作为研究案例①，主要基于三个方面的原因：一是有利于回应研究问题。本章所选案例村庄

---

① 按照学术伦理对案例地区和村庄名称作匿名化处理。

在发展过程中均通过农村"三变"改革方式积极整合内外部可利用的资金、技术、人力及其他资源,旨在实现农业生产、休闲农业及其他相关服务业协同发展。二是有利于开展对照分析。从地理位置来看,两村位于相距仅80千米的同一县区,具有相似的外部宏观政策条件、农村内部社会结构、生产特征和经济特征。从发展时间来看,几乎相同的发展起点时间(均自2013年启动发展)为两村对比分析创造了良好条件,相对较长的发展时期能够较好体现村庄发展的"起承转合",为全面考察不同时期村庄发展特征奠定了基础。三是有利于研究资料获取。一方面,两村均是笔者长期蹲点调查的村庄,在长达5年的持续跟踪调查过程中,笔者曾多次赴村庄所在地开展调查,与相关人员建立了稳定且相互信任的社会关系,有利于获取更为扎实和可信的第一手研究资料;另一方面,在追踪调查阶段,课题组承接了全国农村集体产权制度改革试点第三方评估工作,在长期非正式田野调查基础上借助正式方式入场,在获得地方官员许可与支持后深入案例地区补充相关资料。

8.1.3　数据收集

本书数据收集主要采用半结构式访谈方法,同时辅以随机抽样问卷调查及内部文档、公开报道资料归纳整理。课题组于2017年2月开始赴贵州省所在的几个典型案例村庄开展集中调研,随后筛选并锁定对D村和S村进行长期蹲点调查。2017～2021年,笔者曾数次赴贵州省两个典型案例村庄进行回访。特别地,新冠疫情暴发期间,笔者通过微信、电话等方式对相关人员进行追踪访谈,了解并掌握村庄最新发展动态。在具体半结构式访谈中,首先对村委会管理人员、各类新型农业经营主体人员(合作社、涉农企业、家庭农场、专业大户)、其他相关人员展开了系统访谈[1]。重点

---

[1]　访谈流程是:第一步,在其他人员回避的情况下,针对某一负责人进行单独访谈;第二步,等受访者陈述完毕之后,课题组抛出感兴趣的问题,邀请做系统回答;第三步,等获取全部访谈资料之后,课题组展开讨论并迅速分工整理,尽量保证当天所有访谈资料必须当晚整理完毕;第四步,再次预约已接受过访谈的受访者,对整理的调查资料进行校对(具体的操作流程是:将整理好的资料讲述一遍,请受访者指出陈述中出现的错误表达;将电脑中绘制的图片和数据表格拿给受访者检查是否不妥,按照受访者意见当面修改并完善文本资料)

访谈内容包括村庄发展历程、村庄要素（土地、劳动力、资本）重组情况、村庄当前的组织与治理结构、政府等外部主体在村庄发展过程中发挥的作用、关键性人物特征及作用、有无负面的矛盾冲突事件及处理方式、受访者个人经历及介入村庄发展过程等。进一步，在对关键性人物访谈基础上，围绕基本情况、村庄信任、社会参与、发展认同与支持、现存问题等方面，设计内容翔实的调查问卷。以随机抽样的方式，对典型案例村庄农户家庭展开"一对一"问卷调查。与此同时，查阅整理了村庄内部文档（会议纪要、入股合同、产业布局规划、成本核算表等相关文本资料）、网上公开报道等资料。具体资料如表 8-1 所示，通过扎实田野调查获取的内容翔实的访谈资料，为开展探索性双案例研究奠定了坚实基础。

表 8-1 数据收集的描述性统计

数据来源	数据信息统计	D 村	S 村
深度访谈	录音时间	72 小时	120 小时
	录音字数	4.53 万字	6.88 万字
	访谈人数	81	158
	受访者	村委人员（5），企业人员（4），政府平台公司人员（3），合作社人员（5），专业大户（4），普通农户（60）	村委人员（4），合作社人员（10），旅游公司人员（9），政府平台公司人员（5），普通农户（130）
现场观察		村庄参观；产业板块考察；村委会座谈；各类经营主体座谈；入户观察访谈	
二手资料		已有文献资料学习；村庄内部资料整理查阅；网上公开报道搜集	

注：受访者单位后的括号中数字表示实际访谈人数。

8.2 D 村和 S 村的农村"三变"改革实践概况

8.2.1 基础：贫穷落后小山村

D 村属于贵州省六盘水市大山深处的一个村镇，位于贵州省西部。距离乡政府所在地 9 千米，距离市政府所在地 30 千米。全村地貌山高谷深，西高东低，全年平均温度在 18℃ 左右，无霜期长。村域总面积 12.4 平方千米，包含 17 个村民小组，属于所在乡镇规模比较大的村镇。全村共有 1070 户、4159 口人，以彝族、汉族人口居多。全村共有耕地 8934 亩、林地 3897 亩、水域 100 亩，村内土地类型以山地、坡地为主，海拔介于 1700～1800 米，立体气候特征明显，生物多样性突出。2012 年以前，D 村主要经营玉米、土豆、水稻等传统农作物，农户年收入 4551 元。

距离 D 村 80 千米处的 S 村（同一县级市），距离乡政府所在地 18 千米，距离市政府所在地 90 千米，地貌、地形与气候特征与 D 村基本一致。S 村村域总面积 6.1 平方千米，共有 8 个村民小组，全村共 502 户、1467 口人，拥有旱地 1326 亩、水田 897.3 亩，山地和林地面积共计 3817 亩，水域面积约 250 亩，湿地 340 亩。全村海拔介于 1300～2319 米，属立体气候，生物多样性突出。S 村属多民族聚居地，其中主要分布苗族（47.31%）、布依族（36.63%）、彝族（15.61%）和汉族（2.44%）。2012 年以前 S 村基础设施极其落后，村民主要收入来源为种植玉米、小麦、油菜等作物，全村人均年纯收入约 700 元，为维持生计全村 80% 的劳动力外出打工，是典型的"空壳村"。

8.2.2　历程：农村"三变"改革实践进程

1. 典型案例村庄发展阶段

（1）启动时期，"能人带领"村庄发展（2012～2013）。D 村和 S 村发展过程启动均源于企业家带头。于 D 村而言，其之所以启动发展，最初是因为本县经营连锁超市的企业家 TQ 通过考察发现，D 村耕地资源禀赋优势突出，计划将村庄打造为连锁超市的新鲜蔬菜供应基地，以缩减超市采购成本。随后在企业家 TQ 筹建蔬菜种植基地的同时，地方领导注意到村庄资源禀赋和距离城市较近的区位优势，建议企业家带头整合资源以"农业＋旅游"休闲观光产业发展模式带动村庄发展。相较而言，S 村启动发展源于本村走出去的煤企老板迫于煤炭产业转型压力，基于为员工谋发展、家乡情怀和追求人生意义的考虑而返乡带动村庄发展。按照最初的发展设想，企业家 TZX 计划整合村庄"小、散、乱"的资源进行高价值农产品规模化种植。但在整合资源过程中，以企业家为代表的管理层意识到，单纯发展高价值农产品种植产业，既难以充分解决村民就业又面临巨大市场风险，进一步决定在农业产业经营的基础上扩宽思路发展乡村旅游业。

（2）发展时期，组织重构促进"农旅"业态丰富（2013～2016年）。D村和S村在发展时期均以农村"三变"改革方式，通过组织重构、要素重组整合村庄内外部可利用资源，重塑村庄"农旅"业态。该阶段D村在NY公司主导下布局并投资建设旅游项目。包括在村庄核心位置（山谷整块平地）打造占地约198亩的"七彩花田"；以每亩27300元的价格买断水域附近约110亩土地修建湖畔酒店；建设提供餐饮、采摘、社会实践拓展等活动的生态农庄；进行生态养殖的生态养殖场；可以同时为500人提供观光、会议、餐饮等服务的热带生态馆等项目①。与此同时，2015年地方政府招商引资企业ZZ公司在考察D村发展前景基础上，入驻投资建成植物园、游乐场项目；2016年D村在当地政府"一村一社"号召下成立村级合作社，流转全村3200亩土地打造油用牡丹种植基地。相较而言，S村首先通过成立合作社整合资源谋求发展。随后在合作社筹建猕猴桃、刺梨等高价值农产品种植基地的同时，意识到单纯发展种植产业存在局限。进一步，成立旅游公司并将合作社负责经营的农业产业嵌入到旅游产业中，逐步打造银湖大坝、湿地公园、陶源酒店、天生桥栈道等一批旅游业态。2015年L市农村改革经验受到上级政府认可，在获得更多政治关注的同时，县政府平台公司开始介入并投资S村建设（温泉公司注资回购旅游公司在建项目江源洞和温泉度假小镇）。

（3）扩展时期，政府平台公司介入并主导村庄发展（2016年至今）。D村和S村在发展拓展时期均离不开政府平台公司支持（"农旅"产业所需投资巨大），但平台公司介入两村的动因与程度存在明显差异。对于D村而言，2016年底企业家TQ负责经营的H连锁超市因财务困难而无力继续投资建设。这种情况下，NY公司寻求当地政府帮助，希望政府平台公司增资扩股。地方政府基于对景区经济效应和社会效应的双重考量（从经

---

① 按照规划设计，游客到D村的一般行程为：花田观光—农庄大棚采摘—生态乳猪烧烤—生态馆、农庄餐饮—湖畔酒店住宿。

济效应来看，2014～2016年D村"农旅"产业经济效益明显、发展潜力可观；从社会效应来看，NY公司为省级扶贫龙头企业，其带动周边70家农家客栈、20家农家乐发展，共计解决80人固定就业、每年向临时就业人员支付300多万元工资。同时D村是所在县第一家4A级旅游景区），授意县政府平台公司L陆续出资1.35亿收购NY公司80%的股份。随后平台公司L接手景区只经营到2017年7月，相关部门又以整合相近业务为由将景区划转给2017年1月成立的平台公司H，由其全权负责景区运营与投资①。相较而言，政府平台公司L介入S村的过程是持续且连贯的，主要在已建"农旅"业态的基础上投资建设了停车场、"三变"街、游客服务中心等项目，同时陆续增资扩股完善景区其他在建项目。

2. 典型案例村庄的农村"三变"改革情况

通过实地调查可知，D村和S村在组织重构、资源重组、产业重建过程中均是通过"资源变资产、资金变股金、农民变股东"的"三变"改革实践形式整合可利用的土地、资金、劳动力等要素资源，具体情况如表8-2所示。其中"资源变资产"包括对农户承包资源（主要为耕地资源）、村集体共有资源进行折价入股；"资金变股金"包括将农户自有资金、村集体公共积累资金、社会资金、财政项目资金、金融资金折价入股；"农民变股东"指农户将自有资源和村集体公共财产资源折价入股，成为能够共享产业发展收益的股东。

表8-2　　典型案例村庄的农村"三变"改革情况对照表（2012～2020年）

	资源类型	D村	S村
资源变资产	农户承包资源	共2400亩土地入股NY公司；3200亩土地入股村级合作社	周边10村共21800亩土地入股合作社
	村集体共有资源	村集体公共建筑（旧校址）入股个体户从事商超经营；村委帮助ZZ公司发放土地费用，以服务入股	8村生态林、水域、湿地等集体资源共85000亩入股旅游公司

---

① 通过对相关负责人访谈了解到，L公司接手景区后只在原有基础上继续运营，并未追加投资；H公司接手后共计投资1500万元用于景区建设，另外投资3100万元用以保证景区日常运营。

续表

	资源类型	D 村	S 村
资金变股金	农户自有资金	农户闲散资金 60 万元，入股村合作社	农户闲散资金 730 万元（涉及 465 户）
	村集体资金	###	普古乡 19 村集体积累资金 93.7 万元①
	社会资金	企业家自有资金 1000 万元和个人抵押贷款资金 4000 万元。	企业家自有资金 1270 万元和个人抵押贷款资金 9200 万元②
	财政资金	政府扶贫光伏项目资金 230 万元	政府扶贫等项目资金合计 2500 万元
		省农委园区奖励金 600 万元	棚户区改造项目资金 15000 万元
		省扶贫办项目资金 500 万元	政府小康六项行动 20000 万元
		价格调节基金 200 万元	4600 万元政府回购在建项目
		县财政局 140 万元	1.64 亿元平台公司投资
		省农委 40 万元	###
		专项资金 2400 万元	###
		人居环境改造项目资金 608 万元	###
		县旅文股公司投资 1.35 占股 80%③	###
	金融资金	215 万政府"特惠贷"贷款	5000 万政府"小康房"贷款
		###	6550 万担保贷款
农民变股东	参与改革户数	975 户	3105 户
	参与改革人数	3412 人	8875 人
	农户分红总额	2240 万元④	5100 万元

注：① 调研了解到，包括舍烹村在内的 19 村合计有 93.7 万元集体积累，原本由乡财政代管，但是乡财政考虑到资金"沉睡"在账面，每年收益较小，故将原本"沉睡"的 93.7 万元资金投入园区建设，园区每年向其付息 1%，与本金一起作为 19 村集体积累，有需要时将本金利息一同返还。

② 具体数据及抵押贷款情况参见已发表见刊论文：杨慧莲，韩旭东，李艳，郑风田．"小、散、乱"的农村如何实现乡村振兴？——基于贵州省六盘水市舍烹村案例［J］．中国软科学，2018（11）：148－162．

③ 该部分资金归纳为财政资金略有不妥，政府平台公司由政府财政资金注册成立，但是在实际运营过程中通过投融资的形式获取运营资金，该部分阅读与理解请读者注意。

④ 这里主要为土地入股金固定分红，目前农户入股资金还未分红，后期等景区收入稳定后按股分红。

资料来源：笔者在典型案例村庄深度蹲点调查所获资料归纳整理，其中###表示案例资料缺失或对应部分内容在案例村庄未体现。实际参与改革户数和人数相较村庄实际户数和人数更多，因为在发展过程中存在周边村镇将资源入股的情况，即改革实践辐射范围超出了村庄地理空间范围。

8.2.3　成果：两村的两种实践绩效

两个高度相似的村庄，均通过多元主体合作发展模式实施农村"三变"改革实践，却呈现出不同的发展绩效。田野调查发现，D 村在"农业 + 旅游"休闲观光产业发展的扩展时期，表现出明显的秩序失衡状态。虽然 D 村的基础设施条件和生态环境状况相较 2012 年以前显著改善，但是村庄内大量资源因经营不善处于闲置"锁定"状态；农户土地流转金发放不及时，良田荒废问题突出；早期的小型创业者（农家乐、农家旅馆）破产被迫外出打工。换言之，以农村"三变"改革方式发展产业过程中农户经营性收入和财产性收入并没有长期显著提升。与此同时，村民与产业经营者之间矛盾突出，对产业项目建设怨声载道①。因土地流转入股金发放不及时，耕地荒废等问题，村民多次上访并将矛头指向 NY 公司②。综上所述，D 村在拓展时期陷入了发展停摆、矛盾冲突不断暴发的状态，短时间内无法"脱身"步入良性发展轨道。③

相较而言，S 村则呈现良好的治理秩序。村民对村庄通过农村"三变"改革发展"农业 + 旅游"休闲观光产业发展模式认同程度较高且积极支持发展。普通农户和小型创业者均能从产业发展中获得收益，越来越多的外出打工村民返乡创业（开办农家旅馆、经营小摊等）。村民之间产生强烈的互助、团结、协作共谋发展意识，村民对村委会及其他组织管理人员的信任也得到强化。问卷调查数据显示，92.31% 的受访者认为村庄发展前景很好；91.54% 的受访者认为村庄发展过程中利益分配公平，96.15% 的受

---

①　D 村农户访谈案例 1："不能否定，这些年村里的环境确实变好了，但是环境也不能当饭吃呀！现在这个样子，大家的土地流转金好几年都没有发了，也没人管这个事。基本是搞了几年发展，结果人也没来、地也种不了了。你看看湖两边那些开（经营）农家乐、农家旅馆的，现在差不多只有 2 ~ 3 家在勉强维持，其他都关门出去打工了，要不（关门）一家老小吃什么、喝什么（编码：20210410KZR）。"

②　D 村农户访谈案例 2："村委会都很久不召集开会了，现在有什么事情基本都是在微信群里说一声，根本就没有见过他们（村委会的人）。现在公司欠着我们几年的土地入股金不给，农户闹到村委会，他们说帮我们要，后来也都不了了之了，估计也拿人家企业没办法，我们这个村复杂得很（编码：20210410JL）。"

③　D 村实际运营情况调查资料参见附录 3。

访者表示村委会管理人员值得信任。农户对管理人员的信任，进一步对村庄治理起到积极作用。特别地，受到新冠疫情的影响，2019～2020 年景区经营效益明显"滑坡"，出现土地入股金不能及时发放的情况。但是这种情况下村庄内部没有发生明显的矛盾冲突，村民不仅理解外部环境对村庄发展的冲击，还表现出和村庄共克时艰的决心。[①]

8.3　典型案例村庄的农村"三变"改革实践过程分析

图 8 - 1 绘制了农村"三变"改革促进农村经济社会发展的治理体系与愿景。进一步分析认为，从表面来看典型案例村庄（D 村和 S 村）均通过多元主体合作发展模式（"农户 + 村集体 + 合作社 + 民营企业 + 政府平台公司"）整合资源，在谋求村庄经济可持续发展的同时带动农户收入增加（见图 8 - 2）。但是实地调查资料分析结果显示，相同的农村"三变"改革实践模式产生的农户增收效应差异较大。

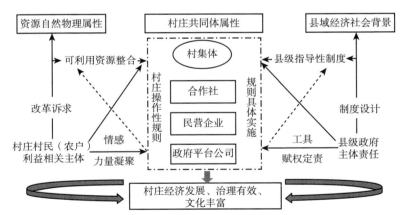

图 8 - 1　农村"三变"改革促进农村经济社会发展的治理体系与愿景

注：笔者根据研究设计自绘。

---

① S 村农户访谈案例 1："这几年（景区）对村里的带动还是挺可以的。2019 年的土地租金有些（农户）发了，有些没发，没发的那些人（农户）是想攒着一次性发给他们，现在也可以减轻合作社压力。这个事情里面开会讨论了，去年年底都征求了大家的意见，就是说想流转可以继续流转，等有钱了一次性支付土地入股金；不想流转的话就按照合同方式赔偿。　（编码：20210416PTH）。"

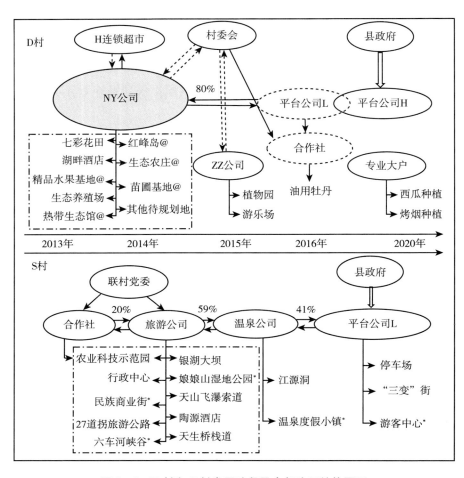

图 8 - 2　D 村和 S 村发展阶段及内部治理结构图示

注：内部治理结构图绘制截止时间点为 2020 年 12 月 31 日，其中标星标（＊）为在建项目，标艾特标（@）为已破产停滞项目；图示中运用椭圆形表示经营主体，虚线椭圆表示该主体已退出产业发展过程；运用直线箭头表示经营主体之间关系，虚线箭头表示关系基本已不存在；各主体之间数字标识为股权结构关系。2016 年 D 村在政府"一村一社"号召下成立了村级合作社，由政府平台公司（L 公司）领导村级合作社以入股合作经营的方式组织农户将 3200 亩土地入股合作社种植油用牡丹（经济作物），入股种植油用牡丹的合同期限为 20 年。但是 2019 年底 3200 亩地种植的油用牡丹 90% 都死了，此时政府平台公司承诺将 2019 年以前的土地入股固定租金支付给农户，自此以后便不再支付租金（本质是将农户土地强行退还给农户），合作社名存实亡。调研时，相关人员谈到了油用牡丹的管护方式"L 公司组织合作社种植油用牡丹以来，管护基本由政府公司下文，合作社和专业大户负责日常管护，一般管护费为 600 元/亩，如果有临时管护任务也是下文，就是 200 元/亩不等，但是因为每个片区的牡丹长势不同、草的长势也不同，一般都是同等对待，有相应文件就管护，没有相应文件就没人管（编码：20210414CS）。"

资料来源：笔者根据调查资料自绘。

为系统分析"三变"改革农户增收效果异质性的原因，有效识别影响制度创新绩效的调节变量，本部分将侧重分析典型案例村庄在农村"三变"改革过程中"确权、赋权、易权、活权"实践的异同。

8.3.1　确权：清晰界定成员权属边界

农村"三变"改革实践的本质是"变"，"变"是包含"确权、赋权、易权、活权"实践的动态过程。确权是农村"三变"改革的基础，是指对农村居民的土地经营承包权、林权、房屋所有权、集体土地所有权、建设用地使用权、小型水利工程产权和农村集体财产权等多项权利进行确权登记，明确具有成员身份的全体村民是集体财产权属的所有者，明确界定成员权属边界。以村集体共有资源为例，共有资源边界的界定旨在明确能够从共有资源中提取资源单位或收益的个人或家庭。奥斯特罗姆（2012）针对公共资源的治理问题研究指出，清晰界定产权边界是公共资源价值实现的基础性规定。界定公共池塘资源边界并明确规定被授权使用特定资源的主体，从资源价值实现角度来看，是组织集体行动的第一步。因为如果资源的权属主体和边界不确定，就没有人知道公共资源的管理是为了什么，到底是为谁而管理。进一步，如果不能规定共有资源的边界，就不能限制"外来者"进入。假定如果存在经过其努力创造的成果被未作任何贡献的其他人所获取的担忧时，对潜在投资者的激励不足，不利于鼓励其投资并增加创造。对比 D 村和 S 村确权实践可知，确权是典型案例村庄启动组织重构、资源重组过程的前提条件，两村均对农户土地、山地、林地等经营承包权，村集体山地、林地资源、公共积累资产等权属进行了清晰的产权界定。

8.3.2　赋权：股权为纽带的权属分割

赋权是农村"三变"改革的核心，包含折股量化工作。即以股份权能形式确定要素所有者的剩余索取权，实现以股权为纽带的权属分割。对比 D 村和 S 村赋权实践可知，典型案例村庄在赋权实践方面存在较大差异。

具体来看，D村在整合资源过程中利用资源的形式主要包括三种：一是经营主体出资以每亩27300元的价格购买农户享有承包经营权的部分耕地资源；二是经营主体无偿使用村集体所有的山地、林地、水域等资源；三是农户将拥有承包经营权的耕地以入股形式流转给经营主体，约定在享有固定分红基础上以股权份额分享发展收益。进一步，D村在建立以股权为纽带的权属分割机制时，主要通过签订合同的形式实现。经营主体与流转土地的农户签订20年的土地流转合同，简单将耕地资源分为旱地和水田，旱地每年660元/亩；水田每年770元/亩，土地固定分红每5年上调10%（上调部分被看作发展收益分红）。土地入股流转合同一式三份，分别由乡政府、公司和村委会保管，农户手中无合同。相比而言，S村在整合资源过程中建立了完备的以股权为纽带的资源权属分割机制。具体来看，动员农户以20万元/股用自有资金入股合作社，占有合作社股权并分享发展收益；合作社与愿意流转土地的农户签订30年的土地入股流转合同，按照土地等级每年按期支付土地固定分红。等到获得收益之后，按照土地入股比例获得收益分红，土地固定分红每5年上调10%。合同一式三份，其中一份由农户负责保管。村集体将共有产权的山地、林地、水域折价入股经营主体，规定经营主体每年支付一定额度的使用费用并按照股份份额分享发展收益。[①] 综上所述，同样以农村"三变"方式整合资源，相较S村而言，D村在发展过程中赋权实践是不完备的，并未完全建立以股权为纽带的权属分割机制。

8.3.3　易权与活权：经营治理与收益分配调控

"易权与活权"是农村"三变"改革的关键，是指通过资源经营治理与收益分配调控将各项产权权能用于市场交易，具体体现为资源要素经营

---

① S村企业家在接受作者访谈时说，"村里的山地、水域资源都是村集体所有的，这部分在发展之前必须要理清楚资源的权属，要按照约定的价格支付资源使用费。这个事情一定不能马虎。收益分配不合理，可能引发巨大的村企矛盾。因为在村民心里，企业是依靠村庄资源发的财。这种情况下会产生不满情绪，农户会用自己的方式不合作甚至破坏发展，这个是非常危险的（编码：20180115TZX）。"

权在行为主体之间流转。换言之，通过嵌入农户专业合作社、家庭农场、专业大户、涉农企业等新型农业经营主体，增强资源要素营运能力，通过整合资源要素、创新经营模式、延长产业链、对接市场需求等方式实现资源价值，增加农户收入。上述部分考察了典型案例村庄确权、赋权实践，本部分将侧重分析 D 村和 S 村在"易权与活权"实践方面的异同。从易权与活权概念界定来看，这部分涉及对村社资源的经营治理。周立等（2021）研究指出，农村集体资产的非排他性和竞争性特征，使得分析农村集体经济经营治理问题时可以使用公共池塘资源这一概念范畴。进一步，能够将农村集体经济的发展与治理问题与公共池塘资源治理问题相联系并系统考虑。本部分将借鉴相关研究，重点关注与农村"三变"改革易权与活权实践相关的集体行动达成，是否建立监督机制、冲突解决机制、形成嵌套式组织四个方面典型案例村庄实践的异同（奥斯特罗姆，2012），同时关注 D 村和 S 村在治理过程中收益分配调控机制建立情况。

1. 集体行动达成

集体行动达成是奥斯特罗姆自主治理八项原则的重要内容。达成集体行动相关原则明确，大多数受到操作规则影响的行为主体能够参与对操作规则的修改。只有这样相关的制度安排才能更好地适应当地环境并落地实施。因为相关利益主体与外部物质世界之间有着直接关系的人们，能够不断地在规则实施的过程中修改规则，并使之更好地适应所在场景的特定条件。对比典型案例村庄农村"三变"改革实践过程。D 村在整合资源的过程中并未充分征求受发展影响较大的普通村民意见，而是以一种"自上而下"的项目式推进方式。具体来看，在鼓励农户以耕地资源入股时，主要由村委会出面组织农户土地流转，NY 公司每年付给村委会 10 万元工作经费。土地入股合同也是事先拟好让农户签订的，农户未参与合同条款拟定工作。[①]

---

① 按照 S 村规定，土地入股合同分别由乡政府、公司和村委会保管，农户手中无合同。以至于后期出现新型经营主体单方面违约退地行为时，农户因手中没有持有合同而不可能通过诉讼的方式维权。笔者在调研时曾赴村委会查阅合同，相关负责人久寻无果，农户土地入股合同已经被当成垃圾找不到了。

D 村农户访谈案例 3："当时村上的领导下来说要集中流转土地入股，规定必须按照村庄发展规划流转。有些人家已经长起来的玉米也被铲了。如果不流转（土地），以后小孩上学、结婚办手续什么的，他们（村委会）不会痛快（提供便利），反正就得按照规定流转。当时签了合同的，合同都是他们（村委）拿来让我们签的，最后合同也是他们保管，我们手里连合同都没有（编码：20210411MTD）。"

相比而言，S 村在整合资源过程中首先征求村民对村庄发展的认同，一方面通过多次召开村民代表大会，挨家挨户拜访并阐述发展规划与未来可能取得收益，鼓励农户将土地流转入股①；另一方面合作社组织相关代表，组成考察团外出考察各地特色农产品种植及旅游业发展情况②，通过开阔农户发展眼界的方式激励农户将土地和资金入股，投入村庄产业发展，形成股份权能。

S 村农户访谈案例 2："我们村的那个土地入股合同，是我们开了 20 多次群众会议才一点一点慢慢磨出来的，每一个条款都是经过与农户的反复商量确定的。后来全市在推农村'三变'改革的时候又确定了入股合同统一模板，那个模板跟我们的这个版本还是不太一样的，我们拟定的这个合同对农户的权益保护更全面（编码：20210417TYP）。"

2. 建立监督机制

建立监督机制对于公共池塘资源的治理是至关重要的。奥斯特罗姆（2012）研究指出，在公共池塘资源管理过程中，应该设立检查公共池塘资源状况和占用者行为的监督者。要对占用者负责人的个体或占用者本人实施监督。这一原则旨在说明，设计一套好的制度并不能保证占用者遵守

---

① 访谈了解到，为帮助村民打开发展思路，认同入股合作谋发展方式，在组织进行土地流转的过程中村里思想相对先进的 7 人曾经对组成小组，每天晚上提着酒逐户拜访村民分析发展前景，这种通过喝酒谈事的方式在当地被称为"喝地龙酒"。

② 2012 年合作社组织各村村支书、村主任、村民代表、普古乡分管农业的领导等人员，组成约 60 人的农业考察团，分别 4 次赴贵阳、丽江、蒙自、红河等地区考察，主要考察各地特色农产品种植及旅游业发展情况，其中重点考察了石榴、雪桃、猕猴桃等特色高价值农产品种植、设施农业、养殖大户、家庭农场和乡村旅游等。2013 年，合作社又组织考察团前往旅游业发达的泰国进行考察，主要考察以泰国为代表的东南亚建筑风格。考察团 5 次共计在外考察约 21 天，考察花费 200 多万元（考察费用全部由 TZX 以自有资金支付）。

规则，监督也是保障制度绩效的必要投入。一般来讲，监督分为正式监督和非正式监督。通过对 D 村和 S 村的调查可知，鉴于两个典型案例村庄均是外出企业家返乡带动发展，在当前经济发展环境下，各级政府部门对其支持力度比较大，故在发展过程中面对的正式监督均相对较少。但是对比发现，典型案例村庄在非正式监督方面存在较大不同。具体来看，D 村企业家为本县非本村企业家，其与村庄内部的社会关系较弱，且在发展之初仅是规划将 D 村作为其经营连锁超市的生鲜蔬菜供应基地。

D 村"第一书记"访谈案例 1："我们这个村庄企业家和邻村的企业家激励完全不同，邻村企业家几乎将自己的全部身家投进去了，他一定会好好做的，未来还要依靠村庄经济的发展来收回成本。再说了，他本来就是那个村的人，那么多父老乡亲，那么多双眼睛看着，他做有些事情的时候就会更加谨慎，更加想着怎么把事情做好。这个和我们村是完全不同的，我们这里就完全是企业家思维，基本怎么赚钱怎么搞（编码：20210407KYH）。"

相比而言，带动 S 村发展的企业家是本村返乡企业家，其相当比例的社会关系在村庄内部。作为全村最大姓氏，按照辈分推算，很多人都是叔伯关系。这种强大的社会网络决定了 S 村在发展过程中面临更多非正式监督。

S 村企业家 TZX 访谈案例 1："我现在做的事业是不能关门的事业，是为子孙后代谋福利的事业，虽然现在已经投入了很多，我从'富翁'变成了'负翁'，但是不论多难，这个事情我还是要做下去，因为这里都是我的父老乡亲呀，我当初既然决定带着他们谋发展，不论多难都要想办法解决（编码：20180115TZX）。"

3. 冲突解决机制

冲突解决机制的设计旨在明确当资源占用或使用过程中，资源占用者和相关的政府职能部门能够快速通过成本低廉的机制和规则解决占用者及占用者和地方官员之间的冲突。相关研究指出，在一个由规则支配行为的理论模型中，构建参与者策略选择的规则是明确且清晰的，而且是由对外部清晰的，洞悉一切的政府部门相关主体来强制执行的。一般来讲，虽然冲突解决机制的存在，并不能保证占用者能够维持制度延续，但是如果没有设置这样的机制，一套复杂的规则体系很难真正延续下去。比较 D 村和 S 村实践后发现，D 村在农村"三变"改革实践过程中，相关利益主体之间时常发生矛盾冲突，却没有建立起良好的矛盾冲突解决机制。解决矛盾冲突面临的高昂交易成本，对村庄正常经营活动造成了极大不利影响，并在一定程度上阻碍了村庄长远发展。

D 村企业家 TQ 访谈案例 1："我们景区和当地老百姓的矛盾特别让人头疼，具体大大小小的矛盾简直太多了，我都说不完。举个例子吧，明明土地流转入股了，然后有一些老百姓就来找我们，直接说土地流转金可以不要，每个月要给他发几斤新鲜蔬菜、几斤米、几斤面……我就觉得这个事情很搞笑，（他们）又不是我'老子'（口语，意指父母双亲），还指望我给他们养老送终不成？有一些农户不管遇到什么事情都跑去我们公司堵门、瞎闹，有些事情根本就和我们公司没关系，他们也闹着让我们解决，你说我们有多少的人力去处理这些事情？反正就是类似的事情举不胜举，他们是小老百姓，我们也拿他们没办法，但是处理起来就很耗费精力（编码：20210418TQ）。"

相比而言，S 村在整合资源发展的过程中形成了良好的矛盾冲突解决机制。进一步考察发现，一方面因为 D 村发展过程中在集体行动达成方面做了大量工作，村庄绝大部分农户了解并认同村庄发展思路，愿意提供发展支持。另一方面良好的亲缘、地缘关系为解决发展过程中面临的矛盾冲突提供了有利条件。特别地，带动村庄发展的企业家 TZX 充分发挥了黏合型社会资本和桥接型社会资本的双重作用。根据已有研究，社会资本通常被定义为集体规范、信任和隶属关系网络，它可以降低交易成本，提高人们信息和资源获取，产生信息溢出，促进知识传播，促进集体行动。黏合型社会资本涉及群体内的紧密团结，而桥接型社会资本则连接社区内外的不同群体。黏合和桥接社会资本密度更高的地方更具包容性和参与性，它们也被预测有更好的发展成果和更高的生活质量（Li et al.，2019）。

S 村合作社成员访谈案例 1："我们景区和周边的老百姓很少有矛盾，（大家）都知道 T 总带着大家搞发展，也都比较支持。就是之前有一户在景区内自己搭建房子卖东西，后来 TZX 跟他讲，'你长时间这样做影响不好，如果所有的老百姓都这样做的话，景区还能发展吗？大家都搭个小棚棚卖东西怎么行？如果都搞乱了，没有生意，大家就都完蛋了。'慢慢跟他做工作，景区给了他一点补贴，他就自己主动把房子拆除了。景区运营这么多年，目前就只有这么一个情况，其他和老百姓相处都挺好的（编码：20210417TYP）。"

4. 形成嵌套式组织

集体行动达成、建立监督机制和冲突解决机制之外，将占用、供应、监督、强制执行、冲突解决和治理活动在一个多层次的嵌套式企业中加以组织是非常重要的。奥斯特罗姆（2012）基于相关研究提出，形成嵌套式组织是所有公共池塘资源治理相关制度都需要满足的原则。换言之，如果只在一个层级上建立规则而没有其他层级上的规则，就不能够也不会产生完整且长期存续的制度。基于实地调查发现，S 村在发展过程中逐步建立起了合作社、旅游公司（民营企业）、政府平台公司三类经营主体相互嵌套的多层级治理体系，而且各个治理主体与村委会保持了紧密的联系，共同推动发展；相比而言，D 村在发展过程中也逐步成立了公司、组建了合作社、引进了外来民营企业，政府平台公司也介入其中，但是在实际中并没有形成相互嵌套的多层级治理体系，而是由不同经营主体分散治理。除此之外，在整个发展过程中，作为村级行政单位的村委会几乎被置于一种边缘化的尴尬位置。

D 村 NY 公司负责人访谈案例 1："村委会和我们有啥关系呢？现在基本没关系。我们（NY 公司）属于政府平台公司，按级别村委会也管不了我们。目前景区的各种项目申报还是以公司为主，村集体处理信息的能力弱一些，反应也相对比较慢。一般是我们帮忙申请相关项目，他们还得感谢我们呢。之前 NY 公司由企业家控股的时候，每年还付给村委会 10 万元工作经费，现在这笔钱没有了。一方面我们是国有平台公司，也没有支付这笔经费的名目；另一方面村委会也确实没做啥贡献，这笔钱也不能不明不白地支出。现在 NY 公司和村委会唯一的业务联系就是，（NY 公司）每年付 4.9 万元的垃圾处理费（编码：20210408XLS）。"

由 D 村和 S 村内部治理结构图可知，虽然典型案例村庄在实施农村"三变"改革过程中具有相同的经营主体，但是各类经营主体之间的协同关系截然不同，D村各类经营主体之间的关系可以用"碎片化"一词概述。吴春梅和谢迪（2012）研究指出，如果不同功能与专业机构之间，由于缺乏真正的利益统一，存在沟通和合作障碍而形成部门主义，或者以狭隘的视野维持各自为政的发展局面。那么，在这种局面下，如果各个主体之间无法形成一个真正有效的、能够有机团结的整体以处理和公共利益相关的各类问题，那么必然会导致政策执行或决策过程中的低效、重复及目标偏离问题。

5. 收益分配调控机制

根据本书理论分析部分相关研究，收益分配调控机制是易权与活权实践中需要重点关注的机制。根据第3章要素参与模型及资源价值实现条件数理推导，长期可持续发展水平下土地要素和劳动力要素的投入量取决于长期资本投入水平。进一步，如果人们能够使得参与程度达到稳态条件，那么参与式发展可持续将是可能的。最后，达成适当分配规则是不容易被解决的。鉴于此，在参与情况下维持发展的长期目标，发展过程中获得的收益应该被分享以激励各类要素主体参与积极性。数理模型推导结果显示，从长期来看，资本、土地和劳动力要素的参与和参与获得的最终收益均是由利益共享机制决定的。对比典型案例村庄实践发现，D村在资源整合过程中没有形成完备的收益分配调控机制，当前收益基本是以资本独占方式分配，资源要素投入获得的收益分配基本为零。相比而言，从当前实践来看，S村已建立了相对完备的要素参与收益分配调控机制，针对土地、劳动力、资本要素投入分配均形成了相关规定和协议。遗憾的是，由于典型案例村庄仍在投资建设阶段，当前收益分配调控机制仅停留在是否形成分配方案层面，具体分配情况还需持续跟踪调查。

8.4　典型案例村庄的农村"三变"改革农户增收效果异质性分析

综上所述，上述部分基于对两个典型案例村庄的长期蹲点调查资料，系统分析了 D 村和 S 村的农村"三变"改革"确权、赋权、易权、活权"实践的异同。案例分析结果表明,虽然从表面来看典型案例村庄均是通过农村"三变"改革的方式整合资源,但是从具体实践来看两个村庄具有较大不同。D 村通过项目式的方式推进农村"三变"改革实践落地,在具体实践过程中没有和资源所有者主体达成集体行动、监督机制与冲突解决机制的缺乏、各类经营主体未形成嵌套式组织结构、收益分配调控机制缺失等问题的存在,导致村庄发展过程中面临较高的交易成本,不利于资源整合、组织重构与产业重建。相较而言,S 村在农村"三变"过程中充分调动了资源主体积极性,重视清晰界定成员权属边界、建立以股权为纽带的权属分割机制、重视经营治理与收益分配调控,逐步建立了良好的农村"三变"改革体制机制。良好的体制机制有助于村庄产权界定与产权实施过程持续推进,促进了产业良性发展,继而在提高农户工资性收入、财产性收入和经营性收入等方面均发挥了积极带动作用(见表 8 - 3)。

表 8 - 3　　典型案例村庄的农村"三变"改革实践与农户增收效应对照分析

项　目		典型案例村庄	
		D 村	S 村
确权	(1) 农村居民土地、山地、林地等经营承包权	√	√
	(2) 农村集体资源、资产权属	√	√
赋权	(1) 农村居民土地、山地、林地等经营承包权	√	√
	(2) 农村集体资源、资产权属	×	√
易权与活权	(1) 集体行动	×	√
	(2) 监督机制	×	√
	(3) 冲突解决机制	×	√
	(4) 形成嵌套式组织	×	√
	(5) 收益分配调控机制	×	√
农户收入	工资性收入	增	增
	财产性收入	平	增
	经营性收入	平	增
	总收入	增	增

资料来源:笔者基于案例分析归纳整理。

最后,本章研究是在本书其他章节研究结论基础上的拓展。具体来看，本章选择了一种比单纯发展农业产业更复杂的农村"三变"改革产业形态——"农旅一体化"，基于较长的时间周期和更细节的调查资料，分析了农村"三变"改革实践及对农户增收的影响。研究结果表明，虽然农村"三变"改革对增加农户收入具有正向影响，但是农户增收并非农村"三变"改革的必然结果，集体行动达成、是否建立监督机制、冲突解决机制等因素在农村"三变"改革促进农户增收中具有调节作用。

8.5 本章小结

本章为本书的核心章节，重点探讨为何在同一地区、相同产业情况下、运用相同的农村"三变"改革组织模式（多元主体合作发展模式）整合资源发展，却出现差异化的农户增收效果。从研究方法来讲，本章运用了质性研究方法和双案例研究方法，基于笔者长期蹲点调查的典型村庄发展数据资料，在分析案例村庄发展基础、发展历程和发展成果的基础上侧重对两村的农村"三变"改革"确权、赋权、易权、活权"实践分析。研究结果表明，虽然表面来看典型案例村庄均通过"三变"改革方式整合资源，但是从具体实践来看两个村庄具有较大不同。具体来看，D村通过"项目式"方式推进农村"三变"改革、S村则通过"参与式"方式推进农村"三变"改革，两村在集体行动达成、监督机制建立、冲突解决机制建立、形成嵌套式组织结构、建立收益分配调控机制方面实践不同，导致了农户增收效果的不同。进一步，本章研究结果验证了本书提出的研究假设3，有助于为规范农村"三变"改革实践，缩小改革绩效差异提供依据和启示。需要说明，本章案例研究仅仅是一项探索性分析，其中识别出的农村"三变"改革对农户收入影响的调节变量有待未来通过统计调查获取的大样本数据进一步验证。

第**9**章

研究结论、政策启示及展望

9.1 研究结论

发轫于贵州省六盘水市的"资源变资产、资金变股金、农民变股东"农村"三变"改革连续三次被写入中央一号文件，并多次出现在国家级重磅文件中；全国涌现出一批地市、区县将"三变"改革作为农村集体产权制度改革的范本而学习其实践经验；更有研究者将农村"三变"改革看成农村集体产权制度改革的深化与拓展。特别地，2022年1月26日国务院发布《国务院关于支持贵州在新时代西部大开发上闯新路的意见》在"加快要素市场化配置改革"部分提出"深化农村资源变资产、资金变股金、农民变股东'三变'改革"。那么，农村"三变"改革是什么、改革何以产生、在实践中如何运作？农户参与改革的行为及增收效应如何？通过何种方式、何种路径增收？相同改革组织模式一定能产生相同增收效果吗？综述已有研究发现，当前学术界并未就上述问题展开深入系统分析并给出明确答案。鉴于此，本书聚焦农村"三变"改革，选择农村"三变"改革发源地六盘水市为核心研究区域，基于对六盘水市长达六个多月的实地调查访谈资料系统回答上述问题。

全书理论分析与研究假设部分从经济学理论出发，首先从清晰界定产权边界与经济绩效、要素参与及资源价值实现条件两个方面分析了乡村资源价值实现的基础与条件，其次剖析农村"三变"改革制度创新蕴含的"确权、赋权、易权、活权"要求在产权界定与产权实施方面的规定及对壮大集体积累、增加农户收入的影响。理论分析表明：农村"三变"改革通过明确资产权属，增强"排他能力"并减少资源要素租值耗散；通过明确股份权能助力要素最低期望收益值实现，削弱"行为障碍"并调动要素所有者参与积极性；通过嵌入经营服务主体，增强资源要素"营运能力"促进要素价值实现，继而助力农村集体经济壮大、农户收入增加。进一步，在理论分析的基础上提出本书有待验证的三个核心研究假说：一是农村"三变"改革对增加农户收入具有促进作用；二是土地、劳动力等要素重新配置在农村"三变"改革促进农户增收中具有中介作用，其中土地要素重新配置有助于增加农户的财产性收入，劳动力要素重新配置有助于增加农户的工资性收入；三是集体行动达成、是否建立监督、冲突解决机制等因素在农村"三变"改革促进农户增收中具有调节作用。

围绕本书研究问题与假说，本书首先采用归纳总结和对比分析法对农村"三变"改革产生、扩散及动因进行分析；其次运用实地调查与质性研究法分析了全国农村改革试验区六盘水市农村"三变"改革现状及效应；接着基于对改革试验区相关主体的半结构式访谈数据和区域特色产业相关的 511 份农户问卷调查数据资料，从微观层面验证农村"三变"改革农户参与行为及增收效果；进一步，借助贵州省县域统计年鉴数据构造改革面板数据，运用合成控制法和中介效应模型方法从宏观层面分析农村"三变"改革对农户增收的影响效应及机制路径；最后基于笔者长期追踪调查的两个典型村庄案例，分析农村"三变"改革具体实践过程及"确权、赋权、易权、活权"异同，探究农村"三变"改革相同组织模式农户增收效果异质性及原因。本书研究主要得出五个结论。

第一，当前农村"三变"改革正从基层实践探索向全国范围迅速扩散。从时间演进机理来看，农村"三变"改革全国扩散过程依次经历了基层探索、局部试点、整市推进、全省推广、全国扩散五个阶段；从空间扩散趋势来看，农村"三变"改革呈现出典型的近邻效应、等级效应、集聚效应特征；从内容扩散特点来看，农村"三变"改革呈现简单跟风模仿与创造性转换并存特征。总体来看，农村"三变"改革产生与扩散模式更接近自下而上的吸纳辐射扩散模式。进一步分析认为，农村"三变"改革源于要素相对价格变动产生的"超额利润"，体现了制度创新需求与新制度供给的动态均衡过程。而农村"三变"改革扩散是相关主体"成本—收益"权衡的结果。

第二，农村"三变"改革发源地六盘水市已形成了较完整的改革实践体制机制并取得了显著的改革成效。具体来看，六盘水市在推进农村"三变"改革过程中，探索建立并形成了相互衔接、集成配套的系列措施、形成了完备的组织架构，将改革具体实践流程明确为 10 个步骤 30 个环节；承接改革的经营主体包括新建一批、壮大一批、引进一批或政府平台公司直接介入，各类经营主体之间形成了基础型、政府平台公司主导型、多元主体合作发展型三种典型组织模式。当前六盘水市农村"三变"改革实践的关键环节包括资源资产确权登记、资源资产折股量化和经营服务主体嵌入。统计数据显示，农村"三变"改革在盘活农村资源、发展特色产业、壮大集体经济、增加农民收入、形成改革示范效应方面呈现显著效果。

第三，农村"三变"改革对农户增收具有显著的正向影响。从微观产业发展视角看，首先区（县）—乡（镇）经营主体—村社—农户主体对农村"三变"改革在产业发展过程中发挥作用的认知与评价聚焦于制度创新带来的交易成本降低、要素组织与集聚、产业营运能力提升等方面；其次当前农户参与农村"三变"改革的形式多样，其中主要表现为以自有承包地入股区域特色产业，同时也包括部分农户以自有资金入股以及部分村集体以共有资金和土地入股区域特色产业；从农户以农村"三变"方式参与产业的影响因素来看，户主年龄、户主风险态度、家庭耕地面积和家庭社会网络变量显著影响农户改革参与行为；最后，参与改革的农户家庭总纯收入和家庭人均纯收入分别为 49361.57 元和 10405.51 元，相较未参与改革农户分别增加了 12554.41 元和 2239.98 元。分析收入来源发现，参与改革农户家庭工资性收入和财产性收入明显高于未参与改革农户，高出部分分别为 14337.10 元和 3424.22 元，且在 1% 的水平上显著。

第四，农村"三变"改革对农户增收具有显著正向影响，其中土地和劳动力等要素重新配置是其内在机制。首先为测算农村"三变"改革农户增收效应，笔者运用2006~2017年贵州省67个区县县域统计年鉴数据构造农村"三变"改革实践"自然实验"，通过合成控制法测算处理组和控制组之间农户收入情况差值来评估改革实践带来的农户增收效果。实证结果表明，农村"三变"改革在10%的置信水平上显著促进"处理组"农户人均纯收入增长。其次运用中介效应模型，针对贵州省67个区县2010~2020年县域统计年鉴数据测算劳动力要素和土地要素重新配置在"三变"改革促进农户增收过程中的中介效应，实证结果表明上述两种中介效应均存在。根据测算农村"三变"改革对农民居民人均纯收入增长的作用大约有7.30%是通过土地要素重新配置的中介作用实现的，大约有1.00%是通过劳动力要素重新配置的中介作用实现的，同时还存在其他待验证的中介机制。

第五，集体行动达成、是否建立监督机制、冲突解决机制等因素在农村"三变"改革促进农户增收中具有调节作用。为探讨在同一地区、相同产业情况下、运用相同的农村"三变"改革组织模式（多元主体合作发展模式）整合资源发展，却出现差异化农户增收效果的问题，笔者基于长期蹲点调查获取的典型村庄案例资料，在分析案例村庄发展基础、发展历程和发展成果基础上侧重对农村"三变"改革"确权、赋权、易权、活权"实践展开分析。研究结果表明，虽然农村"三变"改革对增加农户收入具有正向影响，但是农户增收并非农村"三变"改革的必然结果，集体行动达成、是否建立监督机制、冲突解决机制等因素在农村"三变"改革促进农户增收中具有调节作用。

9.2 政策启示

很难找到解决"大问题"的方法，但已有研究表明，任何实践创新都在改进机制及政策方面仍然存在很大的发展空间。鉴于此，本部分将从细化并优化改革实践关键环节、优化完善改革实践制度环境、重视改革绩效实现条件三个方面提出本书研究的政策启示。

首先，明确农村"三变"改革对于农户增收的促进作用，细化并优化改革实践关键环节，为改革实践落地提供有力支持。

第一，因地制宜，针对市场需求科学确定农村"三变"改革项目。农村"三变"改革最重要的环节是"变"，即确定可变资源权属后，需由经营服务主体带动组织"资源变资产、资金变股金、农民变股东"具体实践。本书研究表明，农村"三变"改革作为一种组织整合资源的制度设计，实践绩效通过农业产业项目可持续发展实现。鉴于此，因地制宜、针对市场需求科学确定农业产业项目至关重要。具体包括几个方面的政策建议：一是对计划发展产业区域的土壤、降水、积温、气候等指标进行科学专业的评估，给出明确、专业的适宜产业评估报告；二是规模化发展某个产业之前，先进行小范围试点，通过系统的种植养殖实验判断产业发展的区域适宜性；三是与小范围实验同步，需全面考察外部市场环境和条件，明确市场供求情况并尽可能评估未来需要面对的市场风险及产业发展主体对风险的承受能力；四是相关职能部门应做好核心产业区域规划，为形成产业规模与集聚效应创造条件。

第二，规范资产评估程序并完善产权流转交易平台建设。根据本书研究，"确权、赋权、易权、活权"是农村"三变"改革实践绩效实现的关键。为进一步规范清产核资、成员身份认定和折股量化工作，后续推进农村"三变"改革相关项目实施过程中，需逐步建立并形成规范的资产评估程序。具体来看，首先需要地方相关部门组织、监督成立专业的资产评估单位；其次在以农村"三变"改革方式组织整合资源前，需由专业的资产评估单位出具资产评估报告，对折股量化的资产价值进行科学、客观评估。特别地，为切实有效保障村集体和农户资源、资产权利，后续需要相关部门组织完善产权流转交易平台建设。组织各类资源交易通过产权交易流转平台实现，做到逐项备案、有据可查，切实保障村集体和农户权益，有效规避各类经营主体在参与项目过程中可能产生的矛盾和纠纷。

第三，培育并提升各类经营服务主体经营能力、强化经营激励。本书研究表明，"易权与活权"是农村"三变"改革实施的关键环节。确定可变资源权属后，需由经营主体带动、组织农业产业发展。当前农村改革试验区承接农村"三变"改革的经营主体主要包括新建一批、壮大一批、引进一批，对于不能通过新建、壮大、引进经营主体承接农村"三变"改实践的乡村,则由政府平台公司介入并指导村集体组织实施改革。鉴于此,后续在以农村"三变"改革方式整合资源的过程中,建议培育并重点提升除政府平台公司之外的经营主体从事农业产业经营的能力。一方面强调并引导地方能人带动的民营企业,鼓励其参与农业产业发展。在此过程中由政府部门提供配套保障支持政策,同时给予以民营企业为代表的新型农业经营主体更多关注。重视并组织区域产业发展带头人定期培训、交流、学习,将其纳入"地方产业发展专项人才"管理系统;另一方面,要通过良好的制度设计激励以民营企业为代表的新型农业经营主体参与产业发展。即在明确保障其收益分配的基础上,从税费缴纳、基础设施投入、金融专项投入等多个方面提供支持。

第四,建立农村"三变"改革产业风险监控体系、严防各类风险。自然风险、市场风险等贯穿产业发展全过程。以农村"三变"改革方式组织资源发展农业产业过程中,要充分认识到产业发展面临的各类风险,侧重研究建立农村"三变"改革产业风险基金,严格防控各类风险。具体来看,首先要强化各类经营主体签订正规合同、建立合同约束机制的意识;其次要充分利用市场力量规避风险,鼓励并引导各类农业产业参与主体积极与商业投保和保险公司合作,尽可能为可能出现的风险提供基础性保障,防止自然风险和市场风险对产业发展造成毁灭性打击;接着要充分运用先进的现代农业生产、信息等技术,一方面严格监控风险并进行有效预测,以帮助各类经营主体早知道、早预防;另一方面帮助经营主体积极掌握市场行情,减低信息不对称情况下盲目生产的风险,有效减少市场风险对产业可持续发展的冲击。最后,要探索建立专门的产业风险发展基金,以确保即使农业产业在发展过程中出现风险,依旧有能力向各类要素主体提供基本保障。

其次,优化农村"三变"改革制度环境,创建有利于农村"三变"改革落地实施的配套保障机制,优化现有制度改革宏观环境。

第一,要加快推进农村集体产权制度改革相关工作立法,推进农村集体产权制度改革包含的清产核资、成员身份确认、折股量化、成立股份经济合作社等基本工作有法可依、有据可循,为农村"三变"改革有序推进奠定坚实基础。

第二，筹备建立乡村"人才库"，明确农村"三变"改革落地实施的组织领导主体，逐步形成完备的新型经营主体孵化、培训、提升工作机制，为农村"三变"改革提供人才支持。

第三，完善财政、金融、税收等方面服务、支持改革项目。虽然近几年越来越强调金融部门支持向农业领域倾斜，但是调研农村"三变"改革相关新型农业经营主体负责人发现，当前从事农业产业的经营主体获得金融机构贷款的可能性非常小，进一步即使贷款获批，获得贷款的额度也非常小。有相当数量的新型农业经营主体反馈，盖在城市的房子就能抵押担保贷款，而经营主体投入大量资金在农村建设的房屋等其他基础设施则不能够获得抵押贷款。后续应该逐步完善抵押贷款方面金融支持、支撑农村"三变"改革项目。具体可考虑在如下几个方面重点突破：第一，相关部门应进一步完善抵押贷款相关制度安排，将农村资源和权利的抵押贷款纳入规范化、制度化框架；第二，加强农地经营权等的流转交易市场及平台建设；第三，探索建立农地经营权收储制度，鼓励金融机构与土地收储平台对接，提供抵押融资等金融服务。

第四，强化政法系统支持、保障农村"三变"改革主体权益。本书农村"三变"改革相同组织模式农户增收效果异质性分析部分案例研究表明，不论是对于掌握资源要素的村集体和农户、投资从事产业经营的新型农业经营主体，还有由地方政府部门信用背书的政府平台公司，各类主体在投入农业产业发展过程中，均面临着权益保护问题。鉴于此，后续在完善农村"三变"改革相关配套保障机制并对政策进行优化的过程中，建议继续强化政法系统支持，有效保障农村"三变"改革参与主体权益。具体来看，可以在探索建立免费的法律诉讼律师援助团；开启诉讼绿色通道、缩短诉讼周期；建立专职部门以协调、处理矛盾和纠纷等多个方面做出适应性与针对性努力。

最后，认识农村"三变"改革绩效实现条件，重视改革过程管理。进一步深化对农村"三变"改革实践研究，积极总结当前问题与风险，明确政府、市场、农户主体责任分工。

第一，相关部门要充分认识到农村"三变"改革实践过程中，集体行动达成、是否建立监督机制、冲突解决机制等因素对农户增收效应产生的调节作用，强化对农村"三变"改革"确权、赋权、易权、活权"过程关键节点管理。一方面在充分认识当前农村"三变"改革现实问题与风险的基础上，积极探索适应性策略，提出解决问题的新方法、新思路；另一方面，需根据不同产业类型，细化指导、监督意见，制定针对性改革督导方案。

第二，后续需明确政府、市场、农户主体在农村"三变"改革实践过程中发挥的作用与扮演的角色。换言之，在实际推进农村"三变"改革实践过程中，既不能唯政府，通过强有力的行政力量，单纯依靠"看得见的手"强力推进；也不能唯市场，放任资本主体侵蚀并控制农村资源，边缘化农户主体。综上所述，在实际推进农村"三变"改革的过程中，要注重同时发挥"看得见的手"和"看不见的手"的作用，逐步推进多主体"参与式"的农村"三变"改革实践，摒弃资源下乡的强制"项目式"推进策略，形成"有为政府、有效市场与农民主体"工作思路，通过创新的制度设计，激励相关主体积极整合并开发农村资源，带动小农户与现代农业有效衔接，为实现乡村振兴和共同富裕目标贡献力量。

9.3　研究展望

本书针对农村"三变"改革及对农民收入影响展开较为系统的研究，研究呈现较为紧密的关联性和层层递进的研究特点。但是，仍存在几个方面不足。

第一，虽然农村"三变"改革实践探索已有一定时间跨度，但从产业发展视角来看改革实践历时仍然较短，当前农村"三变"改革相关产业尚处于发展起步阶段。一方面，本书对改革绩效的评价只能被看成对短期绩效的测算，无法全面充分评估改革综合绩效。另一方面，改革历时时间较短意味着实践本身包含的问题与矛盾尚未完全暴露，不利于评估改革过程中可能存在的风险及问题对改革绩效的消解及程度。

第二，虽然当前农村"三变"改革在全国试点扩散较快，其中包括在多个省份全省推广试点。但是受制于笔者财力、物力、人力及研究能力局限，本书仅将研究区域聚焦于农村"三变"改革试验区贵州省六盘水市。在研究过程中并没有展示全国其他地区农村"三变"改革实践的详细数据，也未对不同区域农村"三变"改革实践绩效进行横、纵向对比分析，研究全面性有待拓展。

第三，从农村"三变"改革参与主体来看，改革实践是多主体互动结果，改革绩效亦是多维的。但是一方面本书仅侧重对农户单一主体参与改革情况及增收效应分析，而对包括政府、新型农业经营主体等在内的其他参与主体角色与功能分析不足。另一方面，本书仅侧重对改革经济绩效分析，而较少关注改革对乡村社会系统、生态系统等方面的影响。虽然第 8 章在分析对比两个典型案例村庄农村"三变"改革过程与结果时，涉及一些改革对社会系统影响的资料，但离全面分析改革多维影响仍有较大差距。

综上所述，现有研究不足为后续追踪研究奠定了基础，未来应从更长的时间维度评估农村"三变"改革制度创新价值与意义；聚焦分析改革实践对农村社会、生态系统的影响；侧重分析并对比全国不同区域改革实践及绩效情况；关注农户之外的主体参与改革实践及互动博弈情况。

附　录

附录 1：农户调查问卷

农村"三变"改革农户参与情况调查问卷

您好：

　　我们是中国人民大学国家社科基金重大项目"健全城乡融合发展的体制机制研究"（编号：21ZDA059）组调研员，为系统梳理并评估农村"三变"改革实践机制及影响效应，及时发现并解决问题，我们组织并开展此次针对"三变"改革项目农户参与情况的问卷调查。本调查仅为相关学术研究提供参考，对于我们将要问到的问题，您的回答无所谓对错，只要符合您的真实情况即可。特别地，您的回答受到《统计法》的保护，衷心感谢您的合作！

　　调查地点：六盘水市水城区 N1 _____乡（镇）N2 _____村

　　问卷编号：N3 _____

　　样本类型：N4 _____

　　户主姓名：N5 _____

　　户主联系电话：N6 _____

　　被访者与户主关系：N7 ____（1. 本人、2. 配偶、3. 子女、4. 父母、5. 其他）

　　调查员姓名：N8 _____

　　调查时间：N9 _____年 N10 _____月 N11 _____日

A. 农村"三变"改革认知及参与情况

问题	代码	答案	选项
您是否听过农村"三变"改革	A01		1. 是　2. 否
您对农村"三变"改革的了解程度	A02		1. 不知道　2. 了解一点　3. 了解
您家是否通过入股的方式（签订入股合同）将自有耕地（部分或全部）流转给猕猴桃种植单位或大户	A03		1. 是　　2. 否
您家是否以现金出资方式入股投资猕猴桃种植单位或个人	A04		1. 是　　2. 否
您所在的村集体是否将集体所有的耕地、林地、山地折价入股猕猴桃种植单位（平台公司）或大户	A05		1. 是　　2. 否
您所在的村集体是否将集体所有的项目资金、集体积累资金入股猕猴桃种植单位（平台公司）或大户	A06		1. 是　　2. 否

B. 调查样本基本情况

	问题	代码	答案	选项
户主基本情况	性别	B01		1. 男　2. 女
	年龄	B02		岁
	受教育程度	B03		1. 没有受过教育　2. 小学　3. 初中　4. 高中/中专　5. 大专及以上
	健康状况	B04		1. 丧失劳动能力　2. 差　3. 中　4. 良　5. 优
	风险态度	B05		1. 喜欢冒险　2. 有时冒险，有时求稳　3. 比较保守
	是否受过技能培训（木匠、瓦匠等）	B06		1. 是　2. 否
	2013 年前外出打工经历	B07		1. 有　2. 无
家庭基本情况	家庭总人口数	B08		人
	家庭人口负担（包括学龄儿童、在校学生、65 岁以上老人，需要养的）	B09		人
	是否党员户	B10		1. 是　2. 否
	是否科技示范户	B11		1. 是　2. 否
	是否建档立卡贫困户	B12		1. 是　2. 否

续表

	问题	代码	答案	选项
家庭基本情况	是否有亲戚朋友在政府部门（含村）工作	B13		1. 是　2. 否
	家中是否接入网络信号（Wi-Fi）	B14		1. 是　2. 否
	最近一个春节外出拜年（走亲戚）户数	B15		户
	您家距离县城多少公里	B16		公里
	您家距离银行多少公里？（信用社）	B17		公里

C. 家庭生产经营情况

问题	代码	2013 年	代码	2021 年	选项
家里拥有的耕地总面积	CA01		CB01		亩
家里拥有的山地、林地面积	CA02		CB02		亩
您家耕地等资源是否确权	CA03		CB03		1. 是　2. 否
您家耕地等资源是否颁发证书	CA04		CB04		1. 是　2. 否
您家自己耕种的土地面积	CA05		CB05		亩
自己耕种的土地种植作物类型	CA06		CB06		1. 粮食作物（玉米、小麦、土豆）　2. 经济作物（油菜、猕猴桃、刺梨、花卉苗木等）
自己经营的农产品是否有品牌	CA07		CB07		1. 是　2. 否
您家耕地、林地、宅基地是否进行了流转？	CA08		CB08		1. 是　2. 否
您家流转出的土地类型是什么？	CA09		CB09		1. 耕地　2. 林地　3. 宅基地　4. 荒地　5. 其他
您家流转出的土地面积总共多少？	CA10		CB10		亩
您家流转土地选择的方式是什么？	CA11		CB11		1. 土地入股（保底租金＋固定分红）　2. 参加合作社　3. 转包给熟人　4. 找人代耕　5. 其他
您家把土地流转给了谁？	CA12		CB12		1. 农业大户　2. 合作社　3. 龙头企业　4. 村集体（村委会）　5. 熟人亲戚　6. 其他

续表

问题	代码	2013 年	代码	2021 年	选项
以入股方式转出的土地面积多少亩？	CA13		CB13		亩
您家通过什么样的途径流转土地？	CA14		CB14		1. 政府流转平台　2. 村集体统一组织　3. 自己寻找对象　4. 熟人介绍流转　5. 其他
您是否熟悉政府正规流转服务平台？	CA15		CB15		1. 不熟悉　2. 一般　3. 熟悉
土地入股流转合同类型	CA16		CB16		1. 口头约定　2. 正式合同
入股流转耕地合同期限	CA17		CB17		年
承包地流转（入股）难易程度	CA18		CB18		1. 非常困难　2. 一般　3. 容易
土地流转过程中发生纠纷和矛盾次数	CA19		CB19		次
您家转出的土地经营类型（观察）	CA20		CB20		1. 粮食作物（玉米、小麦、土豆）　2. 经济作物（油菜、猕猴桃、刺梨、花卉苗木等）
转出土地上经营的农产品是否有品牌	CA21		CB21		1. 是　2. 否
您对土地流转入股经营的评价	CA22		CB22		1. 有利　2. 一般　3. 不利
您家转出土地的原因是什么？	CA23		CB23		1. 家里劳动力不够　2. 进城务工　3. 政府/集体干预　4. 转出比自己种划算　5. 随大流　6. 其他
您不愿意流转土地的原因是什么？	CA24		CB24		1. 土地流转之后没有收入来源　2. 土地流转价格太低　3. 不信任政府　4. 想流转，没人愿意接受　5. 不知道怎么流转（缺乏途径）　6. 对土地有感情，不愿流转

续表

问题	代码	2013 年	代码	2021 年	选项
您家在什么样的条件或保障下愿意流转土地?	CA25		CB25		1. 拥有稳定收入　2. 进城为市民　3. 享受养老保障　4. 其他
如果您家以后愿意流转土地了,会选择什么流转途径?	CA26		CB26		1. 政府流转平台　2. 村集体　3. 自己寻找流转对象　4. 其他
您家是否以自有资金入股猕猴桃产业	CA27		CB27		1. 是　2. 否
自有资金入股猕猴桃产业的金额	CA28		CB28		元
自有资金入股猕猴桃产业合同类型	CA29		CB29		1. 口头约定　2. 正式合同
自有资金入股是否获得分红	CA30		CB30		1. 是　2. 否
自有资金入股获得分红金额	CA31		CB31		元
您家外出打工人数	CA32		CB32		人
户主每年平均外出(家外)务工天数	CA33		CB33		天
您家是否有劳动力在猕猴桃基地务工	CA34		CB34		1. 是　2. 否
平均一天猕猴桃基地务工费用多少?	CA35		CB35		元
您觉得在猕猴桃基地务工是否方便	CA36		CA36		1. 方便　2. 一般　3. 不方便
您家是否转入其他农户土地?	CA37		CA37		1. 是　2. 否
转入土地的经营类型	CA38		CA38		1. 粮食作物　2. 经济作物
您家是否获得过信用社等单位贷款	CA39		CA39		1. 是　2. 否
您觉得获得金融机构贷款的难易程度	CA40		CA40		1. 困难　2. 一般　3. 容易

D. 家庭收入支出情况

问题	代码	2013 年	代码	2021 年
1. 您家经营收入（种粮、饲养畜禽、小买卖等收入）	DA01		DB01	
2. 您家工资性收入（务工劳务收入，包括家庭非常住人口寄回或者带回）	DA02		DB02	
3. 您家财产性收入	DA03		DB03	
其中：自营土地流转入股收入（租金＋固定分红）	DA04		DB04	
自有资金存款、投资利息收入	DA05		DB05	
村集体资源、资产经营（入股）分红	DA06		DB06	
其他财产性收入	DA07		DB07	
4. 转移支付收入	DA08		DB08	
其中：低保金	DA09		DB09	
特困供养金（五保）	DA10		DB10	
养老保险及高龄补贴	DA11		DB11	
粮食直补、良种补贴、退耕还林及其他补贴	DA12		DB12	
其他转移性收入	DA13		DB13	
5. 家庭总收入（上述四项收入加总）	DA14		DB14	
1. 家庭经营性支出	DA15		DB15	
其中：承包其他农户土地支出	DA16		DB16	
购置生产工具等支出	DA17		DB17	
购买农药化肥等生产资料支出	DA18		DB18	
购买农业保险等支出	DA19		DB19	
2. 家庭生活消费支出	DA20		DB20	
其中：购买食品、衣服等日常用品支出	DA21		DB21	
人情往来支出（过年过节买礼品、随份子）	DA25		DB25	
教育、医疗支出（上学、看病买药）	DA26		DB26	
其他生活支出（电话费、交通、网络等）	DA28		DB28	
3. 家庭总支出（上述两项支出加总）	DA29		DB29	
家庭总纯收入（总收入－总支出）	DA30		DB30	
家庭人均纯收入（家庭总纯收入＼家庭总人口）	DA31		DB31	

E. 猕猴桃生产及经营基本情况（仅猕猴桃种植户填写）

问题	代码	答案	选项
您家哪年开始种植猕猴桃？	E01		年
您家种植猕猴桃的面积	E02		亩
您家种植猕猴桃的形式是？	E03		1. 自营自销　2. 农户＋合作社　3. 农户＋政府平台公司　4. 农户＋合作社＋政府平台公司　5. 其他（请注明　　）
您家哪年加入农业经营主体的（合作社、农业企业、政府平台公司等)？	E04		年
如果您家加入了农业经营主体（合作社、农业企业、政府平台公司），它们向您家提供了哪些支持？（可多选）	E05		1. 提供种子苗木 2. 农药方面支持 3. 化肥方面支持 4. 农业机械方面支持 5. 交通运输方便 6. 技术指导支持 7. 提供资金支持 8. 提供销售途径 9. 其他（）
您家猕猴桃种植每年产量（亩均）	E06		斤（平均每亩）
您家猕猴桃种植每年收入（亩均）	E07		元（平均每亩）
您家猕猴桃种植每年成本（亩均，农药化肥等各项投入合计）	E08		元（平均每亩）
其中：土地流转	E09		元（平均每亩）
农药	E10		元（平均每亩）
肥料	E11		元（平均每亩）
苗木	E12		元（平均每亩）
人工	E13		元（平均每亩）
农机	E14		元（平均每亩）
运输	E15		元（平均每亩）
其他成本	E16		元（平均每亩） 注明：()
您家猕猴桃销售方式是？	E17		1. 自己销售　2. 收购商上门收购　3. 政府平台公司保底收购　4. 其他

续表

问题	代码	答案	选项
您家每年主要的销售猕猴桃方式是?	E18		1. 自己拉出去卖　2. 卖给上门收购商　3. 统一卖给政府平台公司　4. 其他
您家猕猴桃销售或收购时是否分级?	E19		1. 是　2. 否
猕猴桃销售时一般分为几级?	E20		级
您家猕猴桃果实分级依据是什么? (可多选,如果标准农户有数值,请记录)	E21		1. 大小 (　) 2. 甜度 (　) 3. VC 含量 (　) 4. 成熟度 (　) 5. 可溶性固形物含量 (　) 6. 贮藏性能 (　) 7. 其他 (　)
您家不同级别果实的净收入比例为?	E22		按好到坏依次填写比例,例如若分一二三级果,则填写4:3:3
您家不同级别果实的产量比例为?	E23		同上
您认为提升猕猴桃收入的最好途径是?	E24		1. 提升质量为主要途径 2. 提高产量为主要途径 3. 同时兼顾产量和质量 4. 其他 (　)
您家猕猴桃种植过程中是否应用提升农产品质量的新技术?	E25		1. 是　2. 否
新技术的来源是什么?	E26		1. 自己摸索　2. 邻居之间互相学习　3. 合作社或平台公司组织培训　4. 当地政府部门组织培训　5. 其他
您家种植猕猴桃以来参加新技术培训次数	E27		次
您家猕猴桃种植过程中是否同步发展了融合产业形态?	E27		1. 是　2. 否
如果是,发展了哪种融合农业形态?	E28		1. 观光旅游农业 2. 农产品加工 3. 生态采摘园 4. 民宿 5. 农家乐 6. 农业信息化 7. 其他 (　)

【调查员注意:读出下列句子:"访问到此结束,感谢您对我们工作的支持。祝您工作顺利,生活愉快"。】

附录 2：

六盘水市水城区猕猴桃种植农户抽样方案及调查现场

一、抽样方案设计

为系统梳理并评估农村"三变"改革实践机制及影响效应，及时发现并解决问题，中国人民大学郑风田教授课题组组织并开展此次针对"三变"改革项目农户参与情况的问卷调查。通过调研了解到，截至 2021 年 12 月六盘水市水城区共有 21 个乡镇，不含街道办。按照各乡镇经济发展情况和猕猴桃种植面积双重指标排序，按照高、中、低水平，从 21 个乡镇中抽取 9 个乡镇作为样本抽样框（第一组：发耳镇、蟠龙镇、米箩镇；第二组：勺米镇、猴场乡、都格镇；第三组：顺场乡、营盘乡、果布戛乡）。每个乡镇预计抽取农户样本 60 户（其中入股户 27 户，非入股户 33 户），其中每个乡镇抽取 3 个村，每村抽取 20 个农户样本。

编号	乡镇	经济排序	面积排序	是否抽样	样本数	入股户	非入股户
1	阿戛镇	3	4	×	0	0	0
2	陡箐镇	16	0	×	0	0	0
3	米箩镇	5	2	√	60	27	33
4	鸡场镇	7	5	×	0	0	0
5	发耳镇	1	7	√	60	27	33
6	都格镇	12	6	√	60	27	33
7	勺米镇	6	8	√	60	27	33
8	玉舍镇	2	0	×	0	0	0
9	化乐镇	11	0	×	0	0	0
10	比德镇	10	0	×	0	0	0
11	蟠龙镇	4	3	√	60	27	33
12	杨梅乡	13	0	×	0	0	0
13	新街乡	21	12	×	0	0	0
14	龙场乡	14	0	×	0	0	0

续表

编号	乡镇	经济排序	面积排序	是否抽样	样本数	入股户	非入股户
15	营盘乡	17	13	√	60	27	33
16	野钟乡	8	9	×	0	0	0
17	果布戛乡	19	14	√	60	27	33
18	猴场乡	9	1	√	60	27	33
19	坪寨乡	20	0	×	0	0	0
20	花戛乡	18	11	×	0	0	0
21	顺场乡	15	10	√	60	27	33
总计					540	243	297

注：入股流转户是指将全部或部分土地以入股形式流转给合作社、专业大户、政府平台公司等从事猕猴桃种植经营主体的农户；非入股流转户是指全部土地自主经营的农户。

二、实际调查样本

分组	乡镇	村组名称	预计样本数	入股流转户	非入股户	实际样本数
第一组 （180 户）	发耳镇 （60 户）	新联村	30	13	17	27
		新光村	30	14	16	32
	蟠龙镇 （60 户）	蟠龙社区	20	9	11	16
		白车河社区	20	9	11	14
		木城社区	20	9	11	19
	米箩镇 （60 户）	俄戛村	20	9	11	21
		倮么村	20	9	11	19
		草果村	20	9	11	22
第二组 （180 户）	勺米镇 （60 户）	果立普村	20	9	11	16
		梭沙村	20	9	11	18
		营田村	20	9	11	18
	猴场乡 （60 户）	猴场村	20	9	11	19
		补那村	20	9	11	17
		打把村	20	9	11	18
	都格镇 （60 户）	新盘社区	20	9	11	21
		龙井社区	20	9	11	20
		都格社区	20	9	11	21

续表

分组	乡镇	村组名称	预计样本数	入股流转户	非入股户	实际样本数
第三组 （180 户）	顺场乡 （60 户）	营盘村	20	9	11	19
		九归村	20	9	11	20
		大发村	20	9	11	17
	营盘乡 （60 户）	红德村	20	9	11	19
		兰花村	20	9	11	20
		罗多村	20	9	11	20
	果布戛乡 （60 户）	枫香村	60	27	33	58
合计			540	243	297	511

附录 3：
D 村实际运营情况调查资料整理

实地调研了解到，当前 NY 公司在景区运营的项目，基本只剩"七彩花田"（运营经费从企业家经营时的每年 130 万元锐减到现在每年 40 万元，花田基本处于荒废状态）和湖畔花园酒店。下图为实地调研时拍摄的"七彩花田"现状，当前花田杂草丛生，已被种植了桂花树等多年生植物，对花田工作人员访谈了解到，以前企业家负责经营时，花田所属的 NY 公司种植部共有 30 多人，还有几个花卉方面的专业人员指导种植，现在偌大的花田仅由 NY 公司种植部 3 个人负责日常管护［"我们 3 人都是本地村民，也不怎么懂花，一般都是上面（公司）让种什么就种什么，你看这块地种的那个高的花，种了很多都死了，因为这块地以前是水田，现在种的这种（花）基本是根部有点水就活不了，这个事情也没人管的，我们 3 个人都是按月拿工资，一个月就差不多 1800 的工资，负责差不多 200 亩的地，我们也管不了那么多，最主要的是也没能力管"访谈编码：20210412HTN］。从图中可以看出，以前铺设的、用于花田喷灌的设施基本处于荒废状态，花田里的木栈道也开始腐蚀，到处破洞，由于木栈道下面是水渠，腐蚀的栈道安全隐患巨大。

2021 年"七彩花田"项目实际运营情况

进一步了解到，2021 年 D 村其他项目均处于转租或闲置状态。

截至 2021 年 4 月 NY 公司所属项目实际经营情况

项目	占地面积	状态	备注
精品水果基地	400 亩	转租	引入外地老板种植精品水果（黄桃等），2017 年付 10 万元土地租金，目前欠 NY 公司 80 万元土地租金
生态养殖场	80 亩	转租	2020 年 9 月转给外来的养殖企业，以养殖设施入股，约定分红为养殖场每年营业额的 3% ~ 6%[①]
热带生态馆	80 亩	转租	以 60 万元/年的价格租给 2 家食用菌种植大户（有设施），因经营问题，目前已拖欠 NY 公司多年租金
哒啦农庄	20 亩	闲置	完全闲置[②]
苗圃基地 + 红峰岛	苗圃基地 270 亩；红峰岛 500 亩	闲置	目前这部分闲置的土地很难盘活，因为按照国有资产相关规定，这块土地上有生物资产，现在拿出来"招拍挂"的话就不允许的，必须先把上面的附着物移除掉才有可能。当时资产转移的时候苗圃基地的估值是 1000 多万元，红峰岛估值 400 多万元
其他待规划地	702 亩	多数闲置	其中 160 亩土地租给 2020 年引进的西瓜种植大户，按照每年每亩 770 元收取土地租金[③]，土地租金每 5 年涨 10%

注：① 据访谈，NY 公司以前自己经营，基本处于亏损状态，2020 年猪瘟对养殖场的影响较大。

② 调研时，有村民指着闲置的哒啦农庄说，"你看，就我们门前那块地，那以前是我们家的，后来就被硬化了，硬化了就放在那里，也不知道要干什么，反正地我们种不了，土地租金也好几年没付了（编码：20210411ZMG）。"

③ "NY 公司引进西瓜种植大户在岩脚村种植西瓜，西瓜种植大户将土地租金付给 NY 公司，但是农户没有收到 NY 公司付的土地租金，就去直接找西瓜大户的麻烦，然后西瓜种植大户又找一个领导下来承诺一个给租金的时间点。结果也不给，现在村里留下来的都是些老弱病残，大家也拿人家没办法，就是隔一段时间去闹一闹，然后公司承诺付土地租金，后来又是一次一次不了了之，大家也都疲了（疲惫）这个事（编码：20210410KZR）。"

资料来源：笔者根据赴岩脚村蹲点调研资料整理编制。

　　实地调研了解到，2016 年 10 月至 2017 年 7 月是景区频繁易主的时间段（先是企业家将 NY 公司 80% 的股份转给 L 公司，接着 L 公司经营不足 1 年又将旅游景区转给了刚刚成立的 H 公司），频繁更换经营主体导致景区经营连续性受到极大影响。从经营收入数据可以看出，2017 ~ 2019 年景区营业收入出现了明显的逐年下降趋势。对这种下降趋势的解释主要包括如下三个方面：

第一，政府平台公司本身在经营与把握市场方面不具备优势；同时又因景区频繁易主而深陷"三角债"漩涡而无力投入景区日常运营。

NY 公司相关负责人："原本由民营企业经营的时候，'七彩花田'项目是最吸引游客的项目，每年都有很多游客被吸引来这里看花、拍照。后来交给政府平台公司经营很快就不行了。一方面原本企业家经营的时候，每年都往花田投入差不多 130 万元用于日常维护，而且有专门的人员负责花田的日常管护；但是交给政府平台公司，就没有专门的人员来负责这个事情了。平时花田有管护任务，只能依靠村里的合作社临时组织召集人员。具体来看，按照一般流程，如果花田需要管护了，平台公司就发文、下通知给合作社，明确规定合作社要怎么管护花田、管护哪块；之后合作社负责召集和组织人员，做好管护；管护完成后合作社再向公司相关负责人申请项目验收，项目验收通过之后再发放劳务费，由合作社负责分配给工人。总之就是说，所有管护项目都要公司向合作社下通知，不下通知、不发文根本没有人会主动管这个事情的①，而且就是每次都有合作社负责管护，基本是召集起来人，真正管护的时间也是错过了花田的最佳管护时间。另外一方面，政府平台公司接手之后发现，花田就是纯投入项目，公司也不可能每年都像之前企业那样投入一大笔钱做这个事情啊，所以慢慢地花田的投入经费也下降得很快，现在基本每年投入 40 万元左右。原来的那些需要每年种的花卉基本是没有条件种了，现在花田有差不多四分之三的土地都种植了多年生花卉，例如种些桂花树什么的（编码：20210408XLS）。"

"说句实话，现在谁也挺无奈的，H 公司自 2017 年接手景区以来，总共在景区建设方面投资了差不多 1500 万元吧，其他保运营差不多投资了3100 万元，而这 3100 万元里面又有差不多 1300 万元是缴纳的各种税费。②真的特别恼火（情况有点糟糕），现在每年保运营的这个钱，我们还必须

---

①　调研了解到，合作社对务工人员分配的优亲厚友及从管护费中提取积累进而压榨农户务工费也激起农户较大的不满，从而影响日常管护投入；另外，政府平台公司在花田管护中表现出管得过多、过深、过快等问题。

②　调研了解到，H 公司每年需要缴纳的税费包括耕地占用税、土地使用税、房产税，各项税费每年合计需要缴纳 600 万元，另外对土地占用越久税费金额越高，2022 年税费就要在原来的基础上增加 10%。

出，如果不出的话景区就没法正常经营，会被起诉。另外频繁换经营主体形成的'三角债'也非常麻烦，现在我们 NY 公司差不多一半的员工每年主要工作就是处理这些烂账。因为当时 L 公司增资扩股的 1.35 亿元资金没有到位，导致我们（H 公司）现在不仅为原来的两个股东还了很多债务，而且各项费用都要持续交下去，看不到尽头呀，只要景区运营就要交这个钱。这个事情吧，还没办法找前面的两个老板沟通，向私人老板要钱，人家就说 L 公司还欠人家 1870 万元，人家现在也没钱；问 L 公司要这笔钱，人家负责人又说都是政府平台公司，都已经把景区那么大的一块资产转给了你们（H 公司），这点钱你们要什么要……，真的是太难做了（编码：20210408XLS）。"

第二，外部政治环境的变化，对景区已建核心项目造成毁灭性打击；同时，外部社会经济环境的变化，对整体旅游市场造成严重影响。

NY 公司相关负责人："景区 2017 年转给 H 公司的时候经营效益还是不错的，其实最开始走下坡路与 2019 年 3 月拆除热带植物生态馆关系密切。这个事情吧，还要从 2014 年说起——2014 年 10 月由企业家 TQ 个人出资 2600 万元、政府配套出资 2400 万元修建了景区占地约 80 亩的热带植物生态馆，这个生态馆兼具了热带植物观赏、会议、餐饮接待等功能，能够同时容纳 500 人在里面聚餐开会。生态馆建成之后对景区的带动作用还是很明显的，但是 2019 年 3 月全国土地政策突然收紧，当时国家对"大棚房改造"问题抓得很严，而恰好 2016 年修建生态馆时，因为有地方政府的支持，NY 公司也嫌办理相关手续麻烦，所以在相关领导默许的情况下就直接修建了生态馆而未办理相关手续。[①] 结果可想而知，2019 年 3 月生态馆因无相关手续被强制拆除，已经建得那么好的生态馆，还有很多热带

---

① 根据对企业家 TQ 的访谈了解到，"热带生态馆拆除这个事情真的是挺可惜的，当时是 2014 年开始筹建、2015 年正式建成，当时建的时候一方面工期比较紧张，一些手续没有办理，后来也没有人跟踪这个事情，就忘记了办理（相关手续）；另一方面，其实生态馆的具体业务也是不清楚的，如果真的要办理手续，当时也不知道要怎么上报相关申请。所以后来就没有办（手续）。其实有什么事情呢，生态馆建成之后仅是做扶贫干部的培训活动就搞了 100 多场，也都没有什么问题，里面差不多能解决 30~40 个就业。可以说生态馆就是哒啦仙谷的'灵魂'。但是后来拆的时候还是拆了，怎么说这个事情呢？建是领导让建，拆也是领导让拆，真的不好说（编码：20210418TQ）。"

植物，强拆的时候，那么多人挖了整整三天三夜才把馆内设施都拆完。生态馆拆除之后，对景区的影响挺大的，很多大旅行、会务团，我们（景区）就没有能力接待了，来的人自然就少了很多。现在一般都是零散的游客来的比较多，也都是在景区内转一圈就走了，既不吃饭也不住宿就形不成实质性的收益。除了拆除生态馆，暴发的新冠疫情对景区的影响也挺大的，这个可能是全国性的影响吧，因为疫情大家都不出门了，来景区的人自然就少之又少了，这个也是没有办法的（编码：20210408XLS）。”

第三，政府平台公司和当地老百姓之间不可调和并逐渐升级的矛盾冲突，为景区日常运营带来了巨大压力。

NY公司相关负责人：“我个人觉得，现在景区搞成这样原因很多，但是其中一个重要的原因是公司和老百姓的关系始终都没有搞好。景区开始建设的那几年还好，老百姓看着景区发展得好，可以在景区内做一些小生意，对景区的发展也是挺支持的。但是后来情况就发生了变化，现在NY公司和老百姓经常有矛盾纠纷。产生纠纷的问题有大有小，例如：景区要建设一些护栏、标识牌等设施，建设位置可能属于老百姓经营的地块，这种情况下就很难和老百姓沟通，也没法沟通；景区因为建设需要在公司已租用的地块上修建一些栅栏等设施，如果挡住了农户日常出行的道路，那刚刚修建就被拆除了；还有农户直接在旅游景区内放牛，牛破坏植被不说，粪便污染也需要景区解决；类似的事情简直太多了，还有顺手牵羊的事情也很多，景区的东西有老百姓就直接搬到自己家里了。除了这些问题外，最令人头疼的是村里办红白喜事时占道的问题，还有就是这边有老人去世时，要在外面停棺，你说游客怎么能接受这些？几乎是方方面面的事情都会影响景区的发展，但是和老百姓沟通实在太困难了，老百姓自己又不做（经营）旅游，这边村庄人口密度特别大，景区的承载力也是有限的（编码：20210408XLS）。”

参 考 文 献

[1] ［印度］阿比吉特·班纳吉，［法］埃斯特·迪弗洛．贫穷的本质［M］．景芳，译．北京：中信出版社，2013.

[2] ［美］埃弗雷特·M．罗杰斯．创新的扩散［M］．唐兴通，郑常青，张延臣，译．北京：中央编译出版社，2002.

[3] ［美］奥斯特罗姆．公共事物的治理之道：集体行动制度的演进［M］．余逊达，陈旭东，译．上海：上海译文出版社，2012：277.

[4] 白明．从农村"三变"到城乡"三变"的推进逻辑［J］．贵州师范大学学报（社会科学版），2019（2）：78-89.

[5] 柏兰芝．集体的重构：珠江三角洲地区农村产权制度的演变——以"外嫁女"争议为例［J］．开放时代，2013（3）：109-129.

[6] 北京大学国家发展研究院综合课题组，周其仁．还权赋能——成都土地制度改革探索的调查研究［J］．国际经济评论，2010（2）：54-92.

[7] ［美］布罗姆利·丹尼尔．经济利益与经济制度——公共政策的理论基础［M］．陈郁，郭宇峰，汪春，译．上海：格致出版社，2012：329.

[8] 陈标金．农村集体经济组织产权制度改革：广东的探索［J］．农业经济与管理，2011（2）：76-82.

[9] 陈剑波．制度变迁与乡村非正规制度——中国乡镇企业的财产形成与控制［J］．经济研究，2000（1）：48-55.

[10] 陈靖．城镇化背景下的"合村并居"——兼论"村社理性"原则的实践与效果［J］．中国农村观察，2013（4）：14-21.

[11] 陈林．习近平农村市场化与农民组织化理论及其实践——统筹

推进农村"三变"和"三位一体"综合合作改革 ［J］. 南京农业大学学报（社会科学版），2018，18（2）：1－11.

［12］陈强. 高级计量经济学及 Stata 应用　第 2 版 ［M］. 北京：高等教育出版社，2014：669.

［13］陈全. "三变"改革助推精准扶贫的理论逻辑和制度创新 ［J］. 改革，2017（11）：43－46.

［14］陈雪原. 关于"双刘易斯二元模型"假说的理论与实证分析 ［J］. 中国农村经济，2015（3）：34－43.

［15］程安林. 内部控制制度变迁演化的动因选择：外力驱动还是内生驱动？［J］. 审计与经济研究，2015，30（3）：49－57.

［16］程名望，盖庆恩，Jin Yanhong，史清华. 人力资本积累与农户收入增长 ［J］. 经济研究，2016，51（1）：168－181.

［17］程漱兰. 为市场构筑支持性的制度——《2002 年世界发展报告》评介 ［J］. 管理世界，2003（5）：149－151.

［18］程郁，万麒雄. 集体经济组织的内外治理机制——基于贵州省湄潭县 3 个村股份经济合作社的案例研究 ［J］. 农业经济问题，2020（6）：43－52.

［19］［美］道格拉斯·C. 诺思. 制度、制度变迁与经济绩效 ［M］. 杭行译、韦森译审. 上海：格致出版社，2008：102.

［20］邓大才. 论农村资产资源产权资本化经营 ［J］. 地质技术经济管理，2004（1）：26－33.

［21］邓大才. 制度供给与地方政府"搭便车" ［J］. 财经问题研究，2004（8）：10－15.

［22］邓慧慧，赵晓坤，李慧榕. 土地资源优化配置如何影响经济效率？——来自浙江省"亩均论英雄"改革的经验证据 ［J］. 中国土地科学，2020，34（7）：32－42.

［23］窦祥铭. 深化农村集体产权制度改革的探索与实践——以安徽省首批 13 村"三变"改革试点为例 ［J］. 安徽行政学院学报，2017，8（6）：76－81.

［24］杜长征. 退出－呼吁动态、制度竞争与制度变迁——一个新的

制度变迁动力学模型［J］．湖北经济学院学报，2017，15（2）：5-12．

［25］杜良杰，周怡．农村"三变"改革中集体经济动力机制研究——以六盘水市为例［J］．铜仁学院学报，2018，20（7）：122-128．

［26］杜锐，毛学峰．基于合成控制法的粮食主产区政策效果评估［J］．中国软科学，2017（6）：31-38．

［27］范子英．如何科学评估经济政策的效应？［J］．财经智库，2018，3（3）：42-64．

［28］方桂堂．农村集体产权制度改革的多重影响研究——来自北京市昌平区的实证调查［J］．中国政法大学学报，2019（1）：5-19．

［29］方桂堂．农村集体产权制度改革的困境摆脱：自京郊观察［J］．改革，2017（8）：115-121．

［30］房绍坤，林广会．农村集体产权制度改革的法治困境与出路［J］．苏州大学学报（哲学社会科学版），2019，40（1）：31-41．

［31］房绍坤，任怡多．论农村集体产权制度改革中的集体股：存废之争与现实路径［J］．苏州大学学报（哲学社会科学版），2021，42（2）：60-72．

［32］丰雷，任芷仪，张清勇．家庭联产承包责任制改革：诱致性变迁还是强制性变迁［J］．农业经济问题，2019（1）：32-45．

［33］冯道杰，程恩富．从"塘约经验"看乡村振兴战略的内生实施路径［J］．中国社会科学院研究生院学报，2018（1）：22-32．

［34］冯宗宪，王珏，王华．中国林业产权制度变迁的最优路径研究——诱致性变迁还是强制性变迁［J］．华东经济管理，2014，28（4）：54-59．

［35］符刚，陈文宽，李思遥，唐宏．推进我国农村资源产权市场化的困境与路径选择［J］．农业经济问题，2016，37（11）：14-23．

［36］傅晨．农村社区型股份合作制产权制度的演进与困扰［J］．学海，2006（3）：40-44．

［37］傅晨．社区型农村股份合作制产权制度研究［J］．改革，2001（5）：100-109．

［38］傅大友，芮国强．地方政府制度创新的动因分析［J］．江海学刊，2003（4）：92-98．

［39］傅夏仙．股份合作制：理论、实践及其适宜领域［D］．杭州：浙江大学，2003．

［40］高翠玲．内蒙古草原畜牧业生产组织制度创新研究［D］．呼和浩特：内蒙古农业大学，2014．

［41］高静，王志章，龚燕玲，丁甜甜．土地转出何以影响小农户收入：理性解释与千份数据检验［J］．中国软科学，2020（4）：70－81．

［42］高鸣，芦千文．中国农村集体经济：70年发展历程与启示［J］．中国农村经济，2019（10）：19－39．

［43］高强，鞠可心．农村集体产权制度的改革阻点与破解路径——基于江苏溧阳的案例观察［J］．南京农业大学学报（社会科学版），2021，21（2）：1－10．

［44］高强，孔祥智．拓宽农村集体经济发展路径的探索与实践——基于四川彭州小鱼洞镇"联营联建"模式的案例分析［J］．东岳论丛，2020，41（9）：162－171．

［45］高雪萍，王璐，王保家．粮食种植户农业政策需求优先序及其影响因素研究——基于江西10县1080户农户调研［J］．农林经济管理学报，2020，19（4）：449－456．

［46］龚春明，汪泽民．全球化背景下中国村庄转型的检视与抉择——由《远逝的天堂》引发的思考［J］．世界农业，2016（12）：11－17．

［47］管洪彦．农村集体产权改革中的资产量化范围和股权设置［J］．人民法治，2019（14）：44－47．

［48］郭强．农村集体产权制度的创新过程解析与发展路径研究［D］．北京：中国农业大学，2014．

［49］郭晓鸣，王蔷．深化农村集体产权制度改革的创新经验及突破重点［J］．经济纵横，2020（7）：52－58．

［50］韩保江．"三变"是农村经济体制又一次"革命"［J］．改革，2017（8）：26－27．

［51］何文剑，赵秋雅，张红霄．林权改革的增收效应：机制讨论与经验证据［J］．中国农村经济，2021（3）：46－67．

［52］贺东航，朱冬亮．新集体林权制度改革对村级民主发展的影响——

兼论新集体林改中的群体决策失误 [J]. 当代世界与社会主义，2008 (6)：105 – 108.

[53] 贺东航，朱冬亮. 中国集体林权改革存在的问题及思考 [J]. 社会主义研究，2006 (5)：79 – 81.

[54] 贺福中. 农村集体产权制度改革的实践与思考——以山西省沁源县沁河镇城北村为例 [J]. 经济问题，2017 (1)：115 – 120.

[55] 洪名勇. 论马克思的土地产权理论 [J]. 经济学家，1998 (1)：28 – 33.

[56] 胡伟斌. 农村集体经济股份合作制改革对村庄治理的影响研究 [D]. 杭州：浙江大学，2020.

[57] 黄季焜，李康立，王晓兵，丁雅文. 农村集体经营性资产产权改革：现状、进程及影响 [J]. 农村经济，2019 (12)：1 – 10.

[58] 黄砺，谭荣. 农地还权赋能改革与农民长效增收机制研究——来自四川省统筹城乡综合配套改革试验区的证据 [J]. 农业经济问题，2015，36 (5)：12 – 21.

[59] 黄启才. 自贸试验区设立促进外商直接投资增加了吗——基于合成控制法的研究 [J]. 宏观经济研究，2018 (4)：85 – 96.

[60] 黄少安. 关于制度变迁的三个假说及其验证 [J]. 中国社会科学，2000 (4)：37 – 49.

[61] 黄少安. 制度变迁主体角色转换假说及其对中国制度变革的解释——兼评杨瑞龙的"中间扩散型假说"和"三阶段论" [J]. 经济研究，1999 (1)：68 – 74.

[62] 黄延信. 发展农村集体经济的几个问题 [J]. 农业经济问题，2015，36 (7)：4 – 8.

[63] 黄延信，余葵，王刚. 贵州省六盘水市农村"三变"情况调研 [J]. 农村经营管理，2015 (11)：20 – 22.

[64] 黄莹，林金忠. 产权制度变迁动因理论的比较研究——马克思产权理论与西方现代产权学派 [J]. 江苏社会科学，2009 (2)：54 – 58.

[65] 黄祖辉. 改革开放四十年：中国农业产业组织的变革与前瞻 [J]. 农业经济问题，2018 (11)：61 – 69.

［66］惠建利．农村集体产权制度改革中的妇女权益保障——基于女性主义经济学的视角［J］．中国农村观察，2018（6）：73－88．

［67］贾生华．论我国农村集体土地产权制度的整体配套改革［J］．经济研究，1996（12）：57－62．

［68］姜爱林，陈海秋．近年来中国农村土地股份合作制研究述评（2000—2006）［J］．南京农业大学学报（社会科学版），2007（1）：11－20．

［69］姜长云，芦千文．贵州六盘水乡村"三变"改革实践经验及后续完善建议［J］．西部论坛，2018，28（3）：86－93．

［70］解安，朱慧勇．恩格斯设想与农地股份合作制配套制度设计［J］．中共天津市委党校学报，2016（5）：14－19．

［71］金海年．新供给经济增长理论：中国改革开放经济表现的解读与展望［J］．财政研究，2014（11）：2－7．

［72］金祥荣．多种制度变迁方式并存和渐进转换的改革道路——"温州模式"及浙江改革经验［J］．浙江大学学报（人文社会科学版），2000（4）：138．

［73］柯炳生．农村"三变"改革可以解决哪些问题？［J］．农村经营管理，2018（9）：13－14．

［74］科斯，阿尔钦，诺斯．财产权利与制度变迁——产权学派与新制度学派译文集［M］．上海：三联书店上海分店，1991．

［75］孔浩．农村集体产权制度改革中的治理逻辑——以渝、鄂、粤三地试验区为研究对象［J］．财经问题研究，2020（3）：122－129．

［76］孔泾源．市场化与产权制度：变迁过程的理论分析［J］．经济研究，1994（6）：72－79．

［77］孔泾源．中国农村土地制度：变迁过程的实证分析［J］．经济研究，1993（2）：65－72．

［78］孔祥智．产权制度改革与农村集体经济发展——基于"产权清晰＋制度激励"理论框架的研究［J］．经济纵横，2020（7）：32－41．

［79］孔祥智，穆娜娜．农村集体产权制度改革对农民增收的影响研究——以六盘水市的"三变"改革为例［J］．新疆农垦经济，2016（6）：1－11．

［80］孔祥智.农村社区股份合作社的股权设置及权能研究［J］.理论探索，2017（3）：5-10.

［81］雷加富.集体林权制度改革是建设社会主义新农村的重要举措——福建、江西集体林权制度改革透视与深化［J］.东北林业大学学报，2006（3）：1-4.

［82］李彬，王凤彬，秦宇.动态能力如何影响组织操作常规？——一项双案例比较研究［J］.管理世界，2013（8）：136-153.

［83］李谷成，李烨阳，周晓时.农业机械化、劳动力转移与农民收入增长——孰因孰果？［J］.中国农村经济，2018（11）：112-127.

［84］李光熙.北京市农村集体经济组织产权制度改革模式与政策建议［J］.北京市经济管理干部学院学报，2008（4）：3-6.

［85］李国平，李宏伟.经济区规划促进了西部地区经济增长吗？——基于合成控制法的研究［J］.经济地理，2019，39（3）：20-28.

［86］李建建.我国征地过程中集体产权残缺与制度改革［J］.福建师范大学学报（哲学社会科学版），2007（1）：100-104.

［87］李宁，陈利根，孙佑海.转型期农地产权变迁的绩效与多样性研究：来自模糊产权下租值耗散的思考［J］.江西财经大学学报，2014（6）：77-90.

［88］李裴，罗凌，崔云霞，赵雪峰.六盘水市农村"三变"改革调查［J］.农村工作通讯，2016（6）：48-51.

［89］李如海.乌蒙山集中连片特困地区股份合作扶贫开发机制研究——以贵州省六盘水市为例［J］.南方论刊，2017（10）：71-73.

［90］李松龄.制度、制度变革与制度均衡——一种制度供求均衡的分析方法［J］.湖南商学院学报，1999（1）：13-16.

［91］李秀峰.制度变迁动因的研究框架——探索一种基于新制度主义理论的整合模型［J］.北京行政学院学报，2014（4）：8-14.

［92］李娅，姜春前，严成，邱水文，黄选瑞.江西省集体林区林权制度改革效果及农户意愿分析——以江西省永丰村、上芜村、龙归村为例［J］.中国农村经济，2007（12）：54-61.

［93］李云新，戴紫芸，丁士军.农村一二三产业融合的农户增收效

应研究——基于对 345 个农户调查的 PSM 分析［J］．华中农业大学学报（社会科学版），2017（4）：37－44．

［94］李正图．论诺思制度变迁理论的思维逻辑框架［J］．江淮论坛，2007（6）：55－62．

［95］李周，温铁军，魏后凯，杜志雄，李成贵，金文成．加快推进农业农村现代化："三农"专家深度解读中共中央一号文件精神［J］．中国农村经济，2021（4）：2－20．

［96］李卓，谭江涛，陈江红，王琪．新一轮集体林权制度改革效果评估——基于双重差分模型的实证分析［J］．价值工程，2019，38（11）：19－22．

［97］林岗，张宇．产权分析的两种范式［J］．中国社会科学，2000（1）：134－145．

［98］林毅夫．制度、技术与中国农业发展［M］．上海：上海人民出版社，2005．

［99］刘成奎，齐兴辉，王宙翔．统筹城乡综合配套改革促进了民生性公共服务城乡均等化水平的提高吗——来自重庆市的经验证据［J］．财贸研究，2018，29（11）：60－70．

［100］刘和旺．诺思制度变迁的路径依赖理论新发展［J］．经济评论，2006（2）：64－68．

［101］刘甲炎，范子英．中国房产税试点的效果评估：基于合成控制法的研究［J］．世界经济，2013，36（11）：117－135．

［102］刘俊杰，张龙耀，王梦珺，许玉韫．农村土地产权制度改革对农民收入的影响——来自山东枣庄的初步证据［J］．农业经济问题，2015，36（6）：51－58．

［103］刘俊杰，张龙耀，王梦珺，许玉韫．农村土地产权制度改革对农民收入的影响——来自山东枣庄的初步证据［J］．农业经济问题，2015，36（6）：51－58．

［104］刘培生，杨正巧．基于制度变迁的农村"三变"改革理论解析［J］．贵州师范大学学报（社会科学版），2019（2）：90－96．

［105］刘琴，周真刚．农村"三变"改革的股权架构解析——以贵州

六盘水为例 [J]. 广西民族大学学报（哲学社会科学版），2018，40（3）：161 – 165.

[106] 刘守英. 土地制度与中国发展 [M]. 北京：中国人民大学出版社，2018：284.

[107] 刘守英. 新一轮农村改革样本：黔省三地例证 [J]. 改革，2017（8）：16 – 25.

[108] 刘守英. 中国农地制度的合约结构与产权残缺 [J]. 中国农村经济，1993（2）：31 – 36.

[109] 刘伟. 学习借鉴与跟风模仿——基于政策扩散理论的地方政府行为辨析 [J]. 国家行政学院学报，2014（1）：34 – 38.

[110] 刘炜. 农村集体经济产权的股份制改革及其优化 [J]. 华南农业大学学报（社会科学版），2006（3）：25 – 31.

[111] 刘燕. 城乡融合发展下重庆地票交易政策解构及实施效果研究 [D]. 重庆：西南大学，2020.

[112] 刘友金，曾小明. 房产税对产业转移的影响：来自重庆和上海的经验证据 [J]. 中国工业经济，2018（11）：98 – 116.

[113] 刘远坤. 农村"三变"改革的探索与实践 [J]. 行政管理改革，2016（1）：29 – 32.

[114] 卢现祥. 共享经济：交易成本最小化、制度变革与制度供给 [J]. 社会科学战线，2016（9）：51 – 61.

[115] 陆贤伟. 低碳试点政策实施效果研究——基于合成控制法的证据 [J]. 软科学，2017，31（11）：98 – 101.

[116] 罗必良，潘光辉，吴剑辉，广新力. 社区型股份合作制：改革面临创新——基于"龙岗模式"的理论与实证研究 [J]. 华南农业大学学报（社会科学版），2004（4）：1 – 10.

[117] 罗凌，崔云霞. 再造与重构：贵州六盘水"三变"改革研究 [J]. 农村经济，2016（12）：117 – 122.

[118] 马池春，马华. 农村集体产权制度改革的三重维度与秩序均衡——一个政治经济学的分析框架 [J]. 农业经济问题，2018（2）：4 – 11.

[119] 毛基业，陈诚. 案例研究的理论构建：艾森哈特的新洞见——

第十届"中国企业管理案例与质性研究论坛（2016）"会议综述［J］. 管理世界，2017（2）：135－141.

［120］闵师，王晓兵，项诚，黄季焜. 农村集体资产产权制度改革：进程、模式与挑战［J］. 农业经济问题，2019（5）：19－29.

［121］倪国华，蔡昉. 农户究竟需要多大的农地经营规模？——农地经营规模决策图谱研究［J］. 经济研究，2015，50（3）：159－171.

［122］祁应军. 不同草场产权的界定与实施——基于产权交易成本视角的对比分析［J］. 中国农村经济，2021（11）：55－71.

［123］钱文荣，应一逍. 农户参与农村公共基础设施供给的意愿及其影响因素分析［J］. 中国农村经济，2014（11）：39－51.

［124］乔榛，焦方义，李楠. 中国农村经济制度变迁与农业增长——对1978—2004年中国农业增长的实证分析［J］. 经济研究，2006（7）：73－82.

［125］曲福田，田光明. 城乡统筹与农村集体土地产权制度改革［J］. 管理世界，2011（6）：34－46.

［126］曲纵翔，董柯欣. 认知观念与制度语境：制度变迁的建构制度主义二阶解构——以农地产权"三权分置"改革为例［J］. 中国行政管理，2021（8）：84－92.

［127］桑瑜. 六盘水"三变"改革的经济学逻辑［J］. 改革，2017（7）：70－77.

［128］邵挺. 土地流转的"名"与"实"：走出"反公地陷阱"［J］. 中国发展观察，2015（5）：51－53.

［129］税林敏. "三变"改革对农村集体经济发展的作用机制研究［J］. 中国集体经济，2019（13）：1－2.

［130］宋洪远，高强. 农村集体产权制度改革轨迹及其困境摆脱［J］. 改革，2015（2）：108－114.

［131］谭静，张建华. 碳交易机制倒逼产业结构升级了吗？——基于合成控制法的分析［J］. 经济与管理研究，2018，39（12）：104－119.

［132］谭荣. 价值、利益和产权：百年土地产权制度变迁的治理逻辑［J］. 中国土地科学，2021，35（12）：1－10.

［133］檀学文. 以"三变"改革推动资产收益扶贫与精准脱贫［J］.

改革，2017（11）：47 - 49.

［134］唐丰义. 产权概念的发展与产权制度的变革［J］. 学术界，1991（6）：68 - 73.

［135］唐伟成，彭震伟，陈浩. 制度变迁视角下村庄要素整合机制研究——以宜兴市都山村为例［J］. 城市规划学刊，2014（4）：38 - 45.

［136］田国强，陈旭东. 制度的本质、变迁与选择——赫维茨制度经济思想诠释及其现实意义［J］. 学术月刊，2018，50（1）：63 - 77.

［137］田鹏. 农地产权视角下农业经营制度变迁的实践逻辑及反思［J］. 经济学家，2021（9）：119 - 128.

［138］田世野，李萍. 发展视域下中国农村土地产权制度的变迁——基于两种产权理论的比较［J］. 学术月刊，2021，53（12）：74 - 84.

［139］田艳丽. 内蒙古牧民合作社利益分配机制研究［D］. 呼和浩特：内蒙古农业大学，2014.

［140］田友，赵翠萍. 农村集体产权制度改革面临的急难问题及其破解——基于河南省焦作市的实践调查［J］. 中州学刊，2021（9）：35 - 40.

［141］佟大建，方小珍，张士云，应瑞瑶. 扶贫改革试验区的减贫效应评估——基于合成控制法的研究［J］. 农业技术经济，2020（10）：131 - 144.

［142］涂琼理. 农民专业合作社的政策扶持研究［D］. 华中农业大学，2013.

［143］汪丁丁. 产权博弈［J］. 经济研究，1996（10）：70 - 80.

［144］汪丁丁. 制度创新的一般理论［J］. 经济研究，1992（5）：69 - 80.

［145］王宾，刘祥琪. 农村集体产权制度股份化改革的政策效果：北京证据［J］. 改革，2014（6）：138 - 147.

［146］王东京，王佳宁. "三变"改革的现实背景、核心要义与推广价值［J］. 改革，2017（8）：5 - 15.

［147］王沪宁. 集分平衡：中央与地方的协同关系［J］. 复旦学报（社会科学版），1991（2）：27 - 36.

［148］王家庭. 国家综合配套改革试验区制度创新的空间扩散机理分析［J］. 南京社会科学，2007（7）：39 - 44.

[149] 王岚，李聪．基于 DEA 模型的农村集体资产产权制度改革试点绩效研究 [J]．经济问题探索，2020 (6)：43－52.

[150] 王利辉，刘志红．上海自贸区对地区经济的影响效应研究——基于"反事实"思维视角 [J]．国际贸易问题，2017 (2)：3－15.

[151] 王浦劬，赖先进．中国公共政策扩散的模式与机制分析 [J]．北京大学学报（哲学社会科学版），2013，50 (6)：14－23.

[152] 王庆，李仁静，孙良记，刘扬．温铁军：乡村振兴的贵州优势 [J]．当代贵州，2019 (Z1)：32－33.

[153] 王庆明．产权变革路径与起源之争：立足转型中国的思考 [J]．社会科学，2018 (6)：72－81.

[154] 王庆明．改革初期单位制企业破产过程与机制研究——一个产权社会学的分析框架 [J]．社会学研究，2023，38 (5)：89－111，228.

[155] 王贤彬，聂海峰．行政区划调整与经济增长 [J]．管理世界，2010 (4)：42－53.

[156] 王小丽，李娜娜，朱嘉澍，李强．西部大开发：自然增长还是政策效应——基于合成控制法的研究 [J]．资源开发与市场，2019，35 (4)：463－469.

[157] 王艳芳，张俊．奥运会对北京空气质量的影响：基于合成控制法的研究 [J]．中国人口·资源与环境，2014，24 (S2)：166－168.

[158] 王永平，黄海燕．农村产权制度改革风险防控问题探析——以六盘水市农村"三变"改革为例 [J]．经济纵横，2019 (9)：63－71.

[159] 王永平，周丕东．农村产权制度改革的创新探索——基于六盘水市农村"三变"改革实践的调研 [J]．农业经济问题，2018 (1)：27－35.

[160] 韦森．再评诺斯的制度变迁理论 [J]．经济学（季刊），2009，8 (2)：743－768.

[161] 魏建，尹少华，刘璨．新一轮集体林权制度改革对兼业与非兼业农户收入的影响研究 [J]．林业经济，2018，40 (12)：64－71.

[162] 魏人山．"三变改革"的内涵研究 [J]．全国商情，2016 (23)：105.

[163] 温铁军，刘亚慧，唐溪，董筱丹．农村集体产权制度改革股权

固化需谨慎——基于 S 市 16 年的案例分析 [J]. 国家行政学院学报, 2018 (5): 64 - 68.

[164] 温铁军, 罗士轩, 董筱丹, 刘亚慧. 乡村振兴背景下生态资源价值实现形式的创新 [J]. 中国软科学, 2018 (12): 1 - 7.

[165] 温忠麟, 叶宝娟. 中介效应分析: 方法和模型发展 [J]. 心理科学进展, 2014, 22 (5): 731 - 745.

[166] 吴春梅, 谢迪. 村庄整体性治理视阈下的权责碎片化整理研究 [J]. 农村经济, 2012 (5): 11 - 15.

[167] 吴理财. 近一百年来现代化进程中的中国乡村——兼论乡村振兴战略中的"乡村"[J]. 社会科学文摘, 2019 (1): 11 - 13.

[168] 吴易风. 产权理论: 马克思和科斯的比较 [J]. 中国社会科学, 2007 (2): 4 - 18.

[169] 吴易风. 马克思的产权理论与国有企业产权改革 [J]. 中国社会科学, 1995 (1): 4 - 24.

[170] 吴永贵. 山地农业发展中农民合作制约因素及促进路径研究 [J]. 农民致富之友, 2017 (16): 40.

[171] 夏冰. 制度变迁情境下地方政府平台公司对地方经济发展的影响研究 [D]. 广州: 中山大学, 2020.

[172] 夏英, 张瑞涛. 农村集体产权制度改革: 创新逻辑、行为特征及改革效能 [J]. 经济纵横, 2020 (7): 59 - 66.

[173] 夏英, 钟桂荔, 曲颂, 郭君平. 我国农村集体产权制度改革试点: 做法、成效及推进对策 [J]. 农业经济问题, 2018 (4): 36 - 42.

[174] 向家宇. 贫困治理中的农民组织化问题研究 [D]. 武汉: 华中师范大学, 2014.

[175] 肖端. 农村土地股份合作制模式发凡及其协同推进 [J]. 改革, 2013 (9): 90 - 97.

[176] 肖建武, 陈洪. 林权明晰并非森林"公地悲剧"的终结——基于森林生态服务视角分析森林"公地悲剧"现象与治理 [J]. 求索, 2012 (2): 27 - 28.

[177] 肖兴燕, 郑世昕, 刘培生, 张绪清. 六盘水农村"三变"改革中

集体资产股权量化调研［J］．六盘水师范学院学报，2019，31（2）：10－15．

［178］谢治菊．"三变"改革助推精准扶贫的机理、模式及调适［J］．甘肃社会科学，2018（4）：48－55．

［179］谢忠山，刘娇娇．农村集体经济发展与"三变"改革研究［J］．清江论坛，2019（1）：34－36．

［180］徐秀英，赵兴泉，沈月琴．农村社区股份合作经济组织的治理——以浙江省为例［J］．现代经济探讨，2015（10）：69－73．

［181］闫飞飞，任晓春．伪公地悲剧与无政治村庄：我国农村产权和治权的现状分析［J］．宁夏社会科学，2015（6）：32－36．

［182］阳晓伟，庞磊，闭明雄．"反公地悲剧"问题研究进展［J］．经济学动态，2016（9）：101－114．

［183］阳晓伟，杨春学．"公地悲剧"与"反公地悲剧"的比较研究［J］．浙江社会科学，2019（3）：4－13．

［184］杨慧莲，韩旭东，李艳，郑风田．"小、散、乱"的农村如何实现乡村振兴？——基于贵州省六盘水市舍烹村案例［J］．中国软科学，2018（11）：148－162．

［185］杨慧莲，刘培生．农村"三变"改革的内涵、实践、影响及扩散研究综述［J］．六盘水师范学院学报，2021，33（4）：1－11．

［186］杨经国，周灵灵，邹恒甫．我国经济特区设立的经济增长效应评估——基于合成控制法的分析［J］．经济学动态，2017（1）：41－51．

［187］杨静，陆树程．新时代共同富裕的新要求——学习习近平关于共同富裕的重要论述［J］．毛泽东邓小平理论研究，2018（4）：24－29．

［188］杨瑞龙．论我国制度变迁方式与制度选择目标的冲突及其协调［J］．经济研究，1994（5）：40－49．

［189］杨瑞龙．我国制度变迁方式转换的三阶段论———兼论地方政府的制度创新行为［J］．经济研究，1998（1）：5－12．

［190］杨小成．"三变"改革的政治经济学分析［J］．南都学坛，2019，39（6）：111－115．

［191］杨玉珍．农户闲置宅基地退出的影响因素及政策衔接——行为经济学视角［J］．经济地理，2015，35（7）：140－147．

[192] 姚洋. 中国农地制度：一个分析框架 [J]. 中国社会科学，2000（2）：54 – 65.

[193] 于福波. "三变"改革：农地股份合作制的新实践——以贵州省六盘水市为例 [J]. 农村经济，2019（5）：112 – 120.

[194] 于福波，张应良. "三变"：何以从一种模式上升为制度变革？——兼论"三变"改革的制度缺陷与实践问题 [J]. 农林经济管理学报，2019，18（3）：293 – 301.

[195] 余静文. 重庆统筹城乡改革缩小了城乡收入差距吗？——基于合成控制法的经验研究 [J]. 西部论坛，2013，23（1）：1 – 10.

[196] 余威震，罗小锋，李容容，薛龙飞，黄磊. 绿色认知视角下农户绿色技术采纳意愿与行为悖离研究 [J]. 资源科学，2017，39（8）：1573 – 1583.

[197] 苑鹏，刘同山. 发展农村新型集体经济的路径和政策建议——基于我国部分村庄的调查 [J]. 毛泽东邓小平理论研究，2016（10）：23 – 28.

[198] 苑鹏，陆雷. 俄国村社制度变迁及其对我国农村集体产权制度改革的启示 [J]. 东岳论丛，2018，39（7）：125 – 131.

[199] 曾亿武，郭红东，金松青. 电子商务有益于农民增收吗？——来自江苏沭阳的证据 [J]. 中国农村经济，2018（2）：49 – 64.

[201] 曾亿武. 农产品淘宝村集群的形成及对农户收入的影响 [D]. 杭州：浙江大学，2018.

[202] 张琛，孔祥智. 行政区划调整与粮食生产：来自合成控制法的证据 [J]. 南京农业大学学报（社会科学版），2017，17（3）：121 – 133.

[203] 张海鹏，郜亮亮，闫坤. 乡村振兴战略思想的理论渊源、主要创新和实现路径 [J]. 中国农村经济，2018（11）：2 – 16.

[204] 张浩，冯淑怡，曲福田. "权释"农村集体产权制度改革：理论逻辑和案例证据 [J]. 管理世界，2021，37（2）：81 – 94.

[205] 张红霄，张敏新. 集体林产权安排与农民行为取向——福建省建瓯市叶坊村案例研究 [J]. 中国农村经济，2005（7）：38 – 43.

[206] 张红宇. 关于农村集体产权制度改革的若干问题 [J]. 农村经营管理，2015（8）：6 – 10.

［207］张红宇，胡振通，胡凌啸．农村集体产权制度改革的实践探索：基于4省份24个村（社区）的调查［J］．改革，2020（8）：5－17.

［208］张红宇，刘玫，王晖．农村土地使用制度变迁：阶段性、多样性与政策调整［J］．农业经济问题，2002（2）：12－20.

［209］张红宇．中国农地制度变迁的制度绩效：从实证到理论的分析［J］．中国农村观察，2002（2）：21－33.

［210］张建，孙兆霞．农户土地经营权实现方式与减贫发展——G省P市"三变"实践张力试析［J］．南京农业大学学报（社会科学版），2018，18（3）：91－102.

［211］张洁．中国农村合作金融理论与实践研究［D］．长春：吉林大学，2013.

［212］张静．案例分析的目标：从故事到知识［J］．中国社会科学，2018（8）：126－142.

［213］张军．农村产权制度改革与农民财产性收入增长［J］．农村经济，2014（11）：3－6.

［214］张蕾，文彩云．集体林权制度改革对农户生计的影响——基于江西、福建、辽宁和云南4省的实证研究［J］．林业科学，2008（7）：73－78.

［215］张敏娜，陆卫明，王军．农村"三变"改革的"中国特色社会主义政治经济学"意义［J］．西北农林科技大学学报（社会科学版），2019，19（1）：137－145.

［216］张瑞涛．我国农村集体产权制度改革逻辑及创新发展的新制度经济学研究［D］．北京：中国农业科学院，2021.

［217］张世敬．新型农村合作经济发展与财政支持研究［D］．成都：西南财经大学，2014.

［218］张曙光，程炼．复杂产权论和有效产权论——中国地权变迁的一个分析框架［J］．经济学（季刊），2012，11（4）：1219－1238.

［219］张先锋，杨栋旭，孙红燕，李莹．西部大开发战略实施的转型升级效果评价——采用合成控制法对技术进步和生态环境保护的考察［J］．西部论坛，2016，26（3）：62－71.

［220］张笑寒．农村土地股份合作制的制度解析与实证研究［D］．南

京：南京农业大学，2007.

[221] 张旭晨. 农地产权与我国农村的"公地悲剧"、"反公地悲剧"现象分析 [J]. 兰州大学学报（社会科学版），2012，40（6）：109 - 114.

[222] 张绪清. 农村"三变"改革助推精准扶贫的政治经济学解析——基于六盘水的地方性实践 [J]. 贵州师范大学学报（社会科学版），2017（1）：89 - 99.

[223] 张绪清. 农旅一体化助推精准脱贫与绿色减贫——以盘县娘娘山景区"三变"改革为例 [J]. 西南石油大学学报（社会科学版），2017，19（5）：40 - 46.

[224] 张琰飞，朱海英，魏昕伊. 乡村旅游扶贫开发中的"反公地悲剧"治理多案例分析 [J]. 农村经济，2020（7）：70 - 77.

[225] 张耀启，吴冠宇，邵长亮，陈吉泉，路冠军. 从内外蒙古草地产权差异看"公地悲剧"与"私地悲剧"之争 [J]. 干旱区资源与环境，2019，33（1）：23 - 29.

[226] 张应良，徐亚东. 农村"三变"改革与集体经济增长：理论逻辑与实践启示 [J]. 农业经济问题，2019（5）：8 - 18.

[227] 张占耕. 农村集体产权制度改革的重点、路径与方向 [J]. 区域经济评论，2016（3）：105 - 112.

[228] 张兆曙. 城乡关系与行政选配：乡村振兴战略中村庄发展的双重逻辑 [J]. 武汉大学学报（哲学社会科学版），2019，72（5）：176 - 183.

[229] 赵晨. 要素流动环境的重塑与乡村积极复兴——"国际慢城"高淳县大山村的实证 [J]. 城市规划学刊，2013（3）：28 - 35.

[230] 赵家如. 北京市农村社区股份合作制变迁绩效研究 [D]. 北京：中国农业大学，2014.

[231] 赵西亮. 基本有用的计量经济学 [M]. 北京：北京大学出版社，2017：258.

[232] 赵阳. 深入推进农村集体产权制度改革的若干问题 [J]. 农村经营管理，2020（4）：14 - 17.

[233] 郑风田. 我国现行土地制度的产权残缺与新型农地制度构想 [J]. 管理世界，1995（4）：138 - 146.

［234］郑风田，杨慧莲．村庄异质性与差异化乡村振兴需求［J］．新疆师范大学学报（哲学社会科学版），2019，40（1）：57 - 64.

［235］郑义，林恩惠，余建辉．三聚氰胺事件导致了乳制品进口剧增吗——基于合成控制法的经验研究［J］．农业技术经济，2015（2）：109 - 117.

［236］中国社会科学院农村发展研究所农村集体产权制度改革研究课题组，张晓山．关于农村集体产权制度改革的几个理论与政策问题［J］．中国农村经济，2015（2）：4 - 12.

［237］中央党校农村改革调查课题组．中国农村改革发展的新探索——贵州省六盘水市"三变"改革工作调查［J］．中国党政干部论坛，2016（11）：87 - 91.

［238］钟桂荔，夏英．农村集体资产产权制度改革——以云南大理市8个试点村为例［J］．西北农林科技大学学报（社会科学版），2017，17（6）：109 - 117.

［239］周立，奚云霄，马荟，方平．资源匮乏型村庄如何发展新型集体经济？——基于公共治理说的陕西袁家村案例分析［J］．中国农村经济，2021（1）：91 - 111.

［240］周其仁．中国农村改革：国家和所有权关系的变化（上）——一个经济制度变迁史的回顾［J］．管理世界，1995（3）：178 - 189.

［241］周望．政策扩散理论与中国"政策试验"研究：启示与调适［J］．四川行政学院学报，2012（4）：43 - 46.

［242］周雪光，艾云．多重逻辑下的制度变迁：一个分析框架［J］．中国社会科学，2010（4）：132 - 150.

［243］周雪光．"关系产权"：产权制度的一个社会学解释［J］．社会学研究，2005（2）：1 - 31.

［244］周业安．中国制度变迁的演进论解释［J］．经济研究，2000（5）：3 - 11.

［245］周真刚．贵州省六盘水市农村"三变"改革研究述论［J］．西南民族大学学报（人文社科版），2018，39（8）：206 - 211.

［246］周志忍．论行政改革动力机制的创新［J］．行政论坛，2010，

17（2）：1 – 6.

[247] 朱冬亮. 村庄社区产权实践与重构：关于集体林权纠纷的一个分析框架 [J]. 中国社会科学，2013（11）：85 – 103.

[248] 朱富强. "公地悲剧"如何转化为"公共福祉"——基于现实的行为机理之思考 [J]. 中山大学学报（社会科学版），2011，51（3）：182 – 189.

[249] 朱晓哲，刘瑞峰，马恒运. 中国农村土地制度的历史演变、动因及效果：一个文献综述视角 [J]. 农业经济问题，2021（8）：90 – 103.

[250] 邹东升，陈思诗. 党的十八大后中国省级政府权力清单制度创新的扩散——基于政策扩散理论的解释 [J]. 西部论坛，2018，28（2）：26 – 34.

[251] Abadie A，Gardeazabal J. The Economic Costs of Conflict：A Case Study of the Basque Country [J]. The American Economic Review，2003，93（1）：113 – 132.

[252] Adamopoulos T，Restuccia D. Land Reform and Productivity：A Quantitative Analysis with Micro Data [J]. American Economic Journal：Macroeconomics，2020，12（3）：1 – 39.

[253] Alberto Abadie A D A J. Synthetic Control Methods for Comparative Case Studies-Estimating the Effect of California's Tobacco Control Program [J]. Journal of the American Statistical Association，2010，490（105）：493 – 505.

[254] Anderson T L F S. Property Rights ：Cooperation，Conflict，and Law [M]. Princeton：Princeton University Press，2003.

[255] Araral E. Ostrom，Hardin and the commons：A critical appreciation and a revisionist view [J]. Environmental Science & Policy，2014，36：11 – 23.

[256] Aytuǧ H. Does the reserve options mechanism really decrease exchange rate volatility？The synthetic control method approach [J]. International Review of Economics & Finance，2017，51：405 – 416.

[257] Barzel Y. A Theory of Rationing by Waiting [J]. Journal of Law and Economics，1974，1（17）：73 – 95.

[258] Barzel Y. Economic Analysis of Property Rights [M]. New York：

Cambridge University Press, 1989.

［259］Bellemare M F. Insecure Land Rights and Share Tenancy：Evidence from Madagascar［J］. Land Economics, 2012, 88（1）：155－180.

［260］Besley T. Property Rights and Investment Incentives：Theory and Evidence from Ghana［J］. The Journal of Political Economy, 1995, 103（5）：903－937.

［261］Braun D, Gilardi F. Taking "Galton's Problem" Seriously Towards A Theory of Policy Diffusion［J］. Journal of Theoretical Politics, 2006, 18（3）：298－322.

［262］Brown M, Cardiff-Hicks B. The Tragedy of the Uncommons［J］. Review of Law & Economics, 2018, 14（2）.

［263］Carter M R, Pedro O. Getting Institutions "Right" for Whom? Credit Constraints and the Impact of Property Rights on the Quantity and Composition of Investment［J］. American Journal of Agricultural Economics, 2003, 1（85）.

［264］Cheng L, Liu H, Zhang Y, Shen K, Zeng Y. The Impact of Health Insurance on Health Outcomes and Spending of the Elderly：Evidence from China's New Cooperative Medical Scheme［J］. Health Economics, 2015, 24（6）：672－691.

［265］Cheung S N S. A Theory of Price Control［J］. The Journal of Law & Economics, 1974, 1（17）：53－71.

［266］Coase R H. The Problem of Social Cost［J］. Journal of Law and Economics, 1960, 56（4）：837－877.

［267］Conning J H, Robinson J A. Property rights and the political organization of agriculture［J］. Journal of Development Economics, 2007, 82（2）：416－447.

［268］Damonte G, Njagi T, Kirimi L, Glave M, Rodríguez S. Land tenure and the sustainability of pastoral production systems：a comparative analysis of the Andean Altiplano and the East African savannah［J］. Nomadic Peoples, 2019, 23（1）：28－54.

［269］Demsetz H. Toward a Theory of Property Right［J］. American

Economic Review, 1967 (62): 347 – 359.

[270] Dobbin F, Simmons B, Garrett G. The Global Diffusion of Public Policies: Social Construction, Coercion, Competition, or Learning? [J]. Annual Review of Sociology, 2007, 33 (1): 449 – 472.

[271] Douglass C. North. Institutions, Institutional change and Economic Performance [M]. Cambridge: Cambridge University Press, 1990.

[272] Eggertsson T. Economic Behavior and Institutions [M]. Cambridge: Cambridge University Press, 1990.

[273] Eisenhardt K M. Building Theories from Case Study Research [J]. The Academy of Management Review, 1989, 4 (14): 532 – 550.

[274] Fafchamps M, Minten B. Property Rights in a Flea Market Economy [J]. Economic Development and Cultural Change, 2001, 49 (2): 229 – 267.

[275] Fernández-Giménez M E. Spatial and Social Boundaries and the Paradox of Pastoral Land Tenure: A Case Study from Postsocialist Mongolia [J]. Human Ecology: An Interdisciplinary Journal, 2002, 30 (1): 49 – 78.

[276] Gebru M, Holden S T, Tilahun M. Tenants' land access in the rental market: evidence from northern Ethiopia [J]. Agricultural Economics, 2019, 50 (3): 291 – 302.

[277] Gibson J. Aggregate and distributional impacts of China's household responsibility system [J]. Australian Journal of Agricultural and Resource Economics, 2019, 64 (1): 14 – 29.

[278] Gordon H S. The Economic Theory of a Common – Property Resource: The Fishery [J]. the Journal of Political Economy, 1954, 2 (64): 124 – 142.

[279] Hardin G. The Tragedy of the Commons [J]. Science, 1968, 3859 (162): 1243 – 1248.

[280] Harold Demsetz. Ownership, Control and the Firm [M]. Oxford: Blackwell, 1988.

[281] Heller M A. The Tragedy of the Anticommons: Property in the

Transition from Marx to Markets Author (s): Michael A. Heller Source: Harvard Law Review, Vol. 111, No. 3 (Jan., 1998), pp. 621 – 688 [J]. Harvard Law Review, 1998, 3 (111): 621 – 688.

[282] Hope D. Estimating the effect of the EMU on current account balances: A synthetic control approach [J]. European Journal of Political Economy, 2016, 44: 20 – 40.

[283] Hudik M. Push factors of endogenous institutional change [J]. Journal of Economic Behavior & Organization, 2021, 189: 504 – 514.

[284] Iacob S E. The Role of The Forest Resources in The Socioeconomic Development of The Rural Areas [M]. Procedia Economics and Finance, Iacob A I, 2015: 23, 1578 – 1583.

[285] Julie B, Silvia D. Building Sustainable Hybrid Organizations [J]. Academy of Management Journal, 2010, 53 (6): 1419 – 1440.

[286] Kadekodi, Gopal K. A Model of Sustainable Village Development: The Case of Peoples' Participation [J]. Indian Economic Review, 1992: 439 – 450.

[287] Karch A. Emerging Issues and Future Directions in State Policy Diffusion Research [J]. State Politics & Policy Quarterly, 2007, 7 (1): 54 – 80.

[288] Kim M, Kim T. Estimating impact of regional greenhouse gas initiative on coal to gas switching using synthetic control methods [J]. Energy Economics, 2016, 59: 328 – 335.

[289] Lakshmanan T R. A Systems Model of Rural Development [J]. World Development, 1982, 10 (10): 885 – 898.

[290] Lawrence A., Brown And Kevin R., Cox. Empirical Regularities in the Diffusion of Innovation [J]. Taylor & Francis, 1971, 65 (3): 551 – 559.

[291] Lin B, Chen X. Is the implementation of the Increasing Block Electricity Prices policy really effective? ——Evidence based on the analysis of synthetic control method [J]. Energy, 2018, 163: 734 – 750.

[292] Liu W, Yang X, Zhong S, Sissoko F, Wei C. Can community – based concentration revitalise the upland villages? A case comparison of two villa-

ges in Chongqing, Southwestern China [J]. Habitat International, 2018, 77: 153 – 166.

[293] Li Y, Westlund H, Liu Y. Why some rural areas decline while some others not: An overview of rural evolution in the world [J]. Journal of Rural Studies, 2019, 68: 135 – 143.

[294] Lounsbury M, Crumley E T. New Practice Creation: An Institutional Perspective on Innovation [J]. Organization Studies, 2007, 28 (7): 993 – 1012.

[295] Macours K, de Janvry A, Sadoulet E. Insecurity of property rights and social matching in the tenancy market [J]. European Economic Review, 2010, 54 (7): 880 – 899.

[296] Marinello S, Leider J, Pugach O, Powell L M. The impact of the Philadelphia beverage tax on employment: A synthetic control analysis [J]. Economics & Human Biology, 2021, 40: 100939.

[297] Markey S, Halseth G, Manson D. Challenging the inevitability of rural decline: Advancing the policy of place in northern British Columbia [J]. Journal of Rural Studies, 2008, 24 (4): 409 – 421.

[298] Mojo D, Fischer C, Degefa T. The determinants and economic impacts of membership in coffee farmer cooperatives: recent evidence from rural E-thiopia [J]. Journal of Rural Studies, 2017, 50: 84 – 94.

[299] Montero E. Cooperative Property Rights and Development: Evidence from Land Reform in El Salvador [J]. Journal of Political Economy, 2022, 130 (1): 48 – 93.

[300] Oliver Hart. Firms, Contracts and Financial Structure [M]. New York: Oxford University Press, 1995.

[301] Ostrom E. Governing the Commons: The Evolution of Institutions for Collective Action [M]. New York: Cambridge University Press, 1990.

[302] Pellegrini L, Tasciotti L, Spartaco A. A regional resource curse? A synthetic-control approach to oil extraction in Basilicata, Italy [J]. Ecological Economics, 2021, 185: 107041.

[303] Rieger M, Wagner N, Mebratie A, Alemu G, Bedi A. The im-

pact of the Ethiopian health extension program and health development army on maternal mortality: A synthetic control approach [J]. Social Science & Medicine, 2019, 232: 374 –381.

[304] Sheridan P, Trinidad D, Mcmenamin S, Pierce J P, Benmarhnia T. Evaluating the impact of the California 1995 smoke – free workplace law on population smoking prevalence using a synthetic control method [J]. Preventive Medicine Reports, 2020, 19: 101164.

[305] Viana J H N, Barbosa A V, Sampaio B. Does the World Cup get the economic ball rolling? Evidence from a synthetic control approach [J]. Economia, 2018, 19 (3): 330 –349.

[306] Walder A G. Local Governments as Industrial Firms: An Organizational Analysis of China's Transitional Economyl [J]. American Journal of Sociology, 1995, 2 (101): 263 –301.

[307] Wen T, Luo S, Dong X, Liu Y. The Innovative Form of Value Realization of Ecological Resources under the Background of Rural Vitalization [J]. Chinese Soft Science, 2018 (12): 1 –7.

后 记

作为我的第一本学术著作,本书由我的博士学位论文修改而成。对于这本学术专著的出版,我满怀感激、热忱与期待。于我而言,能够走上"三农"问题研究的学术道路既是命运的成全,也是恩赐。生于农村、长于农村,再到后来投身"三农"问题研究,一切并不像看起来那样"顺理成章",其中各种艰辛与努力,在这本学术专著出版的那一刻,都将化为值得。

这本学术专著的出版,让我不由回溯自己研究"三农"问题的初衷与初心。我出生于河西走廊(甘肃省)的一个小村庄,那是至今仍然依靠传统农业生产而繁衍生息的地方。在那里我度过了贫穷却又快乐的小学、初中、高中时光,河西走廊的四季是那样分明,目光所及的远方是终年积雪的祁连雪山,回家那条道路两旁笔直的白杨树像站岗的哨兵……今时今日,我依旧深深怀念故乡的一切。故乡养育了我,也为我研究农村问题奠定了坚实基础。生于农村、长与农村,让我比任何人都熟悉春种、夏长、秋收、冬藏的自然规律,小时候我是父母身后的"跟屁虫",跟在他们身后认识并熟悉农村生活的一切场景。将个人经历放在宏大历史背景去考察会发现,我出生后这些年中国农村经历了变化最快、最剧烈的30年,我是这一切变化的亲历者和见证者。而所有这些亲历与经验又都成为我研究"三农"问题的重要给养与灵感源泉。必须承认,虽然经验与观察非常重要,但是没有经过专业学术训练的经验与观察并不能称之为研究。从我个人的成长经历来看,对于农村的经验与观察似乎是与生俱来的,但是专业的学术训练却是如"西天取经"般苦苦求得的。提到专业的学术训练,就不得不提我的求学道路。高考之后我以全校文科第一的成绩,等待被心仪院校"高大上"西班牙语专业录取,结果却等来被调剂学校调剂专业的消息。我为调剂学校比较便宜的学费和住宿费而暗自欣喜,故踏上了去往某中部省会城市求学的绿皮火车，自此开启了我在农业经济管理专业的学术训练。本科毕业后，我毅然决然放弃了保送本校硕士研究生的机会，跃升到了西部地区一所有"985"头衔的高校，继续攻读农业经济管理专业硕士学位。后来又放弃硕士学校攻读博士学位的机会，辗转考取北京的博士研究生，继续攻读农业经济管理专业博士学位。特别地，在求学期间不仅辗转中国东中西三个地区不同学校，还在恩师指导与支持下去往全国很多地区的农村开展深度调查。这些年所有专业学术训练连同与生俱来的农村经验共同构成了我从事"三农"问题研究的基础与底色。今时今日，在博士论文出版之际再回首发现，走上"三农"问题研究这条道路似乎是偶然与必然交织的结果。那么，对于研究"三农"问题的初心，希望自己走出很远，依然不要忘记为何出发。

在第一本学术专著出版之际，我心中想要感激的人非常多。首先特别想感谢曾经领着懵懂的我，走进学术殿堂，指引我一步一步修炼学术"羽毛"，又教会我珍惜来之不易的学术"羽毛"的学术恩师们，他们是西北农林科技大学的霍学喜教授、王征兵教授和中国人民大学的郑风田教授。也十分感谢在博士求学和论文写作过程中给予我帮助与鼓励的老师们，他们分别是中国人民大学孔祥智、刘守英、周立、生吉萍、钟真、毛飞、尤婧、崔海兴、金洪云等老师，北京工商大学倪国华老师，西北农林科技大学夏显力老师，甘肃农业大学窦学诚老师，西南大学张应良老师，河北经贸大学杨在军老师，江苏大学庄晋财老师，南京财经大学钱龙老师，六盘水师范学院刘培生、张俊英、叶忠康老师，重庆大学辜向东老师。还有抽出宝贵时间参加我的博士论文开题并提出宝贵建议的中国人民大学农业与农村发展学院汪三贵教授、仝志辉教授、谭淑豪教授、高原副教授、董筱丹副教授；参加我的博士论文预答辩并提出宝贵意见建议的中国农业大学齐顾波教授、李军教授，中国农业科学院胡向东教授、西北农林科技大学朱玉春教授和农业农村部陈洁研究员；参加我的博士论文中期答辩并提出中肯意见建议的上海交通大学史清华教授、北京大学刘承芳教授、中国农业大学白军飞教授、北京工商大学倪国华教授、中国人民大学曾延初教授、王志刚教授、阮荣平教授；参加我的博士论文答辩并提出宝贵意见建议的中国农业大学林万龙教授、北京大学王金霞教授、华南农业大学万俊毅教授、华中农业大学李谷成教授、中国农业科学院胡志全研究员、国务院发展研究中心程郁研究员、中国人民大学阮荣平教授，以及付出时间和心力评阅我的博士学位论文的五位匿名评审专家。同时，也感谢张秀艳、陈乙瑶、马圣诞、张巧云、高佳、吴晨圆、安旭、陈奕彤等教务老师在博士求学期间提供的帮助和便利。与此同时，郑重感谢中国人民大学农业与农村发展学院的培养，在"农发"读书的这几年收获很大。很感激从各位老师那里逐渐学会，在强化专业知识与业务能力的同时，还要努力成为一个丰富且有趣的灵魂。

这本学术专著的出版还离不开父母家人的支持与鼓励。虽然我的父母文化程度不高，但是他们依靠自己勤劳的双手养育了三个子女。我想，正是父亲不断的肯定与期望，给了我一种"海阔凭鱼跃"的精神世界。从表面上看，这些年是我怀着保护妈妈的伟大誓愿而乐此不疲地打怪升级。往深处看，却是妈妈性格里的勤劳、勇敢、坚韧、无私、热情、有趣等东西在一点点治愈并成就着我。特别感谢赵先生还是俊朗少年的时候，就坚定又明确地选择了我，让我不必体验寻寻觅觅总也找不到称心人生伴侣的诸多苦楚，感谢这些年他带着我，去向一个又一个美丽的地方，并用镜头与一流的摄影技术定格一张张笑脸。这些年赵先生对生活的担当，总让我想起很久以前读过的一句话——人生就像一条大河，可能风景清丽，更可能惊涛骇浪。你需要的伴侣，最好是那个能够和你并肩立在船头，浅斟低唱两岸风光，同时更能在惊涛骇浪中，紧紧握住你的手不放的人。写到这里也要感谢公公、婆婆、奶奶含辛茹苦养育了优秀的赵斌同学，感激他们在我博士论文写作最艰难的日子里对我的鼓励与支持。这部分还想感谢我的弟弟妹妹，以及所有亲人对我成长的守护与期盼，特别感激我的小姑——杨春花女士，感谢小姑主动关心我这些年求学之路走得是否辛苦。也感谢姨妈齐慧香在我成长路上力所能及的支持与帮助。最后，还想压轴感谢姐姐赵新和姐夫张奎。在我和赵斌身处异乡，为着人生理想奋斗的日子，是姐姐姐夫时常带着张果果（张翊宸）同学回家看望、陪伴老人，为老年人生活中的各种琐事、不辞辛苦跑前跑后。这份感激背后还有很多遗憾，其中令人痛心且无比遗憾的事情是，最近三年时间里对我满怀期待与骄傲的奶奶、外公、外婆以及婆婆大人接连辞世，他们的离开让我痛心，也让我更加明白时光匆匆，要努力珍惜当下。

对于这本学术专著的出版，我还特别想感谢韩叙、陶晓红、盛毓、刘雪娥、韩旭东、张强强、朱侃、贾宏涛、王玉溥、路瑶、杨昭等老友对我的鼓励；感谢郑阳阳、张连华、张璐、张聪颖、舒全峰、时卫平、张浩、高照、罗观长、靳亚亚、赵岑、曹璨、曹慧、罗观长、卢汉文、王明元、汪武静、潘经韬、熊雪、李先东等亦师亦友的好友同学；感谢我的博士同学严如贺、王海南、乔慧、刘闯、罗士轩、周海文、罗千峰、孙凯、姜智强、谭思等人对我的帮助。特别地，很想感激"凤田门下"和"霍家军"大家庭的各位师哥师姐及师弟师妹，他（她）们是倪国华、阮荣平、胡炜童、冯晓龙、毛飞、焦万慧、马兴栋、杨森、尤亮、傅晋华等师哥，程郁、许竹青、张璟、徐团团、柏娜、曹冰雪、普蓂喆、冯娟娟、邵砾群、王丽佳等师姐，以及马登科、颜岚、白子剑、郭宇桥、李艳、马子平、崔梦怡、杨舒然、孔玮、王若男、陈思宇、刘爽、李奕姗、滕硕、王喜鹊、汪诗韵、史畅、郭怡然、高凌光、万麒雄、林郁婷、熊欢欢、马家瑶、计薇等师弟师妹们。最后，还想感激求学过程中遇见的赵佳佳、孔令成、冯华超、马彪、林龙飞、亓浩、孙枭雄、张正岩、杨璐璐等学术同仁，感谢他们曾不止一次向我施以援手，为我排忧解难。特别想说，因为篇幅限制没有办法一一展示，但是这里每一个想要感谢的名字背后都有不止一段故事，或是平凡日子里相伴同行，或是危难困顿时施以援手，或是开心喜悦时互相分享，总之感谢大家让我的生活变得更好，让我有勇气、有底气心中常怀温暖、向阳生长！

最后，在这本专著出版之际，特别想感谢贵州六盘水那座神奇的城市。在攻读博士学位的5年多时间里，我用了很多时间在六盘水农村开展社会调查。细数过往经历和这一程相遇、别离，六盘水这座城市确确实实给了我知遇之恩。感谢原贵州省六盘水市宣传部、统战部部长刘睿女士（现已调任贵州省委），市委办公室何友座秘书长，市委"三变"改革办主任原科长蒋开林、现任科长陈学静，曾涛、古明贵、杜明高、龙挺、薛姣、蔡明熠、廖中仪等公务人员，以及六盘水市农业农村局李明局长、胡兴建副局长、李桂平科长、刘志主任、李丽等领导提供的帮助与方便。特别地，在具体调研过程中，水城区"三变"办吴子发、周婷主任，东部园区主任龙幔、米箩镇梁成友书记、张桂敏镇长、俅么村王继尧书记、水城区宏兴公司副总卢茂、管盘舟、陈伟师弟及家人；钟山区汤阔、徐返、邓少用、谢正勖；六枝特区彭家国、肖炜、张永志、沈林、颜松、安昌鹏、刘清、熊怀伟、刘涛；盘州市刘军、毕昌达、李广、陈帅、张旗、周文、习龙师、陶正学、陶永攀、陶永川、陶明章、杜关红、杜阳、王明柳、谭庆、张弛，以及六盘水市农科院罗文、胡秋龄、汪志威等领导和企业人员向我提供了大量的访谈与调研机会。① 特别感谢，水城区"三变"改革办公室对课题组大规模农户调研工作的支持与帮助，感激水城区发耳镇、蟠龙镇、米箩镇、勺米镇、猴场乡、都格镇、顺场乡、营盘乡、果布戛乡相关领导及公务人员对农户调研工作的大力支持。由衷感谢六盘水市勇于改革创新的父老乡亲，是他们以战天斗地的精神为我提供了取之不尽的研究素材，也感激他们在百忙之中停下手中的活计，接受课题组长时间的调研访谈。同时，感谢六盘水师范学院的本科生李连珍小姑娘，陪着刚刚认识的我躲在贵州深山调研整整三个月；也非常感激六盘水师范学院的本科生廖黔雄、陆承钊、海雪、李亮、刘小梅跟着我，开展高强度的农户调研工作，通过"一对一"访谈形式收集到 511 份农户问卷。特别地，感谢国家社科基金重大项目"健全城乡融合发展的体制机制研究"、国家农业农村部政策与改革司项目"农村集体产权制度改革监测评估"及暨南大学乡村振兴研究院 2021－2022 年度"乡村振兴优博计划"等项目对农村调研工作的资助。最后，如果想了解更多关于我博士论文写作心路历程，欢迎关注我的公众号"一蓑烟雨任海棠"。《五月：停在那里等你》《写给南方城市博士师弟的一封信》《你和我的城市：后会有期》《行走在农村调研路上》等系列原创纪实推文，完整记录了博士论文写作期间的经历与故事。

再回首，不管是博士论文的写作还是这本学术专著的出版，都不是容易的事情。我承认自己具有完美主义特质，正是这种特质让我在博士论文写作期间受尽苦楚与折磨，直至终于写出让自己满意的博士学位论文，才和骨子里那个完美又要强的自己握手言和。而这本学术专著之所以能够出版面世，离不开首都经济贸易大学经济学院各位领导及同事的大力支持和

---

① 此处列举人员的职务介绍均为笔者在调研期间的时任职务。

经济科学出版社编辑们的辛苦付出，在此深表感谢。

对于第一本学术专著的出版面世，我无比荣幸，又惶恐忐忑，虽然已付出诸多努力，想要将这本篇富有意义的学术专著做得更好，但是因为财力、物力、精力等各个方面的局限，目前来看研究仍有诸多不足。反过来看，已有研究的不足，又恰恰为未来持续、深入研究提供了基础与空间。迫切希望自己这本学术专著能够起到抛砖引玉的作用。一方面希望能够为相关部门在优化农村现有体制机制方面做出科学决策而提供依据；另一方面更希望本书研究能为后来者提供坚实的"垫脚石"，让准备开采这座"富矿"的研究者站在相对更高的起点。

落笔，我深知这本学术专著的出版是我人生一个阶段的结束与另一个阶段的开始，希望未来自己能够不忘初心，继续深入农村开展实地调查，坚持做接地气、带感情的真研究。也热切期盼未来自己能够出版更多更好的学术专著，带着对"三农"问题的研究热情以及坚持不懈的努力去回应命运的成全与恩赐！

慧 莲

2023 年 12 月于北京花乡